मीडिया और बाज़ारवाद

मीडिया और बाज़ारवाद

संपादन

रामशरण जोशी

राधाकृष्ण प्रकाशन

ISBN : 978-81-7119-756-9

मीडिया और बाज़ारवाद

प्रथम संस्करण : 2002
चौथा संस्करण : 2015
This book is printed on **Print on Demand** Technology : 2024

मूल्य : ₹695

प्रकाशक
राधाकृष्ण प्रकाशन प्राइवेट लिमिटेड
जी-17, जगतपुरी, दिल्ली-110 051
शाखाएँ : अशोक राजपथ, साइंस कॉलेज के सामने, पटना-800 006
पहली मंजिल, दरबारी बिल्डिंग, महात्मा गांधी मार्ग, प्रयागराज-211 001
1, अनमोल सोराबजी संतुक लेन, धोबी तलाव, मरीन लाइंस, मुम्बई-400 002
वेबसाइट : www.radhakrishnaprakashan.com
ई-मेल : info@radhakrishnaprakashan.com

MEDIA AUR BAZARWAD
Edited by Ram Sharan Joshi

आइए, बात करें इंसानों की

मित्रो, आप सब महानुभावों का स्वागत करते हुए मुझे फख्र महसूस हो रहा है। पत्रकारिता की बात अपनी जगह है। असली बात है इंसानों की। इंसानी रिश्तों की। डार्विन ने विकासवाद की बात की जिससे लगा कि हम सब जीव-जंतुओं से बड़े बन गए हैं, पर क्या यह सच है ? इंसानों से बढ़कर कोई चीज होती है? जब 1999 के अन्त को शताब्दी और मिलेनियम का अन्त कह दिया जाता है तथा यह सारे गणित को नकारता है तो ऐसा लगता है कि कम्प्यूटर के यंत्र ने मनुष्यों से ऊँचा स्थान प्राप्त कर लिया है। जब आप बाज़ार की बात करने लगते हैं तो लगता है कि व्यवस्था ने इंसानों से ऊँचा स्थान प्राप्त कर लिया है !

ऐसा लगता है कि इंसानियत पर जो बहुत जगह से मार हो रही है, अलग-अलग जगह से, यहाँ उन सब पर विचार करने की जरूरत है। समाज की व्यवस्था के लिए आज बाज़ार की व्यवस्था आ गई है। यंत्र हावी होते जा रहे हैं। इसको लेकर सब ओर निराशा का वातावरण दिखाई दे रहा है। आशा का स्वर नज़र नहीं आता कि हम क्या कर सकते हैं ? क्यों नहीं कर सकते या हम ऐसा करेंगे ? बेहतर हो कि हम बाज़ार के नए अवतार और पत्रकारिता के बहाने इंसान के भविष्य से जुड़े विविध पहलुओं पर विचार करें। इस संवाद में हम लोग रास्ता तलाशने की कोशिश करेंगे, बजाय यह कहने के कि यह तो हो ही रहा है, क्या किया जाए ? तो दुखी होने के बजाय क्या किया जा सकता है, इसके बारे में चर्चा करेंगे तो सार्थक होगा।

–शरतचंद्र बेहार
महानिदेशक

विश्वविद्यालय की ओर से

माखनलाल चतुर्वेदी राष्ट्रीय पत्रकारिता विश्वविद्यालय द्वारा 'मीडिया और बाज़ारवाद' पर आयोजित राष्ट्रीय परिसंवाद दिनांक 29 एवं 30 जनवरी 2000 के विचार-सत्रों के संकलन का प्रकाशन करते समय अपार हर्ष की अनुभूति हो रही है। हमेशा ही शिक्षण के साथ-साथ ज्वलन्त एवं सम-सामयिक विषयों से विद्यार्थियों को अवगत कराने तथा साथ ही इन विषयों के प्रति समाज को संवेदनशील बनाना भी विश्वविद्यालय के कार्यक्रमों का उद्देश्य रहा है। यही कारण है कि विगत वर्षों में इस विश्वविद्यालय ने सिर्फ डिग्री देने वाली संस्था के स्थान पर ऐसे संस्थान के रूप में ख्याति अर्जित की है जो समाज के लिए प्रतिबद्ध वृतिज्ञों को तैयार करता है।

'मीडिया और बाज़ारवाद' विषय पर जब विश्वविद्यालय ने राष्ट्रीय परिसंवाद के आयोजन का निश्चय किया तो यह निश्चित ही क्रान्तिकारी पहल थी क्योंकि उस समय तक इस विषय पर बात करने से अधिकांश बुद्धिजीवी बचना चाह रहे थे। मीडिया और बाज़ारवाद जैसे चुनौतीपूर्ण विषय पर विचार-मंथन करवाना एक जटिल काम था। विश्वविद्यालय इस कार्य को सफलतापूर्वक सम्पादित कर पाया, यह विगत वर्षों में विश्वविद्यालय द्वारा अर्जित प्रतिष्ठा एवं सद्भावनाओं का ही परिणाम है। इस विचार-मंथन से कई ऐसे प्रश्न सामने आए जो समाज के लिए भविष्य में चुनौती बन सकते हैं। साथ ही, कई ऐसे उत्तर और विकल्प भी सामने आए जिन्होंने समाज को आश्वस्त किया कि रास्ता उतना अंधकारमय नहीं है जितना प्रतीत होता है। अत्यंत विनम्रतापूर्वक यह कहते हुए गर्व महसूस होता है कि यह विचार-मंथन इस दृष्टि से सफल रहा। इसकी सफलता इस बात से आँकी जा सकती है कि देश के ख्यातिप्राप्त विद्वानों ने अपनी व्यस्तताओं के बावजूद सेमिनार में भागीदारी की।

इस विचार-मंथन की सफलता इस बात से भी आँकी जा सकती है

कि इसके बाद इस विषय पर वैचारिक बहसों एवं बौद्धिक मंथनों की एक शृंखला ही प्रारम्भ हो गई। देश में जगह-जगह विद्वानों ने, मीडिया विशेषज्ञों ने, शिक्षाशास्त्रियों ने समाज विज्ञानियों ने चर्चा में गोष्ठियाँ और सभाएँ आयोजित कर विश्वविद्यालय द्वारा की गई पहल को सार्थकता का जामा पहनाया। माखनलाल चतुर्वेदी विश्वविद्यालय अपनी संस्थापना के औचित्य को सिद्ध करते हुए इस तरह के विचार-मंथन और बौद्धिक उपक्रम को भविष्य में भी जारी रखेगा।

–सच्चिदानन्द जोशी
रजिस्ट्रार
माखनलाल चतुर्वेदी राष्ट्रीय पत्रकारिता विश्वविद्यालय
भोपाल

आभार

'मीडिया और बाज़ारवाद' के विमर्श को पुस्तक का आकार देने में मा.च.रा. पत्रकारिता विश्वविद्यालय के सभी साथियों का कम-अधिक योगदान रहा है। लेकिन विशेष योगदान के लिए कतिपय साथियों का उल्लेख प्रासंगिक रहेगा। सर्वश्री राजेश पाठक, प्रदीप डेहरिया, हेमेन्द्र खरे, सुनील तिवारी, संजीव गुप्ता जैसे साथियों के सहयोग के बिना इस दो दिवसीय संगोष्ठी की कार्यवाही को पुस्तकबद्ध करना कठिन था।

सम्पादन कार्य में आरम्भ से अन्त तक सक्रिय रहे **विवेक सावरीकर** का योगदान उल्लेखनीय है।

—सम्पादक

क्रम

आइए, बात करें इंसानों की	*शरतचंद्र बेहार*	*v*
विश्वविद्यालय की ओर से	*सच्चिदानन्द जोशी*	*vii*
आभार	*सम्पादक*	*ix*

मीडिया और बाज़ारवाद

विमर्श का पहला दिन

कर्टन रेजर : मीडिया, हम और बाजारवाद	*रामशरण जोशी*	15
वैश्वीकरण—सवाल सांस्कृतिक क्षरण का	*जवाहरलाल कौल*	22
हिन्दी समाज और राष्ट्र राज्य	*प्रभाष जोशी*	25
आज़ादी के बाद पिछड़ गया हिन्दी क्षेत्र	*डॉ. नामवर सिंह*	31
बाज़ार शक्तियों की पड़ताल कीजिए	*देवदत्त*	38
चिन्ताजनक है सांस्कृतिक दीनता	*राजकिशोर*	40
मीडिया और समाज का भावी रूप	*शीतला सिंह*	42
सरोकार पाठक नहीं, राज्यसभा सीट है	*राकेश शर्मा*	45
विज्ञापन की सम्प्रभुता	*नन्दकिशोर त्रिखा*	49
मैकाले का स्वप्न सच हो रहा है	*रमेश चन्द्र जैन*	51
क्षेत्रीय बनाम राष्ट्रीय पत्रकारिता	*अशोक अग्रवाल*	57
पत्रकारिता और 'पावर' की हवस	*गोविन्द मिश्र*	62
पतन के लिए सम्पादक भी जिम्मेदार	*आलोक मेहता*	64
अखबार भी चुनता है अपना पाठक	*जवाहरलाल कौल*	69
क्या पत्रकारिता यज्ञ है ?	*सुधीश पचौरी*	71
मध्यमार्ग अपनाने की जरूरत	*मधुसूदन आनंद*	73

सत्ता और पत्रकारिता को 'डी लिंक' करें	*देवदत्त*	76
ज़रूरत है सामूहिक लक्ष्य की	*विभांशु दिव्याल*	78
वैश्वीकरण का तोड़ क्या है ?	*प्रो. अरुण कुमार*	79
अख़बार और जूता !	*श्रवण कुमार गर्ग*	82
अच्छे पत्रकार चाहिए	*ओम थानवी*	86
विकास का वैकल्पिक मॉडल चाहिए	*हरिवंश*	88

विमर्श का दूसरा दिन

शब्द का गौरव आज भी है	*निर्मल वर्मा*	97
भारतीय भाषाओं का आत्मसमर्पण	*श्रीलाल शुक्ल*	103
हिन्दी पत्रकारिता और 'हिन्दी जाति'	*केदारनाथ सिंह*	108
पत्रकारिता बनाम प्रेस विज्ञप्ति	*अशोक वाजपेयी*	113
बाज़ारवाद से मुठभेड़ ज़रूरी	*प्रभाष जोशी*	121
अपनी आत्मालोचना करें	*रमेश चन्द्र शाह*	123
टेक्नॉलॉजी को मित्र बनाने की जरूरत	*सुधीश पचौरी*	127
हम बोतल के जिन को पालतू नहीं बना सकते	*देवदत्त*	132
विश्वासघाती व्यवहार	*विजयदत्त श्रीधर*	134
बाज़ारवाद कोई लाद नहीं सकता	*उमेश त्रिवेदी*	137
मैं मुगालते में नहीं हूँ	*अजय उपाध्याय*	141
हम नहीं बच सकते	*अरुण पांडेय*	143
हमारा प्रस्थान बिंदु	*डॉ. नामवर सिंह*	144

मीडिया और बाज़ारवाद

कर्‌टन रेजर : मीडिया, हम और बाज़ारवाद

रामशरण जोशी

क्या मीडिया और बाज़ार एक-दूसरे के पर्याय बन चुके हैं ? यह एक ऐसा सवाल है जो वर्तमान में मीडिया कर्मियों और मीडिया विशेषज्ञों को ही नहीं बल्कि उन सभी संवेदनशील व विवेकशील भारतीयों को परेशान करता है जिनके सरोकार एजेंडे पर भारत और उसकी जनता प्रथम व अन्तिम प्राथमिकता पर हैं। इसलिए यह अकेला सवाल कई सवालों का प्रतिनिधित्व करता है। क्या भारतीय मीडिया की स्वतंत्र अस्मिता है ? कहीं भारतीय मीडिया पश्चिम की 'परछाईं' तो नहीं है ? क्या इसमें 'भारतीय जन' दिखाई देता है ? क्या यह मखमली त्वचावाले भारतीयों के लिए 'स्वप्न सौदागर' बन चुका है ? क्या बाज़ारवाद मीडिया का दर्शन बन चुका है ? जैसे सवाल इस 'प्रतिनिधि सवाल' की रचना करते हैं। वर्ष 2001 के अन्तिम चरण के घटनाचक्र के मीडिया कवरेज़ के पैटर्न ने इस प्रतिनिधि सवाल की प्रासंगिकता को नए रूप में रेखांकित किया है। इसमें समाहित सवाल चुनौती दे रहे हैं कि हम उनमें झाँकें और माकूल 'रेसपोंस' उन्हें देकर दिखाएँ।

21वीं सदी के प्रवेश वर्ष के अन्तिम चरण के घटनाचक्र ने निस्सन्देह पूरी दुनिया को झकझोरा। विकसित और विकासशील राष्ट्रों पर इसके प्रभाव समान रूप से पड़े। लेकिन इन प्रभावों के सन्दर्भ में सबसे अधिक चौंकाने और परेशान करने वाली बात थी घटनाचक्र का 'मीडिया कवरेज़'। 11 सितम्बर को न्यूयार्क और वाशिंगटन के आर्थिक एवं रक्षा प्रतिष्ठानों पर इस्लामी आतंकवादियों के आत्मघाती हमले और 7 अक्टूबर को अफगानिस्तान पर ज़वाबी अमरीकी आक्रमणों के मीडिया कवरेज़ ने भारतीय मनों में मीडिया के प्रति शंकाएँ पैदा कीं। यद्यपि, मीडिया की तटस्थ एवं लोकोन्मुख भूमिका को लेकर चिन्ताएँ पहले से ही इन मनों में मौजूद थीं। मीडिया की विश्वसनीयता पर कई बार सवालिया निशान लगे हैं। लेकिन सितम्बर के दूसरे सप्ताह से आरम्भ हुए घटनाचक्र के मीडिया कवरेज़ ने यह सोचने के लिए विवश कर दिया कि कहीं हमारा मीडिया यूरो-अमरीकी प्रभावों का 'उपांग' या 'उपनिवेश' तो नहीं बन गया है ? कतिपय विशेषज्ञों ने भारतीय मीडिया को अमरीका का 'पीकदान' तक कह डाला। भारतीयों को आतंकवाद और युद्ध के कवरेज़ को लेकर आशंकाएँ होने लगीं कि कहीं भारतीय मीडिया ने सम्पूर्ण राष्ट्र को 'रुदाली' बनाने की सुनियोजित मुहिम तो नहीं चला रखी है ? क्योंकि जब कोई ट्रेजडी विषाद, करुणा और

विराग के स्थान पर आनन्द, रोमांच तथा लगाव पैदा करती है तब वह 'ट्रेजडी' नहीं रहती। वह 'फार्स' में रूपान्तरित हो जाती है। त्रासद घटनाचक्र के मीडिया कवरेज़ को 'फार्स' का नवीनतम रूप ही कहा जाएगा। इस रूप के लक्षण थे : उन्माद, विवेकहीनता, प्रतिशोधिता, जातीय वर्चस्वता का उभार, परपीड़न सुख, आत्मग्रस्तता, राज्य प्रायोजित आतंकवाद का वैधीकरण व सरलीकरण, युद्ध मोहकता की सृष्टि, सुपरमैन व सुपर नेशन का छवि निर्माण आदि। अपने कवरेज़ में मीडिया ने इन तमाम लक्षणों का भरपूर ग्लैमरीकरण और बाज़ारीकरण किया।

स्पष्ट शब्दों में कहें तो मीडिया कवरेज़ आतंकवाद तथा युद्ध के प्रति ज़रूरी घृणा करने में सरासर नाकाम रहा। शायद यही उसका असली मक़सद था, और यही उसकी नियति ! क्या यह आश्चर्यजनक नहीं है कि मीडिया कवरेज़ की बदौलत ओसामा बिन लादेन की 'ज़िन्दा शहीद' के रूप में ख्याति हुई ! मीडिया के विवेकहीन एवं सनसनीखेज़ कवरेज़ के कारण यह फर्क कर पाना मुश्किल था कि लादेन और अमरीकी राष्ट्रपति जार्ज डब्ल्यू. बुश में से कौन नायक है और कौन खलनायक ? क्योंकि मीडिया का ध्यान घटनाओं के 'उपभोक्ताकरण' पर अधिक केन्द्रित था। वह दर्शकों उर्फ ग्राहकों में आतंकवाद और युद्ध के प्रति एक प्रकार का 'थ्रिल' पैदा करना चाहता था। मीडिया को इसकी चिन्ता नहीं थी कि ट्रेजडी के उपभोक्ताकरण के परिणाम एवं प्रभाव किस प्रकार के होंगे ? यदि ऐसी मंशा मीडिया की रही होती तो नायक और खलनायक के बीच का फर्क साफ नज़र आता। ट्रेजडी और फार्स के बीच भेद होता है, यह समझ में आता। बच्चे और जवान, विश्व व्यापार केन्द्र और काबुल व कन्धार पर हवाई हमलों के दृश्यों से रोमांचित नहीं होते। त्रासद दृश्यों के मज़े नहीं लूटते।

जब मीडिया का लक्ष्य केवल 'मनोरंजन' करना और 'सूचना' देना मात्र हो जाता है तब सामाजिक, सांस्कृतिक, आर्थिक और राजनीतिक धरातलों पर कई प्रकार की विकृत प्रवृत्तियाँ उभरने लगती हैं। मीडिया प्रत्येक कवरेज़ का 'मॉस प्रोडक्शन' करने लगता है। वह प्रत्येक घटना को 'प्रोडेक्ट' एवं 'पैकेजिंग' की शक्ल में देखने लगता है और उसी ढंग से उसे सम्प्रेषित करता है। ऐसे मीडिया का लक्ष्य बिन्दु 'ग्राहक' होते हैं, लोग नहीं। ग्राहकों की पहली व अन्तिम चाहत रहती है 'उपयुक्त प्रोडक्ट'। यह समझ लेना चाहिए कि प्रोडक्ट की नियति स्थान, काल, समय और व्यक्ति निरपेक्ष रहने की है। वह केवल मूल्य एवं भोग्य सापेक्ष है। क्या हम सभी के लिए यह चिन्ता का विषय नहीं होना चाहिए कि आतंकवाद और युद्धजनित त्रासदियों के प्रसारण के दौर में चैनलों पर विज्ञापनों की भी भरमार रही। प्रसारण का प्रत्येक खण्ड बिका और खूब बिका। क्या मीडिया द्वारा मानव पीड़ाओं का 'उत्पाद रूपान्तरण' उचित है ? क्या तीसरी दुनिया के मीडिया, विशेषतः भारतीय मीडिया की भूमिका रचनात्मक थी ? क्या इसने पश्चिमी-अमरीकी चिन्ताओं का 'सर्वव्यापीकरण' एवं 'आन्तरिकीकरण' नहीं किया ? कहीं हम बाज़ारवाद के श्वेत नायकों के नगाड़े तो नहीं पीटते रहे या आज भी पीट रहे हैं ? इसलिए इन सवालों से पलायन नहीं किया जा सकता।

इससे इंकार नहीं है कि मीडिया को बाज़ार की ज़रूरत नहीं है। बाज़ार की ग़ैर-मौज़ूदगी में संचार का कोई भी माध्यम दीर्घ काल तक जीवित नहीं रह सकता। बाज़ार होगा तो मीडिया भी रहेगा। लेकिन, जब बाज़ार को 'जीवन दर्शन' के रूप में मान्यता दी जाएगी तब मीडिया, समाज और राज्य के अन्तरसम्बन्धों का परिप्रेक्ष्य भी बदलने लगेगा। इन सम्बन्धों का दिशा-निर्देशन बाज़ार करेगा, समाज के सरोकार नहीं। जब इंसानों का हाशियाकरण होने लगे और बाज़ार का केन्द्रीकरण किया जाने लगे, तब जानिए 'बाज़ारवाद' की प्रक्रिया की शुरुआत हो चुकी है। ऐसे में यह बाज़ारवाद समाज और राज्य के मानवीय व रचनात्मक तत्त्वों को डकारना शुरू कर देता है। इस स्थिति में बाज़ारवाद का भोज्य पदार्थ मीडिया नहीं बनेगा, यह कैसे संभव है ? लोगों की पीड़ाएँ, समाज की त्रासदियाँ, राज्य की व्यवहारात्मक विसंगतियाँ, मीडिया को केंचुकी चिकन, पीज़्ज़ा, हेमबर्गर की शक़्ल में दिखाई नहीं देंगी, यह सम्भव नहीं है। यही है बाज़ारवाद का यथार्थ। जिसने बीती सदी के अन्तिम पहर में मीडिया को 'इम्म्यूनाइज़' करना आरम्भ किया।

क़रीब एक दशक पहले भूमंडलीकरण की प्रक्रिया शुरू हुई थी भारत में। तब देश में कांग्रेस का शासन था और प्रधानमंत्री थे बहुभाषी विद्वान नरसिम्हा राव। उनकी सरकार ने 'खुले द्वार' का नारा उछाला; भूमंडलीकरण को उसके तार्किक चरम तक पहुँचाने के लिए उदारीकरण और निजीकरण के अश्व भी आर्थिक जंग में उतारे गए। राव-शासन काल में ही विभिन्न सरकारी क्षेत्रों से औपचारिक-अनौपचारिक कोशिशें की जाने लगीं कि विदेशी अखबारों को भारतीय भूमि से प्रकाशन की अनुमति दे दी जाए क्योंकि यूरो-अमरीकी शिविर द्वारा प्रायोजित भूमंडलीकरण के अश्वमेध की शत-प्रतिशत सफलता के लिए अनुकूल सूचना एवं बौद्धिक तंत्र का होना ज़रूरी था। भारतीय चेतना और मत के अनुकूलन का कारोबार तभी चलाया जा सकता था जबकि तथाकथित प्रथम श्वेत राष्ट्रों के औपनिवेशिक ईथोस के प्रचार-प्रसार के लिए उनके अपने विश्वस्त अखबार भारतीय शहरों से निकलें ! तर्क दिए गए कि विदेशी पत्र-पत्रिकाओं के प्रकाशन से प्रतिस्पर्धा को प्रोत्साहन मिलेगा और भारतीय पत्र-पत्रिकाओं में 'प्रोफेशनलिज़्म' आएगा। उनके स्तर में सुधार होगा। पत्रकारों और कर्मचारियों का जीवन बेहतर होगा। इसके लिए नरसिम्हा राव सरकार से लेकर गुजराल सरकार तक प्रत्यक्ष एवं परोक्ष कोशिशें चलती रहीं। लेकिन जन दबाव के कारण किसी को भी सफलता नहीं मिली। वाजपेयी सरकार ने भी नए सिरे से कोशिशें शुरू कीं।

सवाल यह नहीं है कि विदेशी पत्र-पत्रिकाओं को भारत से प्रकाशन की अनुमति दी जाए या नहीं दी जाए ? मूल सवाल यह है कि इन कोशिशों के पीछे मंशा क्या है ? श्वेत स्वामियों द्वारा नियंत्रित प्रिंट मीडिया किनके हितों की पैरवी करेगा ? क्या भारतीय इस सच्चाई से परिचित नहीं हैं कि किस प्रकार विदेशी समाचार एजेंसियाँ और दूसरे जनसंचार माध्यम यूरो-अमरीकी शिविर के आर्थिक, सामरिक और राजनीतिक हितों की रक्षा में अहर्निश तैनात रहते हैं। विदेशी संचार माध्यमों पर पक्षपातपूर्ण व्यवहार के आरोप लगातार लगते रहते हैं। श्वेत शिविर नियंत्रित जनसंचार माध्यमों ने 'नियंत्रित

सूचना स्वतंत्रता' का ही परिचय दिया है। मीडिया स्वतंत्रता के मामले में श्वेत माध्यमों ने 'सिलेक्टिव स्वायत्तता' से ही काम लिया है। आश्चर्य की बात यह है कि प्रथम विश्व का नेतृत्व तीसरे विश्व के नेतृत्व से 'मुक्त मीडिया' की अपेक्षा करता है, लेकिन स्वयं के मामले में उसकी 'आब्जेक्टिविटी' विभाजित रहती है। आतंकवाद और आक्रमण के कवरेज के सन्दर्भ में अमरीकी नेतृत्व को अपने मीडिया से कहना पड़ा था कि वह राष्ट्रीय हितों और युद्ध के लक्ष्यों को भी ध्यान में रखे। वह ऐसे कवरेज़ से बचे जिससे आतंकवादियों को फायदा पहुँच सकता है। ऐसी स्थिति में विदेशी पत्र-पत्रिकाओं को भारत से प्रकाशन की अनुमति मिल जाती है तो इस बात की क्या गारंटी है कि वे अपने सम्बन्धित राष्ट्रीय हितों को ध्यान में रखकर भारतीय जनमत को अनुकूलित करने की कोशिशें नहीं करेंगी ? जनमत को अनुकूलित करने का सीधा अर्थ है देश की राजनीति को प्रभावित करना और राज्य की नीति-निर्णय प्रक्रिया को अपने पक्ष में मोड़ना। यह सर्वविदित है कि असामान्य प्रतिस्पर्धा में जीत हमेशा शक्तिशाली की ही होती है। विदेशी टीवी चैनलों के सामने भारतीय चैनलों का बोदापन कई बार उजागर हो चुका है। प्रिंट मीडिया इस नियति से बच सकेगा, इसमें सन्देह है ! ऐसी स्थिति में इलेक्ट्रोनिक मीडिया की तरह प्रिंट मीडिया भी भारत में 'बाज़ारवाद' और 'बाज़ार समाज' को ही प्रोत्साहित करेगा, क्योंकि बहुमंडलीकरण को उसकी तार्किक परिणति तक पहुँचाने के लिए ज़रूरी है कि प्रत्येक भारतीय को 'जन' के बजाय 'ग्राहक' बना दिया जाए और भारतीय समाज को 'विशाल बाज़ार' में तब्दील कर दिया जाए। यह तभी सम्भव है जब राज्य नियन्ताओं और नागरिकों, दोनों ही की 'विश्व दृष्टियाँ' बाज़ारवादी बन जाएँ। उनका वस्तु बोध बाज़ार से आरम्भ हो और उसी में ही उसका अन्त हो जाए। दूसरे शब्दों में, बाज़ार को छोड़कर शेष सभी 'विकल्प' लुप्त हो जाएँ, और राज्य एवं नागरिकों की 'चयन क्षमता' भी अनुकूलित हो जाए। साफ शब्दों में कहा जाए तो 'मार्केट फंडामेंटलिज़्म' देश की सामाजिक-आर्थिक-राजनीतिक व्यवस्था को हाँकने लगेगा।

भविष्य को लेकर इस तरह की चिन्ताएँ अकारण और अस्वाभाविक नहीं हैं। ऐसी चिन्ताओं से वर्तमान आन्दोलित नहीं होता तो निश्चित ही हम सभी के लिए यह चिन्ता का विषय होता। इससे प्रकट होता कि हम स्वयं के लिए कितने निरर्थक व अप्रासंगिक हो चुके हैं। लेकिन आज जब चिन्ताओं ने चुनौती प्रस्तुत की है तब हम उसे अपना उचित रेसपोंस देने के लिए चिन्तित भी दिखाई देते हैं। इससे यह प्रतीत होता है कि हम कल के ख़तरों से पलायन नहीं कर रहे हैं। इसके विपरीत उनसे भिड़ने की रणनीति तैयार कर रहे हैं। यह हमारी 'सामूहिक स्वस्थता' का सुबूत भी है।

बीसवीं सदी के अन्तिम वर्ष के प्रथम मास यानी जनवरी 2000 में भोपाल में मीडिया के वर्तमान व भविष्य की 'चिन्ताओं, चुनौतियों और रेसपोंसों' को लेकर दो दिवसीय विमर्श का आयोजन किया गया था। यह एक बहुआयामी विमर्श था। इसमें केवल मीडिया के प्रतिनिधि ही शामिल नहीं थे, दूसरे अनुशासनों (साहित्य, समाजशास्त्र, अर्थशास्त्र, समाजकर्मी, प्रबन्धक, शिक्षाशास्त्री आदि) के वरिष्ठ व विख्यात प्रतिनिधि भी

समान रूप से आमंत्रित थे। 'मीडिया और बाज़ारवाद' के इस मंथन में भारतीय मीडिया, राजसत्ता, पूँजी, प्रौद्योगिकी, बहुराष्ट्रीय निगम संस्कृति, उपभोक्तावाद जैसे विषयों को बेलाग व गहरी पड़ताल की गई। इस मीडिया मंथन में न अमृत था, न विष, यदि था तो केवल यथार्थ से साक्षात्कार। मीडिया-कर्मियों, मीडिया-प्रबन्धकों, मीडियाशास्त्रियों, साहित्यकारों, समाजविज्ञानियों, और समाजकर्मियों को आईना दिखाया समकालीन यथार्थ ने। इस आईने में विमर्शकर्मियों ने देखा कि भूमंडलीकरण की सेनाओं के सामने उनके समाज और राज्य नियन्ताओं की कैसी दशा है ? विचार युद्ध में विमर्शकर्मियों की जमकर भड़ास निकली; वैचारिक प्रतिबद्धताएँ, आक्रामकता, आत्म बचाव, कुहासा, पलायन, आरोप-प्रत्यारोप, हताशा जैसी प्रवृत्तियाँ निरन्तर दो दिन फूटती रहीं। देश के एकमात्र मीडिया विश्वविद्यालय माखनलाल चतुर्वेदी राष्ट्रीय पत्रकारिता विश्वविद्यालय ने नामवर सिंह, देवदत्त, जवाहरलाल कौल, राजकिशोर, निर्मल वर्मा, ओम थानवी, अशोक वाजपेयी, हरिवंश, केदारनाथ सिंह, अरुण कुमार, सुधीश पचौरी, श्रीलाल शुक्ल, रमेश जैन, रमेशचन्द्र शाह, नन्दकिशोर त्रिखा, अजय उपाध्याय, श्रवण गर्ग, आलोक मेहता, अशोक अग्रवाल जैसे बहुआयामी विमर्शकर्मियों को मंथन का यह ऐतिहासिक अवसर प्रदान किया था और विमर्श के सूत्रधार थे प्रभाष जोशी। वे लम्बे अरसे से भूमंडलीकरण और उसके प्रभावों से जूझते आ रहे थे। प्रभावों की घनीभूत पीड़ा दबी थी उनके मन-मस्तिष्क में। उसे कभी फूटना था, और वह विमर्श के लावा के रूप में बही। संक्षेप में यह विमर्श, हिन्दी जाति को शिखर से तलहटी तक झकझोरने के लिए प्रभाष जोशीजी का दूरगामी व बहुआयामी 'निमित्त अनुष्ठान' का पूर्वाभ्यास था। मीडिया को लेकर इससे पहले ऐसा विलक्षण विमर्श कभी नहीं हुआ था। मीडिया विमर्श के बहाने वक्ताओं ने सम्पूर्ण हिन्दी पट्टी का ही 'डायगनोसिस' कर डाला। इस डायगनोसिस में शिक्षा व स्वास्थ्य की स्थिति, चेतना व विकास का चरित्र, सांस्कृतिक एवं राजनीतिक नेतृत्व का व्यवहार, मध्ययुगीन प्रवृत्तियों की निरन्तरता व आक्रामकता, मज़हबी कट्टरतावाद का विस्फोट जैसे तमाम लक्षणों का परीक्षण किया गया। कतिपय विद्वानों द्वारा हिन्दी पट्टी के राज्यों को 'बेमारू प्रदेश' की उपाधि से विभूषित करने के प्रश्न की खासी ख़बर ली गई। स्वाभाविक था ऐसी उपाधि से कोई भी प्रसन्न नहीं था। लेकिन यथार्थ से भागना भी कोई नहीं चाहता था। मीडिया, इस छवि के लिए कहाँ तक जिम्मेदार है ? इस सवाल का सामना भी मीडिया-कर्मियों और प्रबन्धकों ने किया।

निस्सन्देह हिन्दी राज्यों के मीडिया चरित्र की पड़ताल किए बगैर 'बेमारू प्रदेश' से जुड़े सवालों का ज़वाब देना भी मुमकिन नहीं था। यद्यपि मीडिया को हिन्दी राज्यों के 'बीमारूपन' के लिए सीधा कठघरे में खड़ा नहीं किया जा सकता क्योंकि इसके लिए कई प्रकार के कारक जिम्मेदार हैं जिनका सीधा सम्बन्ध भारतीय राष्ट्र-राज्य के प्रबन्धकों से है। लेकिन मीडिया, विशेष रूप से प्रिंट मीडिया इस सवाल से बच भी नहीं सकता कि क्या उसने हिन्दी पट्टी की सही तस्वीर शेष भारत के समक्ष रखी ? क्या वह इस पट्टी की बदहाली को उसकी सम्पूर्णता के साथ उजागर कर सका ? क्या वह हिन्दी पट्टी के

ठहरे समाज में एक 'सार्थक हस्तक्षेप' कर सका ? क्या वह अपेक्षित बदलाव के कम्पन पैदा कर सका ? ऐसे ही कई सवाल उठे जिनके कठघरे में अर्ध सदी की स्वातंत्र्योत्तर हिन्दी पत्रकारिता खड़ी रही। वह अपराधबोध से ग्रस्त रही क्योंकि वह वर्तमान में अपने अतीत के गौरव (मिशनरी पत्रकारिता) को अपने व्यावसायिक व्यवहार से सुरक्षित रखने में सरासर नाकाम रही है। स्वतंत्रता आन्दोलन काल के माधवराव सप्रे, बालमुकुन्द गुप्त, बाबूराव विष्णु पराड़कर, अम्बिका प्रसाद वाजपेयी, माखनलाल चतुर्वेदी, गणेशशंकर विद्यार्थी जैसे पत्रकारिता सेनानियों के स्मरण के माध्यम से पत्रकारिता और पत्रकार के वर्तमान चरित्र का निर्ममता के साथ पोस्टमार्टम किया गया। इसका एक ही स्वाभाविक निष्कर्ष निकलता था और वह था कि हिन्दी पत्रकारिता व्यावसायिकतावाद, धन्धाकरण और ताज़ातरीन शब्दावली में कहा जाए तो 'बाज़ारवाद' की शिकार हो चुकी है। लेकिन 'मिशन', 'प्रोफेशनलिज़्म', 'कॉमर्शलाइज़ेशन' और 'मार्केटाइज़ेशन' की सुस्पष्ट परिभाषा का अभाव निरन्तर खटकता रहा। विवेक, विश्लेषण और तार्किकता पर मुद्दों का अतिसरलीकरण एवं मनोगतकरण छाए रहे। प्रायः हिन्दी पट्टी अतिरंजना से पीड़ित रहती आई है। इसने विचार और आलोचनात्मक चेतना के स्थान पर 'भावातिरेकता' को प्राथमिकता दी है। हिन्दी पत्रकारिता इससे कैसे अप्रभावित रह सकती है, भला ! हिन्दी पत्रकारिता जितनी आत्मदीनता, आत्महीनता और आत्मधिक्कार से ग्रस्त है शायद ही भारत की दूसरी भाषाओं की पत्रकारिता की यह स्थिति हो ! अंग्रेज़ी में तो बिल्कुल ही नहीं है। तर्क दिए जा सकते हैं कि अंग्रेज़ी पत्रकारिता के सरोकार एवं प्राथमिकताएँ नितान्त अलग हैं। भारतीय भाषाओं की पत्रकारिता से उसकी तुलना नहीं की जा सकती। एक सीमा तक यह सही भी है। अंग्रेज़ी पत्रकारिता एक खास किस्म की मानसिकता का प्रतिनिधित्व करती है। यह वह मानसिकता है जो औपनिवेशिक सन्दर्भों में जन और जन के बीच, शासक व शासित और शोषक और शोषित के सम्बन्धों का कारण बनती रही है। अतः भारतीय भाषाओं की पत्रकारिता और अंग्रेज़ी पत्रकारिता के एजेंडों में साम्यता नहीं हो सकती। दोनों बुनियादी रूप से अलग-अलग हैं। लेकिन शेष भाषायी पत्रकारिता की तुलना में हिन्दी पत्रकारिता की स्थिति विशिष्ट है। हिन्दी करीब पचास करोड़ भारतीयों की भाषा है। संसद के लगभग आधे हिस्से का निर्माण हिन्दी पट्टी से होता है। दूसरे शब्दों में, राष्ट्र की राजनीति की धुरी है हिन्दी पट्टी। देश की नीति-निर्णय प्रक्रिया में इसका हस्तक्षेप निर्णायक माना जाता है। अतः इस पृष्ठभूमि में हिन्दी पत्रकारिता की विशिष्ट भूमिका को कैस नज़रअन्दाज़ किया जा सकता है ? लेकिन इस स्थिति का दिलचस्प पहलू यह भी है कि हिन्दी पत्रकारिता को अपनी विराटता का बोध नहीं है। कई मामलों में बंगला, मलयालम, तेलुगु, मराठी जैसी भाषाओं की पत्रकारिता हिन्दी पत्रकारिता से आगे है और क्षेत्रीय स्तर पर प्रभावशाली भूमिका निभा रही है। गैर-हिन्दी पत्रकारिता में हिन्दी की अपेक्षाकृत अधिक स्वस्थ 'व्यावसायिकता' है। यह किसी भी व्यवसाय के निरोगीपन की निशानी है; शिक्षक, चिकित्सक, इंजीनियर, उद्योगपति, व्यापारी आदि के अपने-अपने व्यवसाय हैं। मूल बात यह है कि क्या ये लोग अपने व्यावसायिक धर्म का शत-प्रतिशत पालन कर रहे हैं या नहीं ?

यदि ये अपने व्यवसाय में घालमेल करते हैं तो निश्चित ही इन्हें 'कुपथगामी' या 'धन्धेबाज' कहा जाएगा। पत्रकारों पर भी यही बात लागू होती है। मिशन एक ऐसा कर्म है जिसे निजी स्तर पर तात्कालिक या दूरगामी लाभ-हानि के परिप्रेक्ष्य में नहीं देखा जा सकता। मिशन का दूसरा नाम है स्वयं का 'उत्सर्ग' या 'होम'। लेकिन व्यावसायिकता में 'आसक्ति, उपलब्धि, प्रतिफल' जैसे भाव निहित हैं। पूँजी, श्रम, बुद्धि और वांछित प्रतिफल पर व्यावसायिकता टिकी हुई है। इन चारों तत्त्वों के नियोजन के बगैर व्यावसायिकता सम्भव नहीं है। व्यावसायिकता में 'कबीराई' के लिए स्थान नहीं है। लेकिन इसका यह अर्थ बिल्कुल नहीं है कि व्यावसायिकता व्यक्ति को विपथगामी बनाती है। व्यावसायिकता का अपना एक धर्म होता है जिसका पालन किया जाना चाहिए। पिछले पाँच दशकों की मुख्यधारा की हिन्दी पत्रकारिता में राहुल बारपुते, अज्ञेय, धर्मवीर भारती, रघुवीर सहाय, राजेन्द्र माथुर, सुरेन्द्र प्रताप सिंह जैसे सम्पादक कम-ज्यादा व्यावसायिकता के धर्म का पालन करते रहे हैं। इसी पथ के अडिग पथिक हैं प्रभाष जोशी। निस्सन्देह इन सम्पादकों के अपने-अपने स्कूल हैं। इनकी दृष्टियों में अन्तर भी है। लेकिन ये सम्पादक खरे व्यावसायिककर्मी रहे हैं, इस सच्चाई से इंकार नहीं किया जा सकता। शुद्ध व्यावसायिकवाद से मेरा तात्पर्य मीडिया प्रतिष्ठान का हर स्तर पर आमूल-चूल परिवर्तन है। इसे प्रगतिशील दृष्टि, दक्षता और विकासमान प्रौद्योगिकी से लैस करना है। दफ्तर और मशीन के आधुनिकीकरण से अखबार को निस्सन्देह आकर्षक बनाया जा सकता है, उसकी प्रसार संख्या बढ़ाई जा सकती है, लेकिन प्रेस प्रतिष्ठान की भीतरी सड़ाँध को दूर नहीं किया जा सकता। अतः हिन्दी प्रेसपतियों को चाहिए था कि वे अपने सामाजिक-सांस्कृतिक-आर्थिक व्यवहारों का भी आधुनिकीकरण व व्यावसायीकरण करते। वे हिन्दी पट्टी में एक 'जेनुइन आधुनिकता' के जनक बनते। पर ऐसा नहीं हुआ। वे जेनुइन आधुनिकता के विरोधी और मध्ययुगीन प्रवृत्तियों के 'शव साधक' की भूमिका निभाते हुए दिखाई देते हैं और सम्पादकों और वरिष्ठ पत्रकारों का एक बड़ा वर्ग भी 'सहायक भूमिका' निभाने में मगन रहता है। प्रेस मालिकों और अधिकांश पत्रकारों के महाजनी पूँजीवादी संस्कार होने के कारण ही 'मंडल आन्दोलन' को 'असुर आन्दोलन' या सवर्ण विरोधी आन्दोलन और 'कमंडल आन्दोलन' को हिन्दू पुनरुत्थान या हिन्दुत्व आन्दोलन के रूप में चित्रित किया गया। इसे हिन्दी पत्रकारिता की त्रासद दशा-दिशा ही कहा जाएगा।

पर अब हिन्दी पत्रकारिता में 'दलित-पिछड़ा विमर्श' दबाना सम्भव नहीं है। खुरदरे लोगों के शब्द फूटकर और गूँज कर रहेंगे, हिन्दी पत्रकारिता के आसमान में। शायद तभी हिन्दी पट्टी को 'बेमारूपन' से मुक्ति मिलेगी। मीडिया जन को जन रहने दे, उसे ग्राहक में तब्दील न करे; भावना, पीड़ा, सर्जना और विचार प्रोडक्ट का रूप न लें; त्रासदी को फार्स बनाकर न बेचा जाए; बाज़ार रहे, पर बाज़ारवाद से अलविदा किया जाए। मीडिया से इन न्यूनतम अपेक्षाओं के साथ हिन्दी मनीषियों के प्रस्तुत 'भोपाल आत्ममंथन' को एक 'सार्थक पहल' के रूप में देखा जा सकता है।

वैश्वीकरण—सवाल सांस्कृतिक क्षरण का

जवाहरलाल कौल

टेक्नॉलॉजी और वैश्वीकरण का सवाल कई सालों से मुझे कुरेदता रहा है। लगभग 25 साल पहले अमेरिकी दूतावास के अमेरिकी सूचना केन्द्र की ओर से एक पुस्तक मुझे मिली और उस पुस्तक का नाम था—'विदाउट क्राइस्ट एंड विदाउट मार्क्स'। यह किताब लिखी थी वहाँ के एक सम्पादक ने। इस पुस्तक के लेखक का दावा था कि जल्दी ही दुनिया को एक नई क्रान्ति अपने आलिंगन में लेने वाली है जो न तो इंसानियत से आएगी और न मार्क्सवाद से, लेकिन दोनों से वह बहुत बड़ी होगी और वह थी टेक्नॉलॉजी। अमेरिका से शुरू होगी और अमेरिका से ही निर्देशित होगी। उस वक्त यह हमारी समझ से परे था। हालाँकि टेलीविज़न के नए आयाम तब खुल रहे थे और कम्प्यूटर एक नई जागरूकता और उत्सुकता का विषय बन चुका था। फिर भी हमारे देश में इतनी समझ शायद पैदा नहीं हुई थी कि वह किसी नए वैश्वीकरण से उपजे बाज़ारवाद की कल्पना कर सके। जो दावे हमें दिवास्वप्न लगते थे वे आज सच हुए हैं। एक धारणा इस वैश्वीकरण में है 'विश्वग्राम' की। उससे बहुत लोगों को ऐसा लगता है कि इसमें कुछ भारतीयता जैसी 'वसुधैव कुटुम्बकम की बात है, लेकिन यह गलतफ़हमी छोड़ देनी चाहिए। वजह यह है कि इस मामले में दरअसल मेरी शिक्षा भी अमेरिकी सूत्रों से ही हुई है। प्रसिद्ध अमेरिकी लेखक और अमेरिकी काँग्रेस के पूर्व लायब्रेरियन डेनियल डूस ने यह किताब लिखी है—'दी रिपब्लिक ऑफ टेक्नॉलॉजी'। उसमें उसने बताया है कि दरअसल जो टेक्नॉलॉजी विकसित हो रही है उसकी कुछ विशेषताएँ हैं; पहली विशेषता उसकी यह है कि उसे लगातार बदलना है, उससे पहले वाली टेक्नॉलॉजी को हटाकर आगे आना है और फिसलने का खतरा हर वक्त बना रहेगा, इसलिए यह क्षणिक है, इसमें सारे सम्बन्ध क्षणिक हैं, इससे जो जुड़ेगा, जो इस्तेमाल करेगा उसके रिश्ते भी क्षणिक होंगे; दूसरा कि अपनी जगह पर जहाँ इनका विकास हुआ वहाँ यह सीमित नहीं रह सकेगी, इसे अपने जन्म के देश को लाँघकर दूसरी जगह जाना है, पूरी दुनिया में ठहरना है। यह उसका स्वभाव है और मजबूरी भी है क्योंकि अगर ऐसा नहीं हुआ तो इस पर लगा हुआ खर्च और इसके पेटेंट जिनके पास हैं, उनका नफ़ा हज़म नहीं होगा, इसलिए ऐसी दुनिया की कल्पना की गई है जहाँ बन्धन न हो। सारी दुनिया जहाँ एक बाज़ार हो, एक ग्राम हो उसमें कोई अड़चन न

हो। टेक्नॉलॉजी का एक बाज़ार हो, तो इसमें भावनाओं का, मूल्यों का कोई सम्बन्ध नहीं, केवल 'ग्लोबल विलेज', एक बाज़ार की अवधारणा है जहाँ बिना किसी राष्ट्रीय, जातीय, धार्मिक, सांस्कृतिक, क्षेत्रिय अवरोधों के बावजूद माल बिकता रहे और उसके रास्ते में जो अवरोध आएँ वो हट जाएँ। ऐसी स्थिति में जब हम पत्रकारिता, प्रेस या मीडिया पर आ जाते हैं तो हमें यह साफ़ दिखता है कि अगर यह सहयोग न करता तो यह विश्वाग्राम या वैश्वीकरण सम्भव नहीं था। प्रेस, मीडिया इसका एक मित्र-सहयोगी बनकर सामने आया।

भारत में भी अब ऐसा ही हो रहा है। पश्चिम में तो पहले से था। अब इस सबका असर तो सामाजिक रूप से प्रेस पर होना ही था। उसके तथ्य और टेक्नॉलॉजी पर भी उसमें क्या लिखा जाता है, क्या उसके इरादे हैं, क्या उसका स्वभाव है—इस पर भी विचार होना चाहिए। लेकिन, सबसे बड़ी बात तो यह है कि प्रेस को अब बाकायदा उद्योग की मान्यता दी गई है क्योंकि प्रेस के मालिकों ने यह माँग बहुत दिनों से की है। लेकिन, अगर प्रेस उद्योग है तो क्या उसका कोई सामाजिक दायित्व है? जूते बनाने या साबुन ने और अखबार बनाने में कोई फर्क है कि नहीं ? अगर नहीं है तो फिर सामाजिक दायित्व का सवाल कहाँ उठता है? यह खतरा एक काल्पनिक आशंका नहीं है। आज भी हमारे इसी देश में ऐसे अखबार हैं जहाँ इस बात पर अमल हो रहा है, जिसका सबसे पहला शिकार सम्पादक हुआ है। सम्पादक को माना जाता है कि वह प्रकाशक और पाठक के बीच एक सेतु है। वह पाठक का प्रतिनिधि है, प्रकाशक के सामने उसके हित की बात करता है। अगर, सामाजिक दायित्व है नहीं, तो इस सम्पादक की जरूरत क्या है? क्यों है? हिन्दी पत्रकारिता के सामने यह सवाल बहुत शिद्दत के साथ आता है। हिन्दी के सामने इसलिए कि अंग्रेजी का बाज़ार से कोई बैर नहीं है। ब्रिटिश साम्राज्य की भाषा अंग्रेज़ी थी और ग्लोबलाईज़ेशन की भाषा भी अंग्रेज़ी है, अंग्रेज़ी उसकी प्रतिलिपि है और अंग्रेज़ी का पाठक वर्ग लगभग वही वर्ग है जो मानता है कि वैश्वीकरण और प्रौद्योगिकी के जो लाभ हैं वे सिर्फ अंगेज़ी के द्वार से आ सकते हैं, हिन्दी के झरोखे से नहीं। इसलिए अंग्रेज़ी का शायद कोई टकराव नहीं है उस बड़े बाज़ार में। लेकिन, क्या हिन्दी पत्रकारिता ऐसा कर सकती है? हम अभी भी मानते हैं कि हिन्दी यहाँ की आम जनता का प्रतिनिधित्व करती है। लेकिन, आम जनता के प्रतिनिधि अखबार भी क्या ऐसा कर सकते हैं, जैसे अंग्रेज़ी पत्र-पत्रिकाएँ कर रही हैं? इस सवाल के बारे में हमें सोचना होगा क्योंकि हिन्दी पत्र-पत्रिकाएँ इस रास्ते पर चल चुकी हैं।

हमने हिन्दी को राजभाषा घोषित करवाया और यह किसी पर एहसान नहीं किया, क्योंकि हिन्दी का जन्म इस राष्ट्र की एक बहुत ही महत्वपूर्ण माँग के कारण हुआ। अलग-अलग क्षेत्रों-भाषाओं, रियासतों और राज्यों के बीच संवाद स्थापित करने के लिए, राष्ट्रीय एकता स्थापित करने के लिए किसी एक भाषा की जरूरत थी। इसलिए जब देश आज़ाद हुआ तो राजभाषा बनना स्वाभाविक था। लेकिन, अचानक एक ऐसी भाषा को

राजभाषा बना दिया गया जिसे शासन का कोई अनुभव नहीं था जो कभी शासन की भाषा थी ही नहीं। और हिन्दी जिन लोगों ने आन्दोलन करके इसे प्रतिष्ठित किया था वे यह महसूस ही नहीं कर पाए कि शासन सिर्फ़ राजनीतिक बातों से नहीं होता और विधान सभा या लोक सभा में बोलने से ही नहीं होता उसके बहुत सारे आयाम होते हैं; विज्ञान, टेक्नॉलॉजी, उद्योग, व्यवसाय, क्या उसके लिए हम तैयारी कर चुके हैं या उसके बाद हमने तैयारी की? हमको यह महसूस हुआ कि शायद यह एक बड़े सांस्कृतिक संकट का हिस्सा है। हम वास्तव में केवल बाजारू भाषा या पत्रकारिता के संकट से नहीं गुज़र रहे हैं, हम शायद किसी विराट सांस्कृतिक संकट से गुज़र रहे हैं। ये प्रश्न इस अध्ययन से मुख्य रूप से उभरते हैं और उनका जवाब मेरी पुस्तक 'हिन्दी पत्रकारिता का बाज़ारवाद' में होगा ही, यह दावा नहीं किया जा सकता है। अगर होगा भी तो शायद अधूरा होगा इसलिए मैं मानता हूँ कि इससे आगे का संवाद होना चाहिए। ●

*वरिष्ठ पत्रकार जवाहरलाल कौल ने मीडिया मनीषियों के समक्ष मीडिया जगत से जुड़े वृहत और सूक्ष्मस्तरीय समकालीन मुद्‌दों को रखने के पश्चात् बहुआयामी मीडिया विमर्श का रास्ता खोल दिया। कौल के बीज-वक्तव्य ने सभी को आन्दोलित किया। इसके पश्चात् पत्रकारों, साहित्यकारों, समाजशास्त्रियों, मीडिया विशेषज्ञों और समाचार प्रबन्धकों के बीच संवाद का सिलसिला शुरू हो गया। दो दिवसीय संगोष्ठी के सूत्रधार **प्रभाष जोशी** ने संवाद की कमान सँभाली। प्रभाष जोशी ने कौल द्वारा उठाए गए मुद्‌दों को विमर्श के केन्द्र में रखा।*

हिन्दी समाज और राष्ट्र राज्य

प्रभाष जोशी

एक-दो साल पहले की बात है 'डान' (पाकिस्तान का अंग्रेज़ी दैनिक) में एक कवर पेज पर सात अमीर देशों के राष्ट्राध्यक्षों का चित्र था और वह सब सिर सटाकर खड़े हुए थे। उसी के नीचे शीर्षक लिखा था 'स्टेट इन द सर्विस ऑफ बाज़ार' (बाज़ार की सेवा में राज्य) कुल मिलाकर इसका मतलब यह था कि दुनिया में जितने बड़े ताकतवर राष्ट्र हैं वे अब बाज़ार की सेवा में लगे हैं, क्योंकि राष्ट्र और उनकी अर्थनीति सुरक्षित नहीं रह सकती, अगर वो अपने बाज़ार को आगे बढ़ाने में न लगें। जब से हम लोगों का संगठन आदि शुरू हुआ है, यह माना गया कि राज्य हो और कल्याणकारी राज्य हो। अब राज्यों की तरफ से यह कहा जा रहा है कि हम पीछे हटते हैं, बाज़ार आगे आए और बाज़ार ने सारी दुनिया में यह दावा करना शुरू कर दिया है कि दुनिया और लोगों की नियति, उनका भविष्य बाज़ार तय करेगा, बाज़ार की ताकतें तय करेंगी, स्टेट तय नहीं करेगा और यह बहस बड़े पैमाने पर चल रही है। बाज़ार वह ताकत है जिससे हम निपट नहीं सकते, इसलिए कि बाज़ार मनुष्य का सबसे बुनियादी और सबसे अभिन्न साथी रहा है। वह बाज़ार नाम की संस्था आदिम समाज के लिए भी रही है और आज के समाज के लिए भी है। इसलिए बाज़ार से बैर करके आप अपना समाज और अपना जीवन चला सकें इसकी सम्भावना नहीं है। मनुष्य की नियति बाज़ार तय करे तो इसका मतलब यह है कि अब तक जो मनुष्य का सेवक रहा है, वह मनुष्य का मालिक होना चाहिए। बाज़ार मनुष्य का बहुत अच्छा सेवक है। कोई 5000 साल से उसकी सेवा कर रहा है। शायद उससे भी ज़्यादा वर्ष से कर रहा हो। लेकिन, वो मनुष्य की नियति तय करेगा तो उसमें एक मूल खोट आनेवाला है, क्योंकि बाज़ार भाव से चलता है, बाज़ार मूल्य से नहीं चलता और मूल्यों के बिना किसी भी मानव समाज की कल्पना नहीं की जा सकती है। मानव समाज भाव से नहीं चल सकता है, मूल्य से ही चल सकता है और मानव समाज को मूल्य से चलना है। तो अब जो बाज़ार की शक्तियाँ दुनिया में इकट्ठा हुई हैं उससे आप कैसे निपटेंगे? मुझे कई लोगों ने कहा कि यह तो हिन्दुस्तान है जो जाजम की तरह बिछने के लिए तैयार है, नहीं तो जहाँ-जहाँ बाज़ार गया है वह उस देश के समाज की शर्त पर गया है। उसने समाज पर शर्तें लादी हैं। जैसे मान लीजिए कि जापान का आज बहुत बड़ा

नाम है। लेकिन जापान में छोटे-छोटे घराने, छोटे-छोटे उद्योग होते थे। वहाँ जो अमेरिकी या यूरोप की बड़ी-बड़ी कम्पनियाँ या भारत की कम्पनियाँ हैं, लेकिन वहाँ पर कुटीर उद्योग के लेबल पर काम चलता है, उन्होंने छोटे-छोटे उद्योग होने, ऐंसीलरी इंडस्ट्रीज़ होने के नाते ही उसका स्वरूप रखा। इसका मुख्य कारण यह है कि हमारे यहाँ का जो लीडर है वह थोड़ा अनुभवी, बुजुर्ग होगा तभी वो समाज को स्वीकार होगा, तो अमेरिका या जापान में ऐसा नहीं होता। जापान में अनुभव की लीडरशिप को स्वीकार किया गया है। जापान ने अन्तरराष्ट्रीय बाज़ार को अपनी शर्त पर स्वीकार किया है। चीन का उदाहरण आप देखें। चीन ने अन्तरराष्ट्रीय बाज़ार को अपनी शर्तों पर स्वीकार किया है। भारत ने जब 1991 में आर्थिक उदारीकरण की शर्तें स्वीकार की, वर्ल्ड बैंक कीं, उस समय के सारे कागज आपको बताएँगे कि मनमोहन सिंह के पास पहले से वो डाकूमेंट मौजूद था जो नरसिम्हा रावजी के आते ही उन्होंने दिखाया और उसके अनुसार अपना काम-काज करना शुरू किया। वह वर्ल्ड बैंक का डाकूमेंट है। हमने एक कमजोर देश की तरह से अन्तरराष्ट्रीय बाज़ार को स्वीकार किया है। इसलिए अब हमारे यहाँ जाजम की तरह बिछ जाने का लगभग कुचक्र चल रहा है।

अभी संसद में एक कानून पास हुआ है—इंश्योरेंस रेग्यूलेटरी अथार्टी का। उसकी माँग इस देश के अन्दर कहीं से भी नहीं आई है। इस देश के पूँजीपतियों ने भी नहीं कहा कि बीमा क्षेत्र को बाहर की पूँजी के लिए द्वार खोलना चाहिए। इस देश के बीमा करवानेवालों ने भी नहीं कहा कि हमको विदेशी कम्पनियाँ चाहिएँ जिसमें हम अपना बीमा करवाएँगे तो ज्यादा फायदा होगा। लेकिन हमारे देश की सरकार ने 15 दिन में उसका कानून बना दिया और पूरी संसद ने उसको सहमती दे दी। यानी इस देश की संसद इस देश के लोगों की है या अमेरिकी बाज़ार की? इस देश की संसद सार्वभौम सम्प्रभु संसद है या वो वर्ल्ड बैंक के कहने पर कानून बनानेवाली संस्था है। ऐसे बहुत सारे मामले हैं जिसकी इस देश के अन्दर कोई इच्छा कभी पैदा नहीं हुई, लेकिन अन्तरराष्ट्रीय बाज़ार में चलता है इसलिए आपने उनको खोजकर उनके सामने जाजम की तरह बिछना मंजूर किया। अब अगर बाज़ार को इस तरह स्वीकार करते हैं। अपनी संसद के चुने हुए लोग जिसको कि हम अपने गणतंत्र के संविधान में सम्प्रभु संस्था कहते हैं, वो अगर विश्व की इच्छानुसार कानून बनाने लगेगी तो इस देश के लोकतंत्र का क्या होगा ? यह पहला सवाल है। दूसरा सवाल यह है कि बाज़ार जैसाकि आप-हम सब जानते हैं उसका अपना दृष्टिकोण है। मूल सवाल यह है कि आपको अपना बाज़ार बनाना है। जब आप ऐसा करते हैं तो समाज के प्रति आपका दृष्टिकोण उसको विखंडित करके उसमें अपना माल (अधिक-से-अधिक) खपाना होता है। समाज को एक पूरे रूप में लेकर उसकी वकालत करने का नहीं होता। इस दृष्टिकोण का आप दो तरफ असर देख सकते हैं; एक तरफ तो हमारी राजनीति पर और दूसरा राजनेताओं के व्यवहार पर। हमारी प्रत्येक राजनीतिक पार्टी ने एक बड़ी मल्टी नेशनल कम्पनी से समझौता किया है। अपने वोट बैंक से वे आगे जाना ही नहीं चाहते।

मैंने एक राजनेता से बाज़ारवाद की चर्चा की तो उन्होंने कहा कि हमें पार्टी के वोट बैंक की नहीं, अपनी सीट की सबसे बड़ी चिन्ता है। पिछले चुनाव (1999) में आपने देखा कि लोगों ने अपनी एक-एक सीट के लिए अपनी पार्टियाँ छोड़ीं, दूसरी पार्टियों में मिले और अपनी सीट और अपना क्षेत्र सुरक्षित रहे इसलिए पार्टी की चिन्ता नहीं की, विचार की चिन्ता नहीं की, पूरे देश की राजनीति की चिन्ता नहीं की। जब उत्तराखंड का आन्दोलन चल रहा था उत्तर प्रदेश में तो मुलायम सिंह यादव ने कहा था कि मुझे उत्तराखंड की कोई चिन्ता नहीं है, क्योंकि वहाँ से मेरे लोगों को वोट नहीं मिलता। वहाँ तो मेरी पार्टी का कोई विधायक नहीं हैं। जो क्षेत्र मेरी पार्टी की चिन्ता नहीं करता उसकी चिन्ता मैं क्यों करूँ? वो उत्तर प्रदेश के मुख्यमंत्री थे, कोई उत्तराखंड या बाज़ार के चीफ मिनिस्टर नहीं थे। फिर भी वो एक इलाके को तोड़कर उसका पतन करने को तैयार थे क्योंकि वहाँ से उनकी पार्टी को वोट नहीं मिलता है। अब इस वोट बैंक की राजनीति और बाज़ार की राजनीति को जरा देखें तो आप पाएँगे कि वह दोनों लगातार साथ-साथ चलते हैं। यानी राजनीति और समाज को वोट बैंक में तोड़ने के लिए, राष्ट्रीय चरित्र को तोड़ने के लिए तैयार हैं या कहें कि वह समाज में अपना बाज़ार बनाए रखने के लिए अपना निश्चित बाज़ार बनाए। अब इसका हिन्दी पत्रकारिता पर असर आप देखें तो पाएँगे कि 'माखन सन्तों ने खाया और छाछ जगत को मिली।' ऐसा कबीर ने कहा है। तो पत्रकारिता में हाल यह है कि जो माखन है वह अंग्रेज़ी अखबारों के पास है। एक अंग्रेज़ी का पेपर 38 पेज का आपको 1 रुपए में मिल जाएगा। संयोगवश अखबारों के अर्थशास्त्र को थोड़ा-बहुत जानता हूँ। वे विज्ञापन के बल पर 38 पेज का अखबार 1 रुपए में बेच सकते हैं वहीं हमको अपना 10 पेज का अखबार भी 3 रुपए में भारी पड़ता है। इसलिए विखंडन होता जा रहा है।

आप देश की राजनीति को और बाज़ार को देखें तो पाएँगे कि भोपाल की खबरें इन्दौर के संस्करण में नहीं मिलेंगी, इन्दौर की रायपुर में नहीं और रायपुर की खबर आपको मुम्बई में नहीं मिलेंगी। वही अखबार है लेकिन वो अपने जिले, अपने क्षेत्र की ज्यादा चिन्ता करता है। अब हिन्दी का चरित्र ठीक इसके विपरीत है। उसका नाम भी हिन्दी इसलिए नहीं पड़ा कि कोई उस प्रकार की भाषा थी। इस देश को हिन्द कहा गया इसलिए इस देश की भाषा को हिन्दी कहा गया। अमीर खुसरो साहब भी इसको हिन्द बोलते थे। मतलब यह हिन्दुस्तान की भाषा है। हिन्दी जन्म से अपने विकास से पूरे देश की भाषा रही है। वो उत्तर प्रदेश, मध्य प्रदेश, राजस्थान की भाषा नहीं है जैसेकि गुजराती, मराठी आदि भाषाएँ रही हैं और जिस वक्त कबीर हिन्दी में पत्र लिखते थे उस वक्त नामदेव महाराष्ट्र में लिखते थे, उस समय नानकदेव पंजाब में लिखते थे। चैतन्य महाप्रभु ईस्ट में लिखते थे। यानी हिन्दी पूरे देश में कम्यूनिकेशन की भाषा थी। हिन्दी अपने जन्म से देश की भाषा है। अपने चरित्र से देश की भाषा है लेकिन आप देखते हैं कि जो अन्तरराष्ट्रीय बाज़ार यहाँ आया उसने पहली बार इतने वर्षों के इतिहास में हिन्दी को क्षेत्रीय भाषा बना दिया। इस मायने में कि आप यूरोप के देशों में कहीं

भी जाएँ वहाँ जितनी बहुराष्ट्रीय कम्पनियाँ हैं वे फ्रेंच में अपने उत्पाद का लेबल लगाकर बेचती हैं। अरब देशों में जाएँ तो आपको अरबी में लिखा हुआ मिलेगा कोको-कोला। लेकिन, हिन्दुस्तान में अन्तरराष्ट्रीय कम्पनियों के प्रोडेक्ट अंग्रेज़ी में बिकते हैं। उनको हिन्दी में बेचने की कोई कोशिश ही नहीं करता है क्योंकि अन्तरराष्ट्रीय बाज़ार हिन्दी को इस राष्ट्र की भाषा के रूप में स्वीकार नहीं करता। वो अंग्रेज़ी को अपनी राष्ट्रभाषा मानता है और इसलिए अंग्रेज़ी के जरिए, जो समूचे विश्व का बाज़ार इस देश में है, उसको जोड़े रखना चाहता है। इसलिए उसको हिन्दी की फिक्र तभी है जब वो मराठी की करेगा या गुजराती की करेगा या दूसरे किसी क्षेत्र की करेगा। यानी *अन्तरराष्ट्रीय बाज़ार के लिए हिन्दी एक क्षेत्रीय भाषा है और उन क्षेत्रीय भाषाओं के जो अखबार अपने को किसी तरह से बाज़ार से निपटने के योग्य बनाना चाहते हैं वो स्थानीयकरण की ओर बढ़ गए हैं। यानी वैश्वीकरण का, भूमंडलीकरण का यह असर हुआ है कि हमारे अखबार ज्यादातर लोकल हो गए हैं।* अब मेरी चिन्ता यह है कि इस अखबार में काम करनेवाले जो लोग अपने जिले से ज्यादा बाहर देखते न हों, सोचते न हों वो इस राष्ट्र को अपने चिन्तन में, अपने व्यूह में, अपनी ताकत में लाने में सफल कैसे होंगे? क्योंकि आप राष्ट्रीय या अन्तरराष्ट्रीय तो तभी होंगे जब आपकी सोच, आपका चरित्र, आपकी नज़र सब राष्ट्रीय-अन्तरराष्ट्रीय होगी।

अब मराठी चाहे भी तो इस देश की भाषा नहीं हो सकती, न इस देश को चला सकती है, तमिल नहीं चला सकती। जो हिन्दी के देश में 7-8 राज्य हैं वह सब मिलकर इसको चला सकते हैं। लेकिन अगर हमारा दृष्टिकोण जिले तक ही सीमित रहा तो हम राष्ट्रीय नहीं हो सकते हैं। अगर हम राष्ट्रीय नहीं हो सकते तो फिर हमारी राष्ट्रीय होने की माँग भी कोई मानेगा नहीं, क्योंकि हमारी दृष्टि ही वो नहीं है। इसका अर्थ कुल मिलाकर यह हुआ है कि वो सारी शक्तियाँ जो इस देश को शक्ति नहीं होने देना चाहतीं वो हिन्दी इलाके को लगातार विभाजित रखना चाहती हैं। क्योंकि इस देश को एक शक्ति के रूप में अगर कोई पेश कर सकती हैं तो वह हिन्दीभाषी सात-आठ राज्य हैं। क्योंकि इन राज्यों में से 240 सांसद चुन करके जाते हैं जो कि संसद की लगभग आधी ताकत हैं और यही ताकत इस देश की राष्ट्रीय ताकत बनती है जो कि अन्तरराष्ट्रीय बाज़ार की, इस समाज को तोड़ देने की जो शक्ति है उससे निपट सकती है। जब तक यह शक्ति आप पैदा नहीं करते तब तक जो अन्तरराष्ट्रीय ताकते हैं उनको अपने देश के अनुरूप बनाने की कोशिश कैसे करेंगे ? यह दूसरा सवाल है। तीसरा सवाल यह है कि क्या पत्रकारिता और राजनीति का दृष्टिकोण वह नहीं हो सकता है जो कि बाज़ार का है यानी बाज़ार जिस दृष्टि से हमारे समाज को देखता है क्या उसी दृष्टि से कोई पत्रकार अपने समाज को देखता है ? क्या कोई साहित्यकार देखता है ? क्योंकि इनका जो तरीका है वह बाज़ार को देखने के तरीके से बिल्कुल भिन्न है। अतः वह दृष्टि समाज को एक पहचान, एक शक्ति, एक राष्ट्र, एक व्यक्तित्व देकर ही प्राप्त की जा सकती है, उसको खंड-खंड जिलों में बाँटकर नहीं।

अंग्रेज़ीवालों को मलाई और हिन्दीवालों को खुरचन

हमारे वर्तमान प्रधानमंत्री (अटलबिहारी वाजपेयी) तो वीर रस की तरह अंग्रेज़ी में भाषण देते हैं। आप उनके भाषण सुनें, उनकी लय अंग्रेज़ी की लय नहीं है। आप और हम अच्छी तरह से जानते हैं कि अंग्रेज़ी की लय क्या होती है। उनकी लय अन्ततः हिन्दी के वीर रस की कविता की लय है और जब वो अंग्रेज़ी बोलते हैं तो सचमुच हमें लगता है कि यह क्या हो रहा है। हम क्या सुन रहे हैं और क्या यह वही नेता है जो राष्ट्र संघ में जाकर हिन्दी बोलते हैं। अभी एक बी.जे.पी. के सांसद मेरे साथ थे तो बोले कि संसद में कुछ भी बोलो तो चुप करा दिया जाता है, क्योंकि दूसरे लोग विरोध करेंगे। वह सांसद कहने लगे कि जब भी हम कोई बात हिन्दी के बारे में कहते हैं तो हमसे कहा जाता है कि झगड़ा मत उठाओ। इसलिए मत उठाओ कि इसमें आरक्षण का मामला आ जाएगा। आरक्षण की बात करो तो कहते हैं कि इससे पिछड़ी जाति के लोगों को चोट पहुँचेगी। बाहर से अन्तरराष्ट्रीय बाज़ार आपको देश की भाषा के रूप में स्वीकार नहीं करता। अन्दर की ताकतें आपको देश की भाषा के रूप में स्वीकार करना नहीं चाहतीं। देश का 48 प्रतिशत इलाका हिन्दी बोलता है। 240 सांसद भेजता है। वह किन्हीं कारणों से चुप बैठ जाएगा तो इस देश के लोकतंत्र की अहमियत कैसे रहेगी? अगर आप हिन्दी इलाके की भाषा को, उनके मत को, वोट को अपने देश में प्रभावी नहीं बनाते हैं तो आप इस देश की राष्ट्रीयता को कमजोर कर रहे हैं।

आज अंग्रेज़ी अखबारों में इतनी अधिक विज्ञापन आय है कि 1 रुपए में अखबार बेचकर भी वे सम्पादकों और दूसरे लोगों को अच्छी-अच्छी तनख्वाह दे पाते हैं। उसके बाद भी उनका सालाना शुद्ध मुनाफा 100 करोड़ रु. से ज्यादा है। यह स्थिति ज्यादा विज्ञापन मिलने के कारण है। मलाई अंग्रेज़ी अखबार मार लेते हैं और खुरचन हिन्दी अखबारों को बचती है। इस अन्तरराष्ट्रीय बाज़ारवाद से हर हिन्दी अखबार प्रभावित हो रहा है। जब तक वो एक जिले से अपना अखबार नहीं निकालता तब तक वो आर्थिक रूप से आत्मनिर्भर नहीं बन सकता है। इसलिए आज इस संवाद मंच की जरूरत महत्त्वपूर्ण बन उठी है जिसमें देश भर से वरिष्ठ पत्रकार, अखबार मालिक, सम्पादक साहित्यकार, प्रशासक यहाँ आए हैं। हम सब मिलकर जो मानस-मंथन करेंगे, उससे बहुत फायदा होने की आस है क्योंकि कंकड़ फेकेंगे तो कुछ लहरें जरूर उठेंगी और किनारे तक जाएँगी। हो सकता है कि वह एक बड़ी लहर पैदा कर सकें जो आते हुए बड़े-बड़े संकटों को लौटा सके। ●

चिन्तक प्रभाष जोशी के लम्बे वक्तव्य से विमर्श प्राणवान बना। विमर्श का फलक व्यापक हुआ। इसका संगोष्ठी के वातावरण पर अनुकूल प्रभाव भी पड़ा। विमर्श का दायरा केवल मीडिया तक ही सीमित नहीं रहा, पत्रकारिता की भाषा भी चर्चा के कटघरे में खड़ी कर दी गई। यह अच्छा ही रहा कि प्रभाष जोशी के पश्चात् हिन्दी साहित्य के प्रखर आलोचक और आधुनिक काल में वाचक परम्परा के शीर्षस्थ प्रतिनिधि **डॉ. नामवर सिंह** ने विमर्श की कमान सँभाली। डॉ. सिंह ने एक प्रकार से पिछले 150 साल की हिन्दी पत्रकारिता यात्रा का सिंहावलोकन किया। डॉ. सिंह के वक्तव्य की खासियत यह रही कि उन्होंने साहित्य एवं पत्रकारिता के पारस्परिक सम्बन्धों पर जहाँ प्रकाश डाला वहीं उन्होंने 19वीं और 20वीं सदी की आर्थिक एवं राजनीतिक शक्तियों का भी विश्लेषण किया। यह एक अच्छी बात रही, क्योंकि साहित्य और पत्रकारिता को समकालीन आर्थिक एवं राजनीतिक शक्तियों के प्रभावों से काटकर नहीं समझा जा सकता। इस सन्दर्भ में डॉ. सिंह नोबेल पुरस्कार प्राप्त अर्थशास्त्री अमर्त्य सेन की विकास अवधारणा का भी उल्लेख करना नहीं भूले। निस्सन्देह मार्क्सवादी आलोचक डॉ. सिंह के लिए यह मीडिया विमर्श एक अनूठा अनुभव रहा।

आज़ादी के बाद पिछड़ गया हिन्दी क्षेत्र

डॉ. नामवर सिंह

मित्रो, यह मेरी जानकारी में पहला अपने ढंग का अनूठा संवाद है और सामूहिक रूप से एकत्रित होने का यह अनूठा मामला है, क्योंकि अखबार के दफ्तर में कलम चलानेवालों के लिए यह जरूरी नहीं है कि वो गोष्ठियों में जाकर भाषण देने का भी काम करें। वे लोग ज्यादातर लिखते हैं। लेखक भी लिखते ज्यादा हैं। मेरे जैसे लोग लिखने के बारे में भूतपूर्व हो चुके हैं इसलिए अब केवल बोलते ही हैं। तो ऐसी स्थिति में यह अभूतपूर्व संवाद है। तीन मुद्दों को मैं अलग-अलग रूप में आपके सामने रखना चाहता हूँ; एक तो यह हिन्दी प्रदेश है, हिन्दी भाषाभाषी समाज है; दूसरा हिन्दी पत्रकारिता और तीसरा विश्व बाज़ार का भारतीय 'अवतार' है; क्योंकि 'अवतार' शब्द इसमें दिया गया है। हमारे यहाँ तो अवतारों पर बहुत सारा साहित्य लिखा गया है और आज भी कई अवतारों को हम देखते रहते हैं इसलिए बाज़ार का जो भारतीय अवतार है यही ऐसा मुद्दा है जो लगता है कि जरूरी है और इससे आप परिचित भी हैं। मैं केवल याद दिलाने की कोशिश करूँगा जिसे हम हिन्दी प्रदेश कहते हैं, इसे यहाँ पर हिन्दी जाति कहा गया है। इस हिन्दी जाति के सदस्य के नाते हम लोग यहाँ पर हैं। अगर इतिहास देखें तो यह हिन्दीभाषी क्षेत्र आर्थिक, राजनीतिक और सामाजिक दृष्टि से 1857 से पहले तक यह अत्यन्त विकसित देश और प्रदेश था। साहित्य की दृष्टि से कितना समर्थ था। इसके लिए तो कबीर, सूरदास आदि के नाम लिये जा सकते हैं। 1857 में इसका आर्थिक-राजनीतिक दमन शुरू हुआ। तभी से इसके पिछड़ेपन की शुरुआत होती है। बावजूद इसके, 1857 से लेकर 1942 तक के पूरे इतिहास को हम देखें तो इसी प्रदेश के जनसमूह ने साम्राज्यवाद विरोधी आन्दोलन में निर्णायक भूमिका अदा की है। गाँधीजी के आह्वान पर 1942 की क्रान्ति भी सबसे प्रबल यहीं से हुई थी। यह वही क्षेत्र है जहाँ 1925 में कानपुर में भारत की पहली ट्रेड यूनियन कांग्रेस की स्थापना हुई, यहीं कम्युनिस्ट पार्टी की स्थापना हुई, यहीं सोशलिस्ट पार्टी की स्थापना हुई, किसान आन्दोलन यहाँ हुआ, असहयोग आन्दोलन यहाँ हुआ, इतना साम्राज्यवाद विरोधी आन्दोलन में भाग लेने वाला, पहल करनेवाला, अगुवाई करनेवाला यह प्रदेश रहा है। लेकिन 1947 के बाद जिस प्रदेश से देश का पहला प्रधानमंत्री बना वही हिन्दीभाषी प्रदेश सबसे पिछड़ा हुआ माना जाता है। साक्षरता कम

है, शिक्षा संस्थान दुर्बल हैं और सम्प्रदायवाद का सबसे बड़ा गढ़ भी यही है। अयोध्या की घटना भी यहीं घटित हुई। यह राजनीतिक पिछड़ेपन का सबूत है और जब भी मिसाल दी जाती है खराब शासन की तो उत्तर प्रदेश और बिहार को सामने रखा जाता है। जो प्रदेश 1857 के पहले अगुवा प्रदेश था वह 1947 के बाद पिछड़ा हुआ देश माना जाने लगा है। क्रान्ति के बाद सोवियत संघ में भाषायी आधार पर रूसी रिपब्लिक सबसे बड़ा देश बना। वह एक ही भाषा के आधार पर बना है। हालाँकि भाषायी विविधता को देखते हुए वे उसके भी टुकड़े-टुकड़े कर सकते थे। लेकिन, ऐसा नहीं किया गया।

लेकिन, हिन्दी क्षेत्र को देखिए; सबसे विखंडित यह हिन्दी बेल्ट रहा है। उसके बाद भी हिन्दीभाषी राज्यों को ही तोड़ा जा रहा है, टुकड़े-टुकड़े किए जा रहे हैं। उत्तराखंड जब बना इसके पहले महाराष्ट्र में विदर्भ राज्य अलग बनाने की बात की जा रही थी, आन्ध्र में तेलंगाना की बात की जा रही थी, लेकिन राज्य बनाने के लिए हिन्दीभाषी क्षेत्रों को ही चुना गया : उत्तराखंड, झारखंड और छत्तीसगढ़। विडम्बना यह है कि कांग्रेस भी इसके लिए मान गई। पूरे भारत में हिन्दी क्षेत्र के ही तीन राज्यों को बनाने की कोशिश की गई। इन्हीं हिन्दीभाषी प्रदेशों के कारण अंग्रेज इन्हें हिन्दुस्तान कहते थे। हिन्दुस्तान का मतलब था यही हिन्दी भाषा-भाषी प्रदेश। हिन्दुस्तान का मतलब पूरा भारत नहीं था, हिन्दुस्तान इन्हीं हिन्दी प्रदेशों के कारण कहा जाता था। इसलिए ऐसे भाषा-भाषी समाज जो आज हर रूप में, हर बात में पिछड़ा माना जाता है, के प्रतिनिधि के रूप में हम और आप यहाँ पर इकट्‌ठा हुए हैं। वह पिछड़ेपन का बिल्ला चाहे पत्रकारिता के ऊपर लगा हो, भाषा के ऊपर लगा हो अथवा साहित्य के ऊपर चिपका हो, यह पिछड़ापन दूर करना जरूरी है। भले ही हिन्दी में श्रेष्ठ किताबें लिखी गई हों, लेकिन अन्य भाषाओं में इसका अनुवाद सबसे कम हुआ है। अंग्रेज़ी अनुवाद भारत की हर छोटी भाषा में जितने ज्यादा हुए हैं उसकी तुलना में हिन्दी की पुस्तकों, उपन्यासों, कविताओं का अनुवाद सबसे कम हुआ है। बंगला से कम हुआ है, मराठी से कम हुआ है, मलयालम से कम हुआ है, तमिल से कम हुआ है। यही नहीं, बल्कि अन्य भारतीय भाषाओं में भी इसका अनुवाद बहुत कम हुआ है। हिन्दी को इस लायक समझा ही नहीं गया। क्योंकि इसके साहित्य में संस्कृति में दिलचस्पी कम ली जाती है। उलटे यह कि सबसे ज्यादा भारतीय साहित्य का अनुवाद अगर किसी एक भाषा में हुआ है तो वह हिन्दी में हुआ है। हिन्दी का अनुवाद दूसरी भारतीय भाषाओं में नहीं हुआ है। लेकिन, अन्य भाषाओं का अनुवाद सबसे ज्यादा हिन्दी में किया गया है। यह करके उन्होंने कृपा नहीं की बल्कि अपना दायित्व निभाया है। हिन्दी के विद्वान डॉ. रामविलास शर्मा अंग्रेज़ी के अध्यापक रहे, लेकिन उन्होंने हिन्दी में ही लिखने का संकल्प किया। अंग्रेज़ी वे जानते थे, लेकिन उन्होंने नहीं लिखा। भारतीय संस्कृति, हिन्दी भाषा को ही अपनाया। डॉ. देवेन्द्र वर्मा ने 'सूबा हिन्दुस्तानी' नामक एक पत्रिका लिखी थी। वे अध्यापक थे, राजनेता नहीं थे, उन्होंने तब आवाज उठाई थी कि हिन्दी जाति संगठित

हो। यदि प्रशासनिक दृष्टि से न बन सके तो भी यह भाषायी-सांस्कृतिक हिसाब से एकजुट बने। उसी की पहल आज प्रभाषजी ने इस संगोष्ठी के माध्यम से की है। महत्त्वपूर्ण यह क्षण है, जिसमें हम अपने विचार प्रकट कर रहे हैं।

आप में से कई लोगों ने देखा होगा 20 साल पहले पश्चिमी देशों में भी हिन्दी ने बड़ी निर्णायक भूमिका अदा की। एक पतली-सी किताब है एंडरसन की 'इमेजिक कम्युनिटी'। राष्ट्र को उन्होंने इमेजिक कम्युनिटी कहा था। मैं अवधारणा के ब्योरे में नहीं जाऊँगा। उसमें मुख्य बात यह बताई गई कि जाति के रूप में, जगह के रूप में जो जन समुदाय संगठित होता है उसे बाँधने का बहुत बड़ा कारण भाषा होती है, भाषायी समाज होता है और उस भाषायी समाज को सबसे अधिक गठित करने का काम अखबार करते हैं, पत्र-पत्रिकाएँ करती हैं। यह हिन्दीभाषी समुदाय खड़ीबोली के माध्यम से उन्नत हुआ, जिसकी अनेक बोलियाँ थीं। लेकिन छपे हुए रूप में उसने खड़ीबोली में ही काम किया। ब्रज भाषा ने छपे हुए रूप में नहीं किया, अवधी ने नहीं किया है। 19वीं शताब्दी में छापाखाना खुलने पर जब हिन्दी का पहला अखबार पंडित जुगल किशोर शुक्लजी ने कलकत्ता में 'उदन्तमार्तंड' निकाला। मैं समझता हूँ कि वह बहुत ही सार्थक काम था। वो हिन्दी जाति का भी उदन्तमार्तंड था। उगता सूरज और उस उगते सूरज के साथ एंडरसन ने कहा है कि यह प्रिंट कम्युनिटी है। इसके द्वारा जो समुदाय बनता है वह उन्हीं अखबारों को पढ़नेवाले लोग, जहाँ-जहाँ बिखरे हुए हों, से मिलकर के एक समुदाय के रूप में कार्य करें। यह प्रिंट कम्युनिटी खड़ीबोली की है और खड़ीबोली की पहचान अखबारों ने बनाई।

आरम्भ में हमारे जो पत्रकार थे उसमें बहुत से साहित्यकार भी थे और साहित्यकार और पत्रकार के बीच की विभाजन रेखा जो आज हमें दिखाई पड़ती है तब बहुत पतली सी, बल्कि कहें कि नहीं के बराबर थी। प्रतापनारायण मिश्र या भारतेन्दु हरिश्चन्द्र साहित्यकार थे और पत्रकार भी थे। प्रतापनारायण मिश्र, बालकृष्ण भट्ट, बालमुकुन्द गुप्ता, महावीर प्रसाद द्विवेदी, गणेश शंकर विद्यार्थी, प्रेमचन्द, माखनलाल चतुर्वेदी आदि के युग की परम्परा तब से चली आ रही है। यह एक लम्बी परम्परा है। प्रभाषजी ने पुरानी परम्परा के अनुरूप ही साहित्यकारों और पत्रकारों को एक साथ यहाँ इकट्ठा किया है। यह हमारी परम्परा रही है। बीच में यह परम्परा टूटती हुई दिखाई दे रही थी। साहित्यकारों, पत्रकारों ने मिलकर पत्र-पत्रिकाओं के माध्यम से एक ज़ाति का गठन किया था। इसका गठन किसी राजनीतिक पार्टी ने नहीं किया था। उस समय न कोई राजनीतिक पार्टी थी, न राजनीतिक नेता थे, न कोई समाज सुधारक थे। दयानन्द सरस्वती बाद में आए इसलिए हिन्दी जाति का गठन किया है, कलम चलानेवाले लोगों ने। अब आकाशवाणी, टी.वी. दूसरे माध्यम आ गए हैं। लेकिन, मुख्य महत्त्व है प्रिंट मीडिया का और बड़ी मजबूती से प्रिंट मीडिया हिन्दी जाति का गठन करता है। एंडरसन ने कहा है कि यह कार्य दुनिया के तमाम देशों ने किया है। भारत उसका एक और नमूना है। 19वीं शताब्दी में हिन्दी जाति के गठन में इस प्रिंट मीडिया की महत्त्वपूर्ण

भूमिका रही है। साहित्यकार, पत्रकार दोनों ने एक साथ यह कार्य किया जबकि अनेक लोग बिखरे हुए थे। मैं यह भी जोड़ देना चाहता हूँ कि केन्द्र से नहीं, बल्कि हिन्दी प्रदेश से वे लोग जो बेघरवाले थे, जो कलकत्ता गए थे, मुम्बई में थे, वे भी इस कार्य में शामिल हुए। छत्तीसगढ़ में जो पत्रिका निकलती थी वह हाशिये पर थी। इंदौर भी बहुत केन्द्र में नहीं है, खंडवा हाशिये पर ही है इसलिए हिन्दी जाति का गठन लखनऊ, इलाहाबाद और काशी के लोगों ने किया है। मैं यह इसलिए कह रहा हूँ कि हिन्दी पत्रकारिता पर हम विचार कर रहे हैं। अनेक लोग यहाँ आए हुए हैं। सभी दिल्ली के नहीं हैं बल्कि हिन्दी से दूरवाले क्षेत्रों के अनेक पत्रकार हैं। मुझे खुशी है कि प्रभाषजी ने केवल महानगरों के लोगों को ही नहीं बुलाया, बल्कि उन लोगों को बुलाया है जिनकी भूमिका पहले भी महत्त्वपूर्ण थी और आज भी महत्त्वपूर्ण है।

मित्रो, हिन्दी पत्रकारिता के इतिहास पर बहुत सी किताबें लिखी गई हैं, आप सभी उससे परिचित हैं। आज कर्म कौशल जिसे कहते हैं उसकी जगह मिशन महत्त्वपूर्ण था। कभी-कभी ऐसा होता है जो साधन है वही साध्य बन जाता है। यह न हो इसलिए कुछ बातें मैं यहाँ पर याद दिलाना चाहता हूँ। 'उदन्तमार्तंड' साप्ताहिक था जो 1928 में निकला था। उसका मूल मंत्र एक तरह से हिन्दुस्तानियों का हित था। हिन्दुस्तानी शब्द पर आप ध्यान दीजिएगा, आसानी से वे हिन्दुओं लिख सकते थे। "हिन्दुस्तानियों का हिन्द था 'उदन्तमार्तंड', दुर्गा प्रसाद मिश्रजी ने लिखा जो आज हम लोगों के लिए भी यादगार वाक्य हो सकता है। गौरतलब है कि उन्होंने अपने सम्बोधन में 'देशी सम्पादक' शब्द का इस्तेमाल किया, स्वदेशी नहीं। उन्होंने कहा, ''देशी सम्पादकों सावधान, कहीं जेल का नाम सुनकर किंकर्तव्यविमूढ़ न हो जाना, गवर्नमेंट को सद्-परामर्श दो, यदि उस सद्-परामर्श से जेल जाना पड़े तो क्या चिन्ता, प्रतिवाद करने में जेल तो क्या अंडमान भी जाना पड़े तो क्या चिन्ता ?'' यह था 1883 में दुर्गाप्रसाद मिश्र का बयान। अखबार निकालना यानी जेल में जाने के लिए तैयार रहना। उसी परम्परा में गणेश शंकर विद्यार्थीजी, पराड़करजी जैसे अनेक सम्पादक जेल गए। आज अखबार निकालना कोठी बनाना, दूसरी सुविधाएँ लेना, किसी प्रधानमंत्री का सलाहकार हो जाना, अन्य पदों पर आसीन हो जाना आदि है। पत्रकार बहुत कम बचे हैं। 1947 के बाद अनेक सम्पादक आए, लेकिन उनमें से कितने लोग लिखने के कारण जेल गए?

एक जमाना था जब लोग मानकर चलते थे कि जेल जाना है। एक सदानंद मिश्रजी का अखबार था 'सार सुधाने'। लोग कहेंगे कि सभी ब्राह्मणों के नाम ले रहे हैं (हँसी)। उन्होंने लिखा है कि उपदेशोपरक विषयों से अपने अखबारों को विभूषित करें, गवर्नमेंट के न्याय-अन्याय की विवेचना करें। भारत के दुर्भाग्य को अपना दुर्भाग्य और भारत के सौभाग्य को अपना सौभाग्य समझो, अनीति का आलम्बन करने से, राज्य भी बहुत दिन रहने का नहीं। वे अंग्रेज़ी राज्य के बारे में कह रहे हैं और अन्तिम उद्धरण सदानन्द मिश्र का लिखा हुआ इसलिए महत्त्वपूर्ण है कि बाज़ारवाद के चलते अनेक लोग कहने लगे हैं कि हिन्दुस्तान के अखबार बड़े राजनीतिक हैं। ज्यादा राजनीतिक होना जैसे

पिछड़ेपन का सूचक है। कुछ सामाजिक हो, कुछ आर्थिक हो, एक नया कालम धर्म, अंग्रेज़ी अखबारों में चलने लगा, हिन्दी में भी देखा है। मैं कह रहा था कि सदानन्दजी ने लिखा, "राजनीति और समाज नीति का संशोधन जैसा समाचार पत्रों में छप चुका है वैसा दूसरे उपायों से नहीं हो सकता। हम अपने सहयोगियों से अनुरोध करते हैं कि कदाचित् हमारे हिन्दुस्तानी भाइयों के राजनीतिक और सामाजिक-नैतिक संस्कारों को देख निराशा हो, लेकिन तब भी राजनीतिक और सामाजिक, नैतिक विषयों की आलोचना छोड़ न दें। हिन्दी समाज की स्थिति भले ही निराशाजनक हो, पर उसकी आलोचना करना छोड़ न देना। हम लोगों का प्रधान आश्रय वीरता, साहस और अन्त्यव्यवसाय और भारतवर्ष का हित होना है। वह समाचार पत्रों के माध्यम से ही होगा।" यह दृढ़ आत्मविश्वास है। मैं प्रश्न करना चाहता हूँ कि आज हमारे पत्रकारों में यह चीज़ें कहाँ है? हम धन्धा कर रहे हैं या ऐसा काम कर रहे हैं जो जरूरी है और किए बिना नहीं रह सकते हैं। वैसे लेखन के क्षेत्र में हम देखते हैं कि भले ही किताब बिके या न बिके उसके बाद भी लेखक लिखते हैं। इसलिए 19वीं शताब्दी की हिन्दी पत्रकारिता और 20वीं शताब्दी की पत्रकारिता में बहुत फर्क है। जब मैं प्रभाषजी की लेखनी पढ़ता हूँ, कुछ और हमारे मित्र भी लिखते हैं तो आज भी कहीं-कहीं वो झलक अपवाद के रूप में दिखलाई पड़ती है। वे अंधकार में जुगनू की तरह दिखलाई पड़ते हैं। आज पत्रकारिता इतनी ठंडी हो गई है कि पहले के अखबारों को और आज के अखबारों को मिला करके देखते हैं तो लगता है कि एक अद्भुत क्षमता का ह्रास हुआ है। जैसे एक शीत लहर-सी दौड़ गई है और ऐसा नहीं है कि ठंडा हो जाने से विश्लेषण की धार तेज हो गई है। ऐसा नहीं है कि हम बड़े निष्पक्ष हो गए हों।

क्या नए अवतार का मंदिर चाहिए ?

खैर, हम जब परस्पर वाद-संवाद करने बैठे हैं तो निश्चय ही जो आग निकलेगी उसके अच्छे परिणाम आएँगे। यह कोई सामान्य औपचारिक वार्तालाप नहीं है। तीसरी और अन्तिम बात कहना चाहता हूँ। हाल ही में अमर्त्य सेन की किताब देखी 'डेव्हलॅपमेंट एंड फ्रीडम' (विकास और स्वतंत्रता)। उसकी समीक्षा भी आई है। अमर्त्य सेन ने 96-97 में 6 व्याख्यान विश्व बैंक के तत्त्वावधान में दिए थे। उन 6 व्याख्यानों को 12 अध्यायों में बाँटकर छापा गया है। 'डेव्हलॅपमेंट एंड फ्रीडम' की सारी बातों का जिक्र न करते हुए मैं कहूँगा कि जैसा प्रभाषजी ने कहा है। सही है, स्वाधीनता के बाद अपनी पंचवर्षीय योजनाओं की दृष्टि से हम नेहरू मॉडल करते रहे हैं। लेकिन यह सच है कि विकास की वह राष्ट्रीय योजना जो नेहरू के नाम से जुड़ी हुई है अन्तिम रूप से 1991 में आकर बाबरी मस्जिद के ध्वस्त होने से पहले चरमराकर बैठ गई और हमने मान लिया है कि उस ढंग का विकास हम नहीं कर सकते हैं और लगभग वही योजना जिसका पहला नाम उदारीकरण, दूसरा नाम भूमंडलीकरण और तीसरा नाम विश्व बाज़ार है, हम लागू कर रहे हैं। 1991 से लेकर इसकी शुरुआत हुई और आज हम उस संक्रमण के दौर

पर हैं जहाँ पुराना मॉडल लगभग निरस्त हो चुका है और हमने इस उदारीकरण की नीति से भूमंडलीकरण के विकल्प को, इस वक्त इस रूप में स्वीकार कर लिया है। संसद में इस दिशा में जितने भी प्रस्ताव आए हैं, कांग्रेस ही नहीं, दूसरे दल भी छिट-पुट दिखाने के लिए वाक-आउट करते हैं, लेकिन निर्विकल्प रूप से मान लिया है कि विकास का कोई दूसरा अर्थ नहीं है। प्रभाषजी ने कहा कि हम बाज़ार के विरोध में नहीं हैं, 'बाज़ारवाद' के विरोध में हैं। उसी की व्याख्या के रूप में जो बातें मेरे मन में थीं, मैंने कही।

मित्रो, अमर्त्य सेन ने उस किताब में बाज़ार के पक्ष में एक बात लिखी है कि बाज़ार की मुख्य भूमिका रही है, स्वतंत्रता की। बाज़ार एक तरह से स्वतंत्र करता है, मुक्त करता है और यह उसी दौर की चीज़ है जब डार्विन के नाम पर एक सिद्धान्त अस्तित्व में आया था। वो यह कि प्राणियों में जो सबसे ताकतवर है वही जिएगा, बाक़ी कमज़ोर मर जाएगा। बाज़ार का भी यही हाल है। विश्व बाज़ारवाद के बीस सालों के आँकड़े बताते हैं कि ग़रीबी की रेखा के नीचे 1991 तक जितने लोग थे, इस बीच में ज्यादा लोग ही इस ग़रीबी की रेखा में जितनी ऊँचाई तक गए हैं वह हम देख रहे हैं। इसलिए बाजार, 'लेबर पावर' को स्वतंत्र करता है, लेकिन इसके साथ ही वो जिस दिशा में जाता है उसका ध्रुवीकरण होता है। उदारीकरण करते समय सबसे पिछड़ा हुआ प्रदेश हिन्दी है। इसके कारण सबसे ज्यादा मार हिन्दी प्रदेशों को पड़नेवाली है। बंगाल, मद्रास दो ऐसे प्रदेश हैं जहाँ अंग्रेज़ी सबसे पहले होती थी। अंग्रेज़ी पढ़े सर्वाधिक लोग यहाँ के हैं। सबसे पहले उन्हीं लोगों ने अंग्रेज़ी हटाकर बंगाल में बंगला और तमिलनाडु में तमिल लागू की थी। इन्हीं प्रदेशों में इसी दशक में दोनों जगहों पर दोनों देशों की सरकार ने इसे पलटकर अंग्रेज़ी लागू किया। जब तमिलनाडु में तमिल लागू की गई तो उसके विरुद्ध 'हिन्दू' से लेकर सारे अखबार आन्दोलन करने लगे। अंग्रेज़ी को फिर से लागू करने के लिए हाईकोर्ट में लोग गए। सारे अखबार लिख रहे हैं कि अगर अंग्रेज़ी हमने स्कूलों से हटा दी तो नौकरी-विकास में हम पिछड़ जाएँगे इसलिए फिर अंग्रेज़ी को ले आओ। मित्रो, अमर्त्य सेन ने बाज़ार के बारे में बुनियादी सवाल यहाँ यह उठाया है कि बाज़ार एक हद तक निश्चित रूप से उपयोगी है, स्वतंत्रता के कारण। लेकिन बाज़ार पर राज्य का अंकुश एकदम हट गया। इसलिए सवाल यह है कि न बाज़ार बुरा है, न राज्य, दोनों एक हद तक दमनकारी हैं। बावजूद इसके कि दोनों के क्या रिश्ते होंगे ? यह बहुत महत्त्वपूर्ण है। इस बीच हमारे सामने लगभग दिखाई पड़ रहा है कि इस देश में राज्य समर्पण का कार्य कर रहा है। हथियार डाले हुए हैं और राज्य का अर्थ है लोकतंत्र। एक लोकतांत्रिक राज्य में बाज़ार के प्रति लोकतांत्रिक राज्य और सरकार की क्या भूमिका होगी ? यह मुख्य मुद्दा है। इस मामले में हम पत्रकार और लेखक उस राज्य को क्या दिशा, क्या परामर्श दे सकते हैं अथवा उसकी क्या आलोचना कर सकते हैं ? यही देखना है।

हम लोग इन दिनों बाज़ारवाद, भूमंडलीकरण जैसे शब्दों का प्रयोग कर रहे हैं जो

देखने के लिए निरामिष शब्द हैं, पर सही शब्द है पूँजीवाद। इसका पुनर्उदय हुआ है। यह पूँजीवाद विश्व के स्तर पर भी नए सिरे से उठ खड़ा हुआ है, जो आज हमारे सामने एक बड़ा यक्ष प्रश्न बन गया है। जब कोई चीज सर्वशक्तिशाली हो जाती है तो हिंसक हो जाती है। पूँजीवाद नहीं आया था तो कम्युनिस्ट बार-बार इसका प्रयोग करते थे और अब सामन्तवाद, साम्राज्यवाद जैसे शब्द कालातीत हो गए हैं। आज समाजवाद हारा है, पूँजीवाद जीता है।

मित्रो, हम भगवान राम-कृष्ण के अवतारों की पूजा करते आए हैं तो हमें देखना है कि इस नए बाज़ारवाद के अवतारवाद की हम पूजा करना चाहते हैं, उस पर रामायण, महाभारत जैसा महाकाव्य रचना चाहते हैं, इस नए अवतार का मन्दिर बनाना चाहते हैं या उसमें सेंध लगाकर उसे गिराना चाहते हैं ? ●

दिल्ली के हिन्दी-अंग्रेज़ी पत्रकारिता क्षेत्र में देवदत्त अपनी कबीराई जीवन शैली के रूप में विख्यात हैं। देवदत्त मूलतः गाँधीवादी हैं, मन, वचन, चिन्तन, लेखन और कर्म से। खादी के खुरदरे सफेद कुर्ता-पाजामा में इन्हें कहीं भी देखा जा सकता है। शिखर सत्ता प्रतिष्ठानों में आयोजित पत्रकार सम्मेलनों से लेकर नुक्कड़ छाप अनौपचारिक प्रेस वार्ताओं में ये समान निर्भीकता एवं निरन्तरता के साथ सवाल करते हैं, सवाल उछालते हैं और बहस की गुंजाइश भी पैदा कर डालते हैं, एक विलक्षण अकादमीय शैली से देवदत्त हमेशा लैस रहते हैं और मूर्त से अमूर्त एवं अमूर्त से मूर्त में अपने विचारों को व्यक्त करने में सिद्धहस्त हैं। उनकी यह शैली खुरदरी व अटपटी लगती है, कुछ लोगों के लिए कभी-कभी परेशानी भी पैदा कर डालती है, लेकिन कड़वाहट कहीं नहीं रिसती। क्योंकि देवदत्तजी पूर्वग्रह से मुक्त होकर अपने विचार को लोगों के समक्ष रखते हैं। यदि जरूरी हुआ तो उसमें संशोधन करने से हिचकते नहीं हैं। संक्षेप में, देवदत्तजी की अनुपस्थिति में प्रायः गोष्ठियाँ बेजान मानी जाती हैं।

भोपाल विमर्श में भी उन्होंने अपने 'कबीराई हस्तक्षेप' से गर्मी पैदा की। खूब पैदा की। दोनों दिन।

बाज़ार शक्तियों की पड़ताल कीजिए

देवदत्त

परिचय के आधार पर आप लोग बोल चुके। अब बगैर परिचय के बात सुन लीजिए (हँसी एवं तालियाँ) ताकि बात पर जोर हो। ऐसी गोष्ठी में विश्लेषण करते वक्त हमारे दिमाग में यह रहे कि हमें 'प्रेक्टिकल साल्युशन' भी देने हैं। एक खुले संवाद के लिए हमें बुलाया गया है। हमको आप इससे मुक्त कर दीजिए कि हमें आपको कोई फार्मूले बताने हैं, कोई रास्ते दिखाने हैं, कम-से-कम दिमागी तौर पर तो मुक्त आप कर दीजिएगा। मैं भाषण में बात नहीं कर रहा। हिन्दुस्तान में जो संक्रमण हैं उसको मान लिया जाए। वह संक्रमण क्या है? आप मान लीजिए कि यह संक्रमण भाषा का है और आपका तर्क है कि 57 के पहले हम ये थे और 57 के बाद हम ये हैं। 1947 के बाद 'यह हो गया' का जो तर्क है उसमें तथ्य हैं। लेकिन अगर यह कहा जाए कि आपका सारा बाज़ार, भाषा, टेक्नॉलॉजी ये सब विकास के दुश्मन हैं, जिन्होंने हमको पीछे किया तो क्या यह उचित होगा? बाज़ार का जो प्रभाव है उससे हमें लड़ने की जरूरत है और जैसा नामवरजी ने कहा कि बाज़ार पूँजीवादी व्यवस्था का एक रूप है। इसलिए बाज़ार से लड़ने के लिए आपने कहा कि व्यवस्था की बात कीजिए। पूँजीवादी व्यवस्था की बात कीजिए, साम्राज्यवादी व्यवस्था की बात कीजिए ताकि बाज़ार के पीछे जो ताकतें हैं, उनकी गहराई से पड़ताल की जा सके।

करोड़ों लोग ऐसे हिन्दुस्तान में हैं जो जब विश्लेषण करते हैं तो अंग्रेज़ी में करते हैं। पिछले 50 वर्षों में ये बात हजारों-करोड़ों हिन्दुस्तानियों में पैदा हुई, जिनके पास 'आर्टिक्युलेशन' की भाषा नहीं है, जिनके पास जड़ें नहीं हैं, लेकिन जड़ों को वह मानते हैं। ऐसा होना भी चाहिए, लेकिन जड़ों का अहसास खुद बनकर पैदा नहीं होता। यह छोटी सी समस्या नहीं है। यह एक फिनोमिना है, हिन्दी भाषावालों को इसे समझना चाहिए। दूसरी बात 'भारतीय कांशसनेस' की है। हिन्दी कांशसनेस के साथ जुड़ी हुई है? लेकिन इसी कांशसनेस के बाद इसको मानकर जो दिखावे की परम्परा उत्तरपूर्व में हुई है, जो दिखावे की परम्परा सिखों के अन्दर आई है यह मानकर चलना कि यह कांशसनेस को रिफलेक्ट कर देगी, क्या सही होगा ? इन सवालों पर सोचने की ज़रूरत है। ●

*हिन्दी पत्रकारिता में **राजकिशोर** एक चिन्तक पत्रकार के रूप में वर्षों से विख्यात हैं। समाजवादी विचारों एवं सरोकारों से सम्पन्न राजकिशोर ने चिन्तन के धरातल पर हिन्दी पत्रकारिता को निरन्तर समृद्ध किया है। वैसे वे साहित्य में भी अपना गाहे-बगाहे दखल रखते हैं। संगोष्ठी के प्रथम चरण में देवदत्त और राजकिशोर के संक्षिप्त हस्तक्षेप से माहौल ज़रूर गरमाया।*

चिन्ताजनक है सांस्कृतिक दीनता

राजकिशोर

हमें यह नहीं भूलना चाहिए कि हिन्दीभाषी समाज की इस समय स्थिति क्या है? क्या उसके भीतर किसी प्रकार की प्रतिरोधक क्षमता बची हुई है या उसने अपने को समय के हवाले कर दिया है? दरअसल, हिन्दीभाषी क्षेत्र अभी भी ठीक से बाज़ार बन ही नहीं सके हैं। यह भी एक कारण है कि हिन्दी क्षेत्र की अपनी पत्रकारिता का विकास होने में काफी समय लगा है। वर्ष 1980 के दशक तक राजस्थान में 'राजस्थान पत्रिका' और मध्य प्रदेश में 'नई दुनिया' ही दो प्रमुख जाने माने पत्र थे। उत्तर प्रदेश के 'आज' का जो भी विकास हुआ था उसका कारण एक परिवार विशेष का स्वतंत्रता आन्दोलन और हिन्दी के साथ गहरा लगाव था। स्वतंत्रता प्राप्ति के बाद 'आज' प्रभावी ही नहीं रहा। गणेश शंकर विद्यार्थी का 'प्रताप' तो बन्द ही हो गया। बिहार में 'आर्यव्रत' और 'प्रदीप' ने राष्ट्रीय आन्दोलन में उल्लेखनीय भूमिका निभाई, लेकिन बाद में उन्होंने भी बुझना ही स्वीकार कर लिया। यह हिन्दी क्षेत्र के आर्थिक अविकास का एक भयावह परिणाम था। उसकी अपनी पत्रकारिता का तेजी से विकास नहीं हो सका।

आजादी के बाद के वर्षों में जिन पत्रों की व्यावसायिक धाक बनी वे मूलतः दिल्ली व बम्बई से निकलनेवाले पत्र थे और अपने अंग्रेज़ी संस्थानों में दूसरे दर्जे के नागरिक। लेकिन इससे भी ज्यादा चिन्ताजनक तथ्य है हिन्दी क्षेत्र का सांस्कृतिक दैन्य। हिन्दी पत्रकारिता का क्षेत्र बहुत ही शानदार है, लेकिन वह मुख्यतः विचारों की पत्रकारिता थी। व्यावसायिक सफलता की कसौटी पर किसी तरह भी उसे सफल नहीं कहा जा सकता। फिर भी यह सम्भव हुई तो इसीलिए कि ग़रीब हिन्दी क्षेत्रों में ऐसे अनेक धनीमानी व्यक्ति थे, जिनका सामाजिक अनुराग उच्चकोटि का था। वे विद्वान और विचारशील व्यक्तियों का सम्मान करते थे। महावीर प्रसाद द्विवेदी, विष्णु पराड़कर को जो सम्मान अपने मालिकों से मिला, आज का पत्रकार उसकी कल्पना भी नहीं कर सकता।

पश्चिमी समाज को विचारकों की ज्यादा जरूरत नहीं रह गई है। हिन्दी क्षेत्र में यह दुर्घटना स्वतंत्रता प्राप्ति के तत्काल बाद हो चुकी थी। धनीमानी लोगों के सामाजिक सरोकार क्षीण होने लगे थे। कुछ विद्वान विचारक और लेखक पत्रकारिता की बीहड़ राह पर चलने के बजाय रेडियो में और विश्वविद्यालयों की दुनिया में अच्छा वेतन और

प्रतिष्ठा खोजने लगे थे। साक्षरता की कमी और क्रय शक्ति का अभाव अपना मरघट अलग से बना रहे थे। ऐसी स्थिति में हिन्दी पत्रकारिता में विघ्न न आता तो क्या आता? अच्छी पत्रकारिता राष्ट्रीय ही नहीं अन्तरराष्ट्रीय भी होती है। यही कारण है कि वर्ष 1950 के पहली की पत्रकारिता में यह जानने की तीव्र इच्छा दिखाई पड़ती है कि विदेशों में क्या हो रहा है? 'सरस्वती' और 'नया समाज' के प्रायः प्रत्येक अंक में बाकी दुनिया की कोई-न-कोई जानकारी जरूर होती है। लेकिन ज्यादातर यह मात्रा वृतान्तों और टिप्पणियों के स्तर पर थी। हिन्दी पत्रकारिता के पास कभी इतना पैसा नहीं रहा कि वह विदेश में अपने संवाददाता रख सके। आज उसका एक हिस्सा समृद्ध दिखाई पड़ रहा है। फिर भी यह विचार किसी पत्र मालिक के मन में नहीं आता कि विदेशी संवाददाता रखा जाए। लेकिन यह भी है कि पहले की हिन्दी पत्रकारिता में देश के भीतर सभी की खबर लेने की तमन्ना थी, उस जमाने के पन्ने उठाकर देख लीजिए दक्षिण और पश्चिम भारत तथा उत्तर-पूर्व के बिम्ब देखने को आप तरस जाइएगा। यही कारण है कि हिन्दी क्षेत्र के लोग बहुत समय तक दक्षिण के चारों राज्यों के लोगों को 'मद्रासी' ही मानते रहे और उन्हें भनक भी नहीं थी कि भारत के इस हिस्से में मातृसत्तामक समाज है। क्या यही स्थिति कमोवेश आज भी नहीं है? तब इसके कारण आर्थिक थे। आज के कारण क्या हैं ? यह देखना बहुत प्रासंगिक है। ●

*जनमोर्चा के सम्पादक **शीतला सिंह** मूलतः वामपन्थी एवं जुझारू पत्रकार हैं। फैजाबाद से प्रकाशित इनका दैनिक जनमोर्चा निरन्तर साम्प्रदायिक शक्तियों के साथ भिड़ता रहा है। लालकृष्ण आडवाणी की रथयात्रा, विवादास्पद रामजन्मभूमि स्थल में कारसेवा तथा अन्य सभी महत्त्वपूर्ण घटनाओं के दौरान शीतला सिंह ने अपनी प्रतिबद्धता एवं जुझारूपन का परिचय दिया है। शीतला सिंह की विशेषता यह भी है कि उन्होंने अपने अखबार को जन सहयोग के बल पर निकाला, किसी पूँजीपति का समर्थन नहीं लिया। एक तरह से शीतला सिंह को जमीनी पत्रकार कहा जा सकता है। राजकिशोर के पश्चात् सिंह ने बिल्कुल व्यावहारिक धरातल पर उतरकर अपनी बात रखी।*

मीडिया और समाज का भावी रूप

शीतला सिंह

हम संविधान के अनुच्छेद 19-क का ही स्मरण करें, जिसमें अभिव्यक्ति की स्वतंत्रता दी हुई है, लेकिन उसी के उप अनुच्छेद में आजीविका की स्वतंत्रता दी गई है। क्या अभिव्यक्ति की स्वतंत्रता और आजीविका की स्वतंत्रता एक जैसी है या इसमें कोई अन्तर है ? इस प्रश्न पर जब हम विचार करते हैं तो निश्चित रूप से हम अभिव्यक्ति की स्वतंत्रता को व्यवसाय की स्वतंत्रता नहीं मान सकते। इन दोनों में जो मौलिक अन्तर है, यह हमको सोचना पड़ेगा। इसी तरीके से प्रभाषजी ने जो हमारे अखबार का जिक्र किया तो इस समय हम लोगों के सामने भी यह विचार था कि फर्स्ट प्रेस कमीशन किन परिस्थितियों में आया। फर्स्ट प्रेस कमीशन की सिफारिश में अभिव्यक्ति की स्वतंत्रता की बात कही गई थी, तो इसे सबसे अधिक ख़तरा अगर किसी से है तो एकाधिकार पूँजी से है। एकाधिकार पूँजी से किस तरह अलग रख करके और इसकी रक्षा की जाए, इसके लिए जो उपाय सुझाए उसमें यह भी था कि जिसको हम लोगों ने अपनाया कि चलो इस रास्ते पर चलें। अभिव्यक्ति की स्वतंत्रता में एकाधिकार से सबसे बड़ा ख़तरा लगता है और जिस तरीके से यह जिन हाथों में केन्द्रित होता जा रहा है, उससे यह लगता है कि ये अभिव्यक्ति के माध्यम, विचारों के सैन्यकरण या 'रेजिमेंट ऑफ थॉट' का कारण तो नहीं बन जाएँगे?

वैचारिक रेजिमेंटेशन की प्रक्रिया कुछ आरम्भ हो गई और विश्व बाज़ार या भूमंडलीकरण या पूँजी का वर्चस्व इसे बढ़ावा दे रहा है, क्योंकि अपने साथ यह प्रतिद्वंद्विता जो ला रहा है। प्रतिस्पर्धा से हमको कोई खतरा नहीं है। हमारा खतरा यह है कि वह प्रतिस्पर्धा कितनी नैतिक होगी, कितनी अनैतिक होगी? अनैतिक कॉम्पीटिशन इस क्षेत्र में आएगा तो उसके क्या परिणाम होंगे? ख़तरा उससे है। जवाहरलाल कौलजी ने कहा कि एक बाज़ार के रूप में एक व्यवसाय के रूप में तो हमने इसे स्वीकार कर लिया, ठीक है। अगर, व्यवसाय के रूप में स्वीकार कर लिया है तो वही कोलगेट दिल्ली में भी बिक रहा है, वही हमारे गाँव के बाज़ार में भी बिक रहा है। उसके दामों में अन्तर नहीं है। लेकिन, हम अनैतिक प्रतिस्पर्धा उसको इस रूप में कहते हैं कि अखबार प्रतिस्पर्धा में उतर रहे हैं, उनका लक्ष्य क्या है? वही अखबार राजधानी में भी एक भाव से बिकते हैं। लेकिन किसी जिले के बाज़ार में जब जाते हैं तो वहाँ अखबार कहीं एक

रुपए का, कहीं 1.50 पैसे का, कहीं 3 रु. का, कहीं 2.50 रुपए का है। बाज़ार की नैतिकता हम कहते हैं, वह दिखाई नहीं देती है। इस बाज़ार की नैतिकता का पालन करने का जैसाकि हमारे नामवरजी ने कहा कि भाई, राज्य को भी बाज़ार पर अंकुश लगाने का प्रावधान होना चाहिए तो यह अधिकार उसे क्यों नहीं है? सर्वोच्च न्यायालय के जो 11 निर्णय अभिव्यक्ति की स्वतंत्रता पर दिए गए हैं, उनमें से 7 पर मैं असहमत हूँ, 4 से सहमत। सात से असहमत इस कारण से हूँ क्योंकि जो हमारी मूल स्वतंत्रता है और उसके जो मोड़ हैं उसको भी स्वतंत्रता मान लेते हैं जैसे किसी मजिस्ट्रेट ने कहा कि अब इस इलाके में लाउडस्पीकर नहीं बजेगा, तो हमने कहा कि यह तो अभिव्यक्ति की स्वतंत्रता का हनन होने जा रहा है। लेकिन हम यह जानते हैं कि लाउडस्पीकर बजाना हमारी स्वतंत्रता जो है उससे भिन्न है।

मान लीजिए कि कोई एक आदमी है और उसे आजीवन कारावास की सजा हो गई है। वह पढ़ना-लिखना भी नहीं जानता है और कल वह छूटकर आता है और किसी मजिस्ट्रेट के सामने अँगूठा लगाकर 'रिक्विजिशन फाइल' करता है कि मैं अखबार निकालना चाहता हूँ तो हिन्दुस्तान के कानून में क्या कोई व्यवस्था है कि उसको अखबार निकालने, उसको मालिक बनने या उसको सम्पादक बनने से किसी आधार पर रोक दिया जाएगा? तुमको पढ़ना-लिखना नहीं आता इसलिए तुम सम्पादक नहीं हो सकते? यह क्यों है? क्योंकि वह स्वतंत्रता, यह अभिव्यक्ति की स्वतंत्रता हमने सबको दे रखी है, लेकिन अभिव्यक्ति की स्वतंत्रता का व्यवसाय जो है, उसमें हमको मूल स्वतंत्रता और व्यवसाय को अलग मानना पड़ेगा। इसलिए हम कहते हैं कि आजीविका की स्वतंत्रता के लिए जिस तरीके से कोई वकील है इसकी तीन शर्तें हैं कि लॉ की डिग्री होनी चाहिए, बार काउंसिल का लाइसेंस होना चाहिए ? और उसी के साथ एक डिक्लेरेशन होना चाहिए और वह डिक्लेरेशन क्यों होना चाहिए ? क्योंकि हम न्याय में सहायक की भूमिका अदा करने जा रहे हैं। इसलिए हमारे दूसरे कोई व्यावसायिक हित नहीं होंगे जब तक कि डिक्लेरेशन नहीं होगा। उसी तरीके से शिक्षक के लिए जो डिग्रियाँ निर्धारित हैं उसी तरीके से डॉक्टर के लिए भी एक शर्त रखी गई है कि साहब मेडिकल डिग्री लेने के पहले या एम.बी.बी.एस. होने के समय एक डिक्लेरेशन करना पड़ेगा जिसे कहते हैं एक 'ओथ' लेना पड़ेगी। लेकिन जब इस शपथ के लेने के बाद उस डिग्री का इस्तेमाल वह व्यवसायी स्वार्थ में अधिक-से-अधिक पैसा कमाने के लिए करने लगता है तो क्या उसे अलग होना माना जाए कि न माना जाए ? तो ये सारे प्रश्न हैं।

प्रश्न यह है कि समाज का भावी रूप क्या बनाने जा रहे हैं ? उसी में हमारी पत्रकारिता का भी स्वरूप निर्धारित होगा और भावी स्वरूप बनाने का काम जो बाज़ार टेक्नॉलॉजी आदि हैं, उसके साथ हमारी इच्छाशक्ति क्या है? इच्छाशक्ति को लोकतंत्र में हम लाते हैं, उस रूप में प्रतिनिधियों को चुनते हैं तो जो ख़तरा पैदा होता जा रहा है वहीं पूँजी के आने से, पूँजी का प्रभाव बढ़ने से, बाज़ारीकरण के प्रभाव पड़ने से होता जा रहा है। यह स्वतंत्र चिन्तन प्रक्रिया ही कहीं हमारी समाप्त न हो जाए, क्योंकि

हमने जो तय किया है उस वाद-विवाद की असलियत क्या है ? वहाँ तक पहुँचने की जरूरत है। अगर यही सत्य है तो हिन्दुस्तान में 5 अखबार निकलेंगे और वे सब बाज़ारीकरण के समर्थक अखबार होंगे जो इस प्रतिस्पर्धा में जिन्दा रहेंगे। यही सही है। हमारी संकल्प प्रक्रिया बँध जाएगी और चिन्तन प्रक्रिया का परिणाम यह होगा कि हमारा लोकतंत्र खतरे में पड़ जाएगा और लोकतंत्र जिसे हमने जीवन दर्शन के रूप में स्वीकार किया है, फिर उसकी कोई उपयोगिता नहीं रह जाएगी। ●

शीतला सिंह के वक्तव्य के बाद बारी थी प्रबन्धक की। हिन्दुस्तान टाइम्स के युवा प्रबन्धक ***राकेश शर्मा*** *ने अपने तकरीबन सभी पूर्व वक्ताओं के साथ अपनी असहमतियाँ सामने रखीं, लेकिन इसके साथ-साथ उन्होंने अपना पक्ष भी मजबूती के साथ रखा। निःसन्देह राकेश शर्मा के विचार भूमंडलीकरण, उदारीकरण और निजीकरण पर हो रहे आक्रमणों से अप्रभावित थे। वे अब तक के प्रहारों से अविचलित लगे। उन्होंने साफ शब्दों में कहा कि व्यवस्थापक कभी भी सत्ता के खिलाफ लिखने से अपने पत्रकारों को रोकते नहीं हैं। इस सन्दर्भ में उन्होंने अखबारों में इन्दिरा गाँधी और राजीव गाँधी की आलोचनाओं का उल्लेख किया। उनकी इस बात में निश्चित दम है कि अखबारपति बाबा आमटे, मेधा पाटकर, सुन्दरलाल बहुगुणा, अरुन्धति राय जैसे 'एक्टिविस्टों' के छापने पर कभी पाबन्दी नहीं लगाते। अखबारों में वैश्वीकरण या उदारीकरण के खिलाफ जमकर छपता भी रहा है। टीवी चैनलों पर इस मुद्दे पर उत्तेजक बहसें भी होती हैं। तब राकेश शर्मा के तर्कों को कैसे बिल्कुल ख़ारिज किया जा सकता है ?*

सरोकार पाठक नहीं, राज्यसभा सीट है

राकेश शर्मा

चूँकि बातचीत उदारीकरण के इर्द-गिर्द हो रही है इसलिए मुझे विश्वास है कि चर्चा भी उदार मन से ही हो। संवाद के लिए वरिष्ठ पत्रकार जवाहरलाल कौल के शोध पत्र को आधार बनाया गया है। कौल साहब ने जानना चाहा कि हिन्दी पत्रकारिता बाज़ार में कहाँ खड़ी है? उन्होंने बाज़ार शब्द का बार-बार जिक्र किया है। मैं सबसे पहले उसी का जवाब दूँगा। शायद इस जवाब से कुछ लोगों का आधार खिसकता हुआ महसूस हो। जिस उदारीकरण और भूमंडलीकरण को कौल साहब ने बार-बार कोसा हैं उसी दौर में हिन्दी पत्रकारिता का सबसे ज्यादा विकास हुआ है। जिस अंग्रेज़ी को उन्होंने बाज़ार की भाषा और उदारीकरण की भाषा बताया है, उसी का सबसे ज्यादा नुकसान हुआ है।

उदारीकरण की शुरुआत 1991 से मानी जाती है। वर्ष 1991 और 1999 के बीच हिन्दी अखबारों का प्रसार 100 फीसदी बढ़ा है जबकि अंग्रेज़ी का मात्र 78 फीसदी। कौल साहब ने उदारीकरण को बेचनेवालों का बाज़ार बताया है, बेचनेवाले यानी विज्ञापन देनेवालों का। अच्छा होता अपनी मान्यताओं का हवाला सम्पादकीय में लिखने की जगह वे तथ्यों के आधार पर तर्क देते। उदारीकरण के इन आठ सालों में अंग्रेज़ी में विज्ञापनों से आय मात्र 66 फीसदी बढ़ी है जबकि हिन्दी अखबारों में विज्ञापन से आय 180 फीसदी बढ़ी है। यानी अगर अंग्रेज़ी के खिलाफ जनता में भावना बनानी हो यानी उत्पाद के पक्ष में भावना बनानी हो तो दोनों मामलों में हिन्दी तब भी एक जरूरत थी। आज भी एक जरूरत है। मैं इन मुगालतों में नहीं पड़ता कि हिन्दी नहीं होती तो देश आज़ाद नहीं होता। क्या आज़ादी में हिन्दीभाषी लोगों और नेताओं का ही योगदान हैं? जहाँ हिन्दी नहीं बोली जाती या पढ़ी जाती उन क्षेत्रों के लोगों का क्या आज़ादी में कोई योगदान नहीं रहा?

हिन्दी की बात कीजिए पर इस तरह से नहीं कि 1652 भाषाएँ और बोलियाँ जिनमें 63 गैर भारतीय हैं, इसको अपना दुश्मन मान लें। इसलिए कौल साहब अपनी अवधारणाओं पर एक बार फिर से गौर करें। देश का संविधान स्वीकार करते समय 15 साल में हिन्दी को राष्ट्रभाषा बनाने और अंग्रेज़ी का बिस्तर गोल करने की बात कही गई थी, लेकिन आज भारत सरकार के राजकाज की भाषा अंग्रेज़ी है। संविधान

के 50 साल होने पर हुए जलसे में राष्ट्रपति से लेकर प्रधानमंत्री ने उस संकल्प की चर्चा तो दूर उलटे अंग्रेज़ी में ही भाषण दिया। क्यों? क्योंकि यह जो कहना चाहते थे उसे वे उन लोगों को सुनाना चाहते थे जो अंग्रेजी जानते हैं, श्री अटलबिहारी वाजपेयी से लेकर श्रीमती सोनिया गाँधी तक। भले ही सोनिया गाँधी को हिन्दी नहीं आती हो, हिन्दीभाषी चुनाव क्षेत्रों में तो हिन्दी में ही भाषण करती हैं। सबसे बड़ी बात है कि आप किस वर्ग में अपनी बात कहना चाहते हैं। हिन्दी क्षेत्र में साक्षरता बढ़ रही है तो हिन्दी के अखबार भी समृद्ध और विकसित हुए हैं। यह हिन्दी की ही ताकत है कि उसका अखबार साढ़े तीन रुपए में बिक रहा है। अगर बाज़ार की शक्तियाँ यानी अंग्रेज़ी इतनी ही हावी होती तो सारे दूसरे अखबार बन्द हो जाने थे। मूल्य एक रुपए करने से अंग्रेज़ी के ही दूसरे अखबार बन्द हो जाने थे, परन्तु ऐसा नहीं हुआ। जबकि आमंत्रण मूल्य देनेवाले अखबारों में रद्‌दी का तत्त्व भी काफी प्रभावित हुआ। इसलिए एक बात समझ लेनी चाहिए कि जिस तरह लोकतंत्र में जनता सबसे बड़ी है वैसे ही अखबार तंत्र में पाठक सबसे बड़े हैं। उदारीकरण जैसे जुमलों के ज्वर से कोई उन्हें वैचारिक जुगाली नहीं करा सकता।

लगता है कि हिन्दी के हनुमान को उसकी ताकत का अहसास नहीं है। मुझे आधुनिक पत्रकारिता के शीर्ष पुरुष प्रभाषजी के साथ 'जनसत्ता' में कुछ समय काम करने का सौभाग्य प्राप्त है। प्रभाषजी आपको गोयनकाजी के कलकत्तावाले गेस्ट हाउस की बगिया में अपनी कही गई बात याद होगी कि हिन्दी के अखबार को 0 डिग्री से 180 डिग्री तक घूमना पड़ता है, क्योंकि अंग्रेज़ी हमारी मातृभाषा नहीं होने के कारण जो इसे जानता है वह कम-से-कम पढ़ा-लिखा तो होगा ही। वहीं हिन्दी के पाठकों को शिक्षित भी करना पड़ता है। आज उदारीकरण सीटीबीटी., डब्ल्यू.टी.ओ., ई-कामर्स आदि पर भाषण तो पढ़ने को मिल जाएँगे, परन्तु शायद ही किसी अखबार ने इनकी बारीकियों को पाठकों को बताने की ज़हमत मोल ली हो। हिन्दी अखबारों को प्रेस विज्ञप्ति के दौर से बाहर लाने के लिए मैं फिर प्रभाषजी का उल्लेख आभार के साथ करना चाहूँगा। वर्ष 1983 के पहले हिन्दी पत्रकारिता कैसी होती थी, जिनको कहानी लिखने का शौक होता था वे पत्रकार बन जाते थे। आज पत्रकारिता के तेवर बदल चुके हैं। माध्यम के बारे में 'राजस्थान पत्रिका' और 'नई दुनिया' ने कुछ स्तम्भ चलाए। बाकी अखबार सोते रहे। फिर बात होती है कि हिन्दी के अखबार को कस्बाई बनाया जा रहा है तो यह बात मुख्यतया कई लोगों ने कही, इसके बारे में मेरा विचार सुनें। दिल्ली में बिकनेवाले अखबार में क्या बादली, साहिबाबाद, गुड़गाँव, झज्जर की खबर नहीं होती? गोरखपुर के अखबार में क्या सहजनवाँ, बेहराई, पिपराई, बस्ती और गोंडा की खबर नहीं होती? यह अवधारणा भी सच के धरातल पर खरी नहीं उतरी।

कहाँ हैं त्यागी सम्पादक ?

कौल साहब ने अपने आधार पत्र में हिन्दी से ज्यादा चिंता उदारीकरण और विश्व

व्यापार संगठन के सन्दर्भ में की। कौल साहब का कहना है कि हमारे देश में अंग्रेज़ी प्रेस का महत्त्व दरअसल वैश्वीकरण के बाद से काफी बढ़ गया है। प्रसार और विज्ञापन के आँकड़े अगर कौल साहब के कथन की पुष्टि करते तो शायद मुझे ज्यादा प्रसन्नता होती। कौल साहब ने मुक्त व्यापार और वैश्वीकरण के सन्दर्भ में सामाजिक दायित्व का सवाल भी उठाया है। कौल साहब सामाजिक सरोकारों के सन्दर्भ में अखबारों के मालिकों से भी कुछ नाराज़ लगते हैं और सम्पादक की स्वायत्तता पर चिन्ता ज़ाहिर करते हैं। मुझे नहीं लगता कि कोई अखबार व्यवस्था में ख़ामी के खिलाफ लिखने से मना करता है। जब इन्दिरा गाँधी और 425 सदस्यों वाली लोकसभा (1984-1989) राजीव गाँधी के खिलाफ लिखने से अखबारों को कोई रोक नहीं पाया तो फिर व्यवस्था के खिलाफ लिखने से कौन रोकेगा? हाँ, कभी-कभी इसकी कीमत देनी पड़ती है। जब बोफोर्स के बारे में कुछ अखबारों ने पहल की तो बाकी अखबारों को झख मारकर लिखना पड़ा। जिन्होंने पहल की उन्हें उसका लाभ भी मिला। सरोकारों का सवाल हवा से नहीं बनता। एक जमाना था कि सम्पादक अपनी बात नहीं चलने पर (उदारीकरण और वैश्वीकरण के पहले) अपनी नौकरी को लात मार दिया करता था। अब तो कोई सम्पादक मुझे ऐसा साहस करता नहीं दीखता। यह सही है कि अखबार निकालना कोई बच्चों का खेल नहीं है। इसमें अब करोड़ों की सीमा पार करते हुए अरबों का निवेश होने लगा है। इसलिए किसी भी अखबार को किसी सम्पादक की जिद पर नहीं छोड़ा जा सकता। क्योंकि अखबार पिटता है तो सम्पादक की ज्यादा-से-ज्यादा नौकरी जाएगी, परन्तु निवेशक के तो करोड़ों रुपए चले जाएँगे। कौल साहब उन सम्पादकों के बारे में क्या कहना चाहेंगे जिनका सरोकार पाठक और उनके प्रकाशन संस्थान की जगह राज्य सभा की सीट होता है?

जहाँ तक सरोकारों का सवाल है बाबा आमटे, मेधा पाटकर, सुन्दरलाल बहुगुणा से लेकर अरुन्धति राय तक के बारे में खबर छापने से कोई मालिक रोकता हो, ऐसा मुझे तो नहीं लगता। क्या अखबारों ने विश्व व्यापार संगठन या उदारीकरण के खिलाफ लिखना बन्द कर दिया है? नहीं, परन्तु सवाल है कि क्या पाठक आपके विचारों को ही आदर्श मानकर चलें? जिस तरह लोकतंत्र में प्रधानमंत्री से बड़ी जनता है, उसी तरह अखबार के सम्पादक से बड़ा पाठक है। इसी सन्दर्भ को मैं कौल साहब की इस बात से जोड़ना चाहूँगा कि विज्ञापनदाता के अखबार हो रहे हैं। मुझे नहीं मालूम कि वे किस दुनिया में विचरण कर रहे हैं। सम्पादक को विज्ञापन के लिए कहते हुए मैंने तो कम-से-कम उन संस्थानों में नहीं सुना, जहाँ मैं काम कर चुका हूँ। अपवाद हर जगह हो सकते हैं। पर अपवाद नियम तो नहीं हो सकते। कौल साहब लगता है आप अपवादों की दुनिया में हैं। ●

वरिष्ठ पत्रकार ***नन्दकिशोर त्रिखा*** *ने अपना लम्बा पत्रकारिता जीवन नवभारत टाइम्स में बिताया। वे नवभारत टाइम्स के लखनऊ संस्करण के स्थानीय सम्पादक भी रहे। त्रिखा हिन्दी के उन गिने-चुने पत्रकारों में हैं जिनके पास अकादमिक विश्लेषण की क्षमता है। उनकी शोधपरक दृष्टि रही है। त्रिखा की अकादमिक भूख ही उन्हें मीडिया शिक्षण क्षेत्र में ले गई और वे देश के एकमात्र पत्रकारिता के विश्वविद्यालय, माखनलाल चतुर्वेदी राष्ट्रीय पत्रकारिता विश्वविद्यालय में वरिष्ठ प्रोफेसर के पद पर भी रहे। त्रिखा को पत्रकारिता की समृद्ध परम्पराओं पर गर्व है और आज की पतनशीलता पर गहरा दुख भी।*

विज्ञापन की सम्प्रभुता

नन्दकिशोर त्रिखा

मित्रो, मेरा विचार यह है कि यदि विज्ञापन की सम्प्रभुता स्थापित होती है तो सम्पादक की प्रभुता नहीं रहेगी और यह मैं अपने देश के सन्दर्भ में ही नहीं कह रहा हूँ। अभी कुछ वर्ष पहले मई (1999) में बोस्टन में एक सम्मेलन हुआ था। उसमें वैश्वीकरण और मीडिया के सम्बन्ध में लम्बी चर्चा हुई थी और उसमें भाग लेनेवाले ज्यादातर जो देश थे, वह यूरोप के थे। वे विकसित देश थे और विकसित देशों के प्रतिनिधियों ने वहाँ बैठकर यह बात कही कि ये वैश्वीकरण जो मीडिया के क्षेत्र में हो रहा है वह पत्रकारिता के आदर्शों-सिद्धान्तों को ध्वस्त कर रहा है। जिस वैश्वीकरण का हम नाम ले रहे हैं, वह वास्तव में मीडिया के क्षेत्र में कुल मिलाकर 'ग्लोबल मल्टी नेशनल मेगा कम्पनी' है और यह मेगा कम्पनी 70 प्रतिशत से ज्यादा रेवेन्यू कमाती है। अपने देशों के अलावा जो बाहर से कमाती है वह अलग है। 'कॉपीटीशन' की बात कही जाती है। मगर इन मेगा कम्पनियों ने आपस में ही इंटरलिंकिंग के ज़रिए सारा प्रभुत्व जमा रखा है। कहीं कॉपीटिशन नहीं है।

इसी सम्मेलन में एक बात और कही गई थी कि विश्व में कुछ देश ऐसे थे जहाँ की सरकारें भी वहाँ की परम्परा की, पत्रकारिता की, स्वायत्तता की रक्षा करती थी। उनमें एक देश था फ्रांस, दूसरा देश था मेक्सिको, तीसरा देश था साउथ कोरिया, चौथा देश था भारत और वहीं यह बात भी कही गई कि आज विज्ञापन ही सबसे प्रमुख तत्व है। मीडिया के क्षेत्र में वैश्वीकरण करने का और इसलिए यह जो मेगा इंटरनेशनल आर्गेनाइज़ेशन है उनके द्वारा और उनकी सरकारों के द्वारा इन देशों पर सबसे ज्यादा दबाव डाला जा रहा है। 1955 में एक निर्णय हुआ था कि प्रिंट मीडिया के क्षेत्र में विदेशी पत्रों को नहीं आने दिया जाएगा, विदेशी संवाद समितियाँ यहाँ सीधे समाचार का प्रसारण नहीं करेंगी। भारतीय संवाद समितियों के माध्यम से होगा। लेकिन हाल में यह बातें सुनने में आ गई है कि उसको (विदेशी संवाद समितियों के प्रसारण को) खोल दिया जाना चाहिए, क्योंकि उससे देश की सम्प्रभुता पर किसी प्रकार का कोई ख़तरा नहीं होगा और उससे बहुत स्पर्धा होगी, गुणवत्ता समाचार पत्रों की बढ़ेगी और हमको व्यापार भी बढ़ाने को मिलेगा। मित्रो, आज 7 ऐसे मेगा ट्रांसनेशंस हैं जो समाचार पत्र, मैगज़ीन, रेडियो, टी.वी., म्यूज़िक, इंडस्ट्री इनसाइक्लोपीडिया इन सब पर कंट्रोल करते

हैं। इस बात को बहुत कम महसूस किया गया है कि सांस्कृतिक उद्योग का पश्चिम में पूरा प्रभुत्व रहा है। हम वैश्वीकरण की बात करते हैं पर उन सब चीज़ों को नहीं जानते और इसलिए हम उसको मापते हैं प्रसार संख्या के माध्यम से। लेकिन, अगर विज्ञापन की सम्प्रभुता होगी तो प्रभुत्व पत्रकारिता के आदर्श का नहीं होगा और अगर आदर्श का नहीं होगा तो फिर सम्पादक की कोई आवश्यकता नहीं रहेगी। इसलिए सम्पादक के पद को वैश्वीकरण की आवश्यकताओं को पूरा करने के लिए और अपने बाज़ार की आवश्यकताओं को पूरा करने के लिए उसकी गरिमा को सोचते-समझते हुए भ्रष्ट किया जा रहा है। उसका अवमूल्यन किया जा रहा है। ●

टाइम्स आफ इंडिया के स्तम्भों में से एक ***रमेश चन्द्र जैन*** *को पत्रकारिता के क्षेत्र में व्यवस्थापकों और पत्रकारों के बीच 'सेतु' के रूप में हमेशा देखा गया है। उन्होंने अखबार के इन दोनों पक्षों को 'ओब्जेक्टिविटी' के साथ देखा है। गोष्ठी में भी उन्होंने अपनी यही भूमिका प्रदर्शित की।*

मैकाले का स्वप्न सच हो रहा है

रमेश चन्द्र जैन

उदारीकरण और बाज़ारवाद को लेकर कई तरह की भ्रान्तियाँ हैं। यह सही है कि पश्चिमी देशों के प्रभाव से और प्रौद्योगिकी के कारण कई नई सुविधाएँ हुई हैं। विशेषतया आडियो-विजुअल मीडिया में उसके बारे में जैसे डॉ. त्रिखाजी ने कहा उसका प्रभाव पड़ रहा है, हमारी संस्कृति पर, हमारी विचारधारा पर, हमारी नैतिकता पर। लेकिन, मेरा यह मानना है कि ये केवल प्रौद्योगिकी का या वैश्वीकरण का प्रभाव नहीं है, क्योंकि यह तो बिल्कुल नई चीज़ है। परन्तु मैं देखता हूँ पिछले वर्षों में जो ट्रेंड देश में रहा है, पत्रकारिता के क्षेत्र में ही नहीं, सभी क्षेत्रों में है। स्कूलों की बात देखिए आज कितने कान्वेंट्स स्कूल खुलते जा रहे हैं ? देश में और जो लोग भारतीय भाषाओं और हिन्दी के साथ मन से जुड़े हुए हैं उनके बच्चे कहाँ पढ़ते हैं ? आप पूछिए तो उसका कारण है कि देश में जो वातावरण है। कल पढ़ने-लिखने के बाद रोज़गार के साधन चाहिए और रोज़गार के साधन अच्छी जगह अंग्रेज़ी पढ़े बिना मिलता नहीं, तो हो यह रहा है कि मेकाले ने जो स्वप्न कभी देखा था, वह सच हो रहा है कि अंग्रेज़ी हुकूमत तो किसी रोज़ समाप्त हो जाएगी, परन्तु संस्कृति पर जो प्रभाव, विचारधारा पर जो प्रभाव किसी देश पर पड़ेगा वह स्थायी होगा और वह इतने दिन की अंग्रेज़ों की गुलामी के बाद हमको स्पष्ट दिखाई दे रहा है। मीडिया का इसमें क्या रोल है, उसमें कई बातों में जवाहर कौल से मैं सहमत भी हूँ। विज्ञापन की सम्प्रभुता और सम्पादक का दायित्व, ये दोनों अलग-अलग चीजें हैं। मैं इन दोनों का कोई सम्बन्ध नहीं मानता। हर चीज़ के कुछ फायदे और नुकसान हैं। विज्ञापन अखबारों की आय का मुख्य साधन होने के कारण ये सम्भव हो सका कि कम दाम में अखबार उपलब्ध हैं, इसमें कहीं लिखा है कि 10 रु. प्रति कापी खर्च आता है और एक रु. में लोग अखबार बेचते तो 50 पैसे हाथ में आते हैं।

कुछ वर्ष पहले तक, लगभग 10 वर्ष तक मैं फीगर्स देखता रहा। अंग्रेज़ी प्रेस की ग्रोथ सालाना 2 फीसदी थी। केवल एक आँकड़ा एक जगह रुक गया था। हिन्दी और भारतीय भाषाओं का स्तर बराबर तेज गति से बढ़ रहा था। जैसे-जैसे महँगाई बढ़ी और पृष्ठ संख्या बढ़ीं, कीमतें बढ़ती गईं और फिर बाद में जब मूल्य वृद्धि शुरू हुई। सभी अखबारों ने दाम कम करना शुरू किया। हाल के वर्षों में अंग्रेज़ी का प्रसार भी काफी बढ़ा है। कुदरती बात है कि अगर एक रुपए में अखबार मिलेगा तो अधिक लोग खरीद सकते

हैं और कुछ लोग जो एक अखबार खरीदते थे वे एक से अधिक अखबार खरीद सकते हैं। प्रसार बढ़ा है। पर फिर भी भारतीय भाषाओं का हिन्दी के समाचार पत्रों का सरक्युलेशन अधिक गति से बढ़ा है और वह बढ़ रहा है। सरक्युलेशन में उसकी वैसी बाधा नहीं आई। विज्ञापन की संप्रभुता से भी अखबार के स्तर का कोई सम्बन्ध मैं नहीं मानता। विज्ञापन अधिक मिलने से आय का मुख्य साधन विज्ञापन हो गया। उसकी वजह से कम दाम में अखबार उपलब्ध हैं, अब यह मालिक या सम्पादक जिसकी भी सम्प्रभुता है जिसकी बात चलती हो ये उसके सोचने का विषय है। दो तरह से आप उसे नाप-तौल कर सकते हैं। पाठक की रुचि क्या है? वह क्या पढ़ना चाहता है। बराबर यह वाद-विवाद का विषय रहा है कि हम उसको वह सामग्री दें, जो वह पढ़ना चाहता है या वह सामग्री दें जो हम चाहते हैं वह पढ़े। इन दोनों का सम्मिश्रण किए बिना कोई अखबार चल नहीं सकता क्योंकि पाठकों की रुचि धीरे-धीरे बदल रही है।

ब्रांड मैनेज़र, प्रोडक्ट और अख़बार

यह रुचि देश की परिस्थितियों के कारण बदल रही है; भाषा, पहनावा हर चीज़ पर परिवर्तन का प्रभाव है। आज शास्त्रीय संगीत की सभाओं में देखिए, कितनी हाज़िरी होती है। पर केवल अखबार उसके लिए जिम्मेदार नहीं है। एक कहावत है अंग्रेज़ी में 'मैन मनी, मशीन, मटेरियल'। पहले हाथ की छोटी सी मशीन से अखबार निकलते थे। आज मशीनों की कीमत बहुत है। उसमें काम करनेवाले आदमी चाहिए। उसमें कच्चा माल भी चाहिए और उसके लिए मशीनरी भी चाहिए, पैसा भी अधिक लागत में चाहिए। पर उद्योग होने के कारण क्या उसका स्तर गिरा दिया जाए? न्यूज कंटेट विज्ञापन के पृष्ठों को छोड़ दीजिए। न्यूज कंटेट और एडिटोरियल अखबार का स्तर बताता है। वह आज भी सम्पादक के हाथ में है।

सम्पादक देश में अधिकतर पत्रों के मालिक सम्पादक होकर बैठ गए, उसमें भी मैं बुराई की बात नहीं समझता क्योंकि अभी तो कई यूनिवर्सिटी में कोर्सेज हैं, जरनलिज़्म के। लेकिन प्रभाषजी ने और डॉक्टर साहब ने किसी स्कूल में नहीं पढ़ा होगा। अभ्यास करते-करते मालिक को सम्पादकीय का तजुर्बा हो जाता है। नरेन्द्र मोहनजी जागरण का एक अरसे से प्रकाशन कर रहे हैं। उसका स्तर बनाए रखने के लिए एक प्रोफेशनल सम्पादक को रखें या खुद चलाएँ। दोनों तरह से उसका स्तर मेंटेन किया जा सकता है। प्रोफेशनल एडीटर नहीं है तो अखबार का स्तर मेंटेन किया जा सकता है। प्रोफेशनल एडिटर नहीं है तो अखबार का स्तर गिर जाएगा। ये बात अपनी जगह सही नहीं है। स्तर गिर रहा तो उसके लिए कहीं प्रोफेशनल सम्पादक जिम्मेदार है। मुख्यतः जहाँ मालिक सम्पादक है तो वहाँ स्तर बनाए रखना मालिक के हाथ में है। जहाँ प्रोफेशनल सम्पादक हैं वहाँ प्रोफेशनल सम्पादक के हाथ में है। अखबार में एक कानूनी प्रावधान है कि सम्पादक जरूर होगा, इसीलिए यह तो नहीं हो सकता कि सम्पादक न हो, सम्पादकीय काम बाँटा जा सकता है। जिस चीज़ की वह मिसाल दे रहे थे उसका मेरे अखबार से सम्बन्ध है।

इसलिए मैं जरा संक्षेप में स्पष्ट कर दूँ कि सम्पादकीय पृष्ठ और न्यूज पेजेस का काम दो लोगों में बाँट रखा है। दो सम्पादक हो गए। सम्पादक कोई नहीं हो यह ठीक नहीं है।

ब्रांड मैनेजर कहाँ से आ गया? उसकी पृष्ठभूमि यह है कि जब कोई अखबार चलाता है तो मालिक उसके सब पक्षों को देखता है। सरक्युलेशन को, उसके विज्ञापन को, उसकी रेवेन्यू को, उसके प्रोडक्शन को, समय पर अखबार निकले, समय पर वितरित हो, विज्ञापन कितना आ रहा है उसका आर्थिक पक्ष क्या है, वह घाटे में जा रहा है कि पैसा कमा रहा है? जहाँ 20 अखबार किसी संस्थान से निकलें, तो कौन देखेगा? एक नई यह बात सोची गई कि एक आदमी को जिम्मेदार बना देना चाहिए। एक 'प्रोडेक्ट' का, एक अखबार का एक आदमी को जिम्मेदार बना दिया गया कि अलग-अलग विभाग में सब अपना-अपना काम देख रहे हैं और सबका समन्वय करना और इस अखबार की पूरी जिम्मेदारी कि वह ठीक से चले। उसका नाम 'ब्रांड मैनेज़र' रख दिया गया। उसे कुछ भी कहिए वह एक प्रबन्धन का आदमी है। उसका सम्पादकीय से कोई सीधा सम्बन्ध नहीं है। न्यूज पेजेस में सम्पादकीय पेज पर जो जाता है वह किसी-न-किसी सम्पादक की जिम्मेदारी है। पर मार्केट तथा एजेंटों से फीड बेक आता है। पाठकों की चिट्ठियाँ आती हैं कि अखबार में क्या कमी है ? वे क्या चाहते हैं ? और वह फीड बेक किसी के द्वारा सम्पादक तक पहुँचता है। ब्रांड मैनेज़र का काम केवल यह है कि वह चीज़ सम्पादक तक पहुँचाए और सम्पादकीय विभाग की किसी मीटिंग में ब्रांड मैनेज़र यदि गए होंगे तो वह इस दृष्टि से कि वह फीड बेक उन तक पहुँचा सकें। ये प्रोसेस बराबर चलती रहनी चाहिए। किसी भी उत्पाद को आगे बढ़ाने के लिए उसकी प्रगति के लिए उसकी उन्नति के लिए यह एक आवश्यक कार्य है।

सम्पादक और ब्रांड मैनेज़र

एक गम्भीर बात है। प्रेस काउंसिल में एक मामला गया। मामला यह था कि एक हिन्दी समाचार पत्र का कोई सम्पादक नहीं था। बिना सम्पादक के नाम के कोई पत्र चल नहीं सकता है। यह गैर कानूनी है। वहाँ जब ये मामला आया तो वहाँ प्रबन्धकों की ओर से यह कहा गया कि नहीं, ब्रांड मैनेज़र मीटिंग बुलाते हैं। समाचार पत्र के पंजीकरण का जो कानून है उसके अनुसार समाचार पत्र में प्रकाशित हर शब्द के चयन का नियंत्रण सम्पादक का होना चाहिए। सम्पादक के अतिरिक्त वह किसी का नहीं होना चाहिए। कैसे ब्रांड मैनेज़र सम्पादक से कहेगा कि मीटिंग मैं लूँगा और आप वही छापेंगे जो प्रबन्धक कहेगा? आज अगर विज्ञापन की बात न होती तो हिन्दी के समाचार पत्रों में यह वातावरण नहीं होता। हिन्दी के समाचार पत्रों या भारतीय समाचार पत्रों की यह परम्परा नहीं थी, अंग्रेज़ी में थी। फैशन इंडस्ट्री के नाम से आज एकदम से नग्नता का प्रसार किया जा रहा है और कहा जा रहा है कि यह केवल विज्ञापन के लिए है। एक बार खुशवन्त सिंहजी से पूछा गया था कि आपने किस तरह से तीन-चार लाख की सरक्युलेशन कर दी अपने विकली (इल्युस्ट्रेटेड वीकली) की, तो उन्होंने कहा मैं कुछ नहीं करता था। मैं किसी ट्राइबल

कम्युनिटी के विषय में लिखता था कि किस तरह उनकी महिलाएँ कुछ पहनती नहीं हैं, मैं उनके चित्र छापता था। लोग उस चित्र को पसन्द करते थे। तो सरक्युलेशन बढ़ गया। क्या सरक्युलेशन बढ़ाने के लिए यह सब करेंगे और ये क्यों? यह इसलिए कि आज विज्ञापन सम्प्रभु हो गया और उसके आधार पर यह सब चल रहा है। विश्व में भी वही प्रवृत्तियाँ चल रही हैं। मैं समझता हूँ आज सबसे गम्भीर चुनौती है पत्रकार और पत्रकारिता और उन सम्पादकों को जिन्हें महाप्राण सम्पादक कहा जाता है। ऐसे सम्पादकों की पुनर्प्रतिष्ठा जब तक नहीं होगी तब तक ये सारे परिणाम दिखाई देते रहेंगे।

अभी एक वक्ता ने कहा कि पहले के इंग्लैंड और अमरीका के पत्र अच्छे होते थे। आज भी वे कई दृष्टियों से अच्छे हैं। समाचार छपते हैं, लेख भी अच्छे छपते हैं। लेकिन उसका जो सम्पादकीय पक्ष है वह क्षीण होता जा रहा है। उसका स्तर गिरता जा रहा है। इसका कारण उन्होंने बताया था; उसका कारण यह है कि वहाँ मैगज़ीन एडिटर का प्रभुत्व वहाँ के पत्रों में हो गया है और इसलिए केवल 'लंदन टाइम्स' को छोड़कर के या 'न्यूयार्क टाइम्स' को छोड़कर उनका कहना था सबका स्तर गिर रहा है और सबमें यह दिखाई दे रहा है। उसके बाद फिर उन्होंने कहा कि किस प्रकार महाप्राण सम्पादक आगे चलकर मालिक से काम करवाएँगे, वगैरह-वगैरह। उन्होंने कहा यही जो समस्या है किसी समय एक प्रेस काउंसिल के सामने एक केस के रूप में आई थी। मलयालम की 'मातृ भूमि' के एक मालिक जो डायरेक्टर थे वे सम्पादकीय विभाग में दखल दे रहे थे। वे निदेशक हैं, फिर भी सम्पादकीय विभाग को देखते हैं। इसको लेकर प्रेस काउंसिल ने उस केस में 'मातृ भूमि' की निन्दा की थी। क्षमा कीजिएगा आज के समाचार पत्र में एडिटोरियल डायरेक्टर नाम से यह सब होता आया है। जब सम्पादक के कक्ष में मैनेज़िंग एडिटर को प्रबन्धक के रूप मालिकों ने दूसरे दिन जा करके स्वीकार किया कि हाँ, वे मीटिंग लेते हैं। सम्पादकों की ओर से यह बात कही गई कि यह कैसे हो सकता है? दूसरे दिन मालिकों की ओर से कोई एफिडेविट लाया गया जिसमें कहलवाया गया कि सम्पादकों के ऊपर किसी प्रकार का दबाव नहीं है। आपने यह कहा कि पहले सम्पादक जो वैश्वीकरण के विरोध में थे, वे इस्तीफा देकर चले जाते थे। हाँ, अब नहीं जा सकते। आप पहले जा सकते थे क्योंकि पहले उसका स्थान था। पहले एक पत्र से दूसरे पत्र में भी जा सकते थे। आज सारे पत्रों का उद्देश्य एक ही है; बाज़ारवाद के नाम से अधिक-से-अधिक मुनाफा कमाना और जो भाव पक्ष है, आदर्श पक्ष है पत्रकारिता का उसको गौण बना देना। मैं समझता हूँ, यह सबसे बड़ी चुनौती है जिस पर विचार करने की आवश्यकता है।

दबाव, बदलाव और विज्ञापन

अखबार का हमारी संस्कृति पर, नैतिकता पर, बच्चों पर, नई पीढ़ी पर क्या असर पड़ता है ये विचारणीय प्रश्न है। उसके उपाय हमको ढूँढ़ने होंगे। 'नवभारत टाइम्स' के इतिहास को मैं जानता हूँ। वह हिन्दी के बड़े अखबारों में गिना जाता था। शायद बहुत अच्छा स्तर मेंटेन करता था और कोई अवांछित स्तरहीन सामग्री उसमें नहीं जाती थी। फिर भी उसका

सरक्युलेशन बहुत ऊँचा था। मगर आज जिस स्तर को छू चुका है, नवभारत टाइम्स वह किससे छिपा है? प्रसार बढ़ाने का यह तरीका कि उसमें अश्लील सामग्री दी जाए, सही नहीं है। परन्तु यह भी सही है कि पाठक की रुचि बदल रही है। अब नए नौजवान पाठक आ रहे हैं। वही सामग्री जो बड़ी उम्रवालों को अरुचिकर लगती है, उनको रुचिकर लगती है। उनकी माँग है। इस माँग को अंग्रेज़ी अखबार ज्यादा फॉलो कर रहे हैं। उस रास्ते पर चल रहे हैं। हिन्दी के भाषायी पत्र नहीं चल रहे। इसके बावजूद भाषायी पत्रों का सरक्युलेशन बराबर बढ़ रहा है। यह खुशी की बात है।

पैसा अंग्रेजी अखबार के पास क्यों जाता है? कारण यह है कि विज्ञापन एजेंसी में सब अंग्रेज़ बैठे हैं। जब अंग्रेज़ी में विज्ञापन बनता है तो आप लोगों ने कहीं नहीं देखा होगा, उसका हिन्दी में फिर अनुवाद होता है और वह किसी से भी करवा लिया जाता है। कल्पना कीजिए कोई हिन्दी जाननेवाला विज्ञापन ऐजेंसी में बैठा है। उसको ठीक से भाषा का ज्ञान भी नहीं। वह जब अनुवाद करता है तो वह भद्दा होता है। पता चल जाता है कि यह मूलतः हिन्दी में लिखा नहीं गया है। कहीं-कहीं बिना अनुवाद के ही अंग्रेजी के विज्ञापन भाषायी पत्रों में वैसा का वैसा ही दिया जाता है। किसी हद तक सही भी होगा कि क्रय शक्ति, माल खरीदने की शक्ति जिसके लिए विज्ञापन दिया जाता है वह अंग्रेज़ी के पाठकों में अधिक है। यह भ्रम विज्ञापन एजेंसियों ने फैला रखा है। जो एक रुपए का अखबार पढ़ता है अंग्रेज़ी का उसकी क्रय शक्ति अधिक है या तो तीन रुपए का अखबार पढ़ता है 'जागरण' या 'अमर उजाला' उसकी क्रय शक्ति अधिक है? यह कोई सोचने को तैयार नहीं है। यह मान करके बैठ गए हैं कि अंग्रेज़ी अखबारों की पहुँच देहात तक नहीं है, बड़े-बड़े नगरों तक है। अगर विज्ञापन को सब जगह पहुँचना है तो भाषायी पत्रों का सहारा जरूर लेना होगा। इसलिए भाषायी पत्रों में अन्तर तो पड़ा है। पहले से अधिक आ रहे हैं। पर सापेक्ष्य रूप से अगर देखा जाए तो यह सही है कि उस केक का बहुत बड़ा हिस्सा आज भी अंग्रेज़ी अखबार को मिल रहा है। आशा है कि धीरे-धीरे यह परिस्थिति बदले भी। पर ग्लोब्लाइज़ेशन का हमारी आर्थिक स्थिति पर, देश पर क्या प्रभाव पड़ा मैं उसमें नहीं जाता। यहाँ का विषय भी नहीं है। वह डिबेटिबल विषय है। पर समाचार पत्रों में जो बिगाड़ हुआ है, उसका न इस वैश्वीकरण से सम्बन्ध है, न विज्ञापन की संप्रभुता से। समाचार पत्र मालिक प्रेस को एक उद्योग का दर्जा चाहते हैं, उसके कारण कहीं और खोजने होंगे।

एक मैग्ज़ीन ब्यूटी कांटेस्ट आर्गेनाइज़ करती है। उसके बारे में भी कई तरह की राय हो सकती हैं। यानी तौर-तरीके बदल रहे हैं और यह एक गलत रास्ता सबने अपनाया है। उसको कैसे सुधारा जाए उस ट्रेंड को कैसे बदला जाए, लोगों के टेस्ट को कैसे बदला जाए? यह बात भी विचारणीय है।

अगर मीडिया से अलग करके आप सोचें तो यह दोनों बात आपकी सही है कि मुख्य कारण यह है कि हम धर्म की परिभाषा गलत मान करके धर्म से विमुख होते जा रहे हैं। धर्म का सारांश मोटे तरीके से नैतिक आचरण है, हम उससे अलग होते जा रहे हैं। क्योंकि हम

यह कहना चाहते हैं कि हम बहुत सेक्युलर हैं और यह भी सही है कि ग्लोब्लाइज़ेशन जिसका हम समाचार पत्र से सम्बन्ध जोड़ रहे हैं उस वैश्वीकरण के कारण राजनीति का भी प्रभाव समाज पर कम रह गया है। इन दोनों के कारण स्वच्छन्दता ने जन्म लिया है यह सही है।

लेकिन इस दबाव में समाचार कभी नहीं छपते कि जो बहुत बड़ा विज्ञापनदाता है वह नाराज़ हो जाएगा। यहाँ तक कि भारत सरकार ने और उ.प्र. सरकार ने, महाराष्ट्र सरकार ने लम्बे अरसे तक कई समाचार पत्रों को अपने विज्ञापन की लिस्ट से निकाल दिया। उस दबाव में कोई खबर नहीं छपती। सम्प्रभुता विज्ञापन की है, मैं यह नहीं मानता। अब रही दूसरी बात कि सम्पादक हर चीज़ के लिए जिम्मेदार है। अखबार में यदि सम्पादक सजग हो वह हस्तक्षेप कर सकता है और विज्ञापन को सरका सकता है।

कानून में सम्पादक और प्रकाशक जिम्मेदार होता है। मिडिल ईस्ट का दुबई से कोई विज्ञापन आया। दुबई की पार्टी ने कश्मीर का जो नक्शा है उसमें जो आज़ाद कश्मीर है उसकी लाइन भारत के नक्शे से बाहर दिखा दी। छोटा सा नक्शा था उस पर निगाह नहीं गई। सम्पादक और विज्ञापन के मैनेज़र की निगाह से भी चूक गया। मुकदमा चल गया। सम्पादक की हैसियत से पेश मैं हुआ। डेढ़ लाख रुपए जुर्माना हुआ। विडियोकोन की मिसाल दी, टी.वी. पर रोज किसी भी तरह के विज्ञापन जैसे खाने-पीने के हों, रेफ्रिज़रेटर के हों, रेज़र के हों, उसमें किसी महिला की तस्वीर जरूर आएगी। यह विज्ञापन की सम्प्रभुता की बात नहीं है। बल्कि यह एक गलत ट्रेंड शुरू हो गया है। इसको कहीं-न-कहीं रोकना चाहिए। जो विज्ञापन बनाते हैं उनके दिमाग में यह बात घुस गई है। यह हर प्रकार से अहितकर। मेरा मोटे तरीके से मानना है कि भारतीय प्रेस ने आज़ादी के 50-53 वर्ष में बहुत जिम्मेदारी के साथ काम किया है। इस सेंस में जब कोई आपातकाल आया तब हर तरह के अखबार ने देश हित में काम किया। उसका विरोध तो इसलिए किया कि अगर कल पाकिस्तान का या अमेरिका का नागरिक देश में अखबार चलाएगा तो स्थितियाँ क्या रुख लेंगी? ●

इस विमर्श में अमर उजाला के प्रबन्धक ***अशोक अग्रवाल*** *ने भी अपना योगदान दिया। उत्तर प्रदेश के विभिन्न स्थानों से प्रकाशित अमर उजाला को प्रायः प्रगतिशील दैनिक के रूप में देखा जाता है। उत्तर प्रदेश में 1990 से लेकर 1992 के केसरिया दौर में भी इस अखबार ने अपनी सन्तुलित दृष्टि का परिचय दिया। आज यह अखबार उत्तर प्रदेश की सीमाओं को लाँघकर पंजाब में पहुँच चुका है। प्रबन्धक अशोक अग्रवाल ने अमर उजाला की समृद्ध परम्परा को निरन्तर बनाए रखा है। यही वजह है कि अशोक अग्रवाल ने खुलकर स्वीकार किया कि समाचार पत्रों पर भी गम्भीर सामाजिक जिम्मेदारी होती है। चूँकि अमर उजाला को क्षेत्रीय अखबारों की श्रेणी में रखा जाता है अतः प्रबन्धक अग्रवाल ने राष्ट्रीय बनाम क्षेत्रीय मुद्दा जमकर उछाला। क्षेत्रीय समाचारपत्रों की मजबूत पैरवी की। अग्रवाल ने अपने तर्कों से राष्ट्रीय अखबारों के मिथ को काफी हद तक तोड़ा।*

क्षेत्रीय बनाम राष्ट्रीय पत्रकारिता

अशोक अग्रवाल

जब विषय गम्भीर हो यह जरूरी नहीं कि बातचीत किसी परिणाम पर पहुँचें। लेकिन, यह अपने आप में खासा महत्त्वपूर्ण है कि इस पर गम्भीर बातचीत शुरू हो रही है। उदारीकरण की मौजूदा प्रक्रिया पर लगातार चर्चा होती रही है। इसके कुछ फायदे भी हैं, कुछ नुकसान भी। चीज़ों को देखने का हर आदमी का नज़रिया अलग-अलग होता है। कई बार हो सकता है, हमारा पूर्वग्रह भी हमारे देखने को प्रभावित करे। जब चर्चा का विषय राष्ट्रीय अस्मिता और अस्तित्व संकट का हो तब तो ऐसा कोई भी पूर्वग्रह चिन्तन की धारा को मोड़ सकता है। उसे गलत दिशा में धकेल सकता है। अवांछित निष्कर्ष तक पहुँचा सकता है। मुझे इस बात का दुःख है कि इस देश के प्राचीनकाल में जिस उदारवाद को व्यावहारिक जीवन में स्वीकार किया गया था वह आज वैश्वीकरण की धुन्ध में कहीं खो गया है।

सबसे पहले इसी देश ने वसुधैव कुटुम्बकम् का उद्घोष किया था। हमारे पुरखों ने कहा था कि दुनिया एक घर जैसी है। भारत के इस प्राचीन दर्शन में खंडित करने का भाव नहीं था। सबको अपना समझकर प्यार देने का मन्तव्य था और हर किसी के दुःख-सुख में हिस्सा बाँटने का भाव था। तब रिश्तों में व्यापार नहीं पनपा था, स्नेह था, अपनापन था। खुद को वंचित रखकर भी दूसरों का भला करने का भाव था। इसीलिए हमारी संस्कृति श्रेष्ठतम कहलाई। इस देश को ज्ञान का देश कहा गया। हमें समूची दुनिया में प्रतिष्ठा मिली। आज का वैश्वीकरण उस वसुधैव कुटुम्बकम् से भिन्न है। इसमें व्यापार है, बाँटने की कला है। लाभ कमाने की मनोवृत्ति है। हमारे इस नए घर में रिश्तों के अर्थ बदल गए हैं। अपनापन उसी अनुपात में है जिस अनुपात में लाभ है। यूँ भी कह सकते हैं कि अपनापन कम, उसका आडम्बर ज्यादा है। श्री कौल का यह मानना बिल्कुल ठीक है कि इस नई सभ्यता के वाहक अंग्रेज़ी अखबार है, इलेक्ट्रॉनिक मीडिया है, नई जीवन शैली को स्थापित करने में इनकी बड़ी भूमिका है। क्योंकि वे इसके लाभ के बड़े हिस्सेदार हैं। उनकी इस स्थापना पर भी मुझे कुछ एतराज़ नहीं है कि तथाकथित राष्ट्रीय हिन्दी अखबार अंग्रेज़ी के हितों का ही पोषण करते हैं, उनकी अपनी कोई आवाज़ नहीं। वे अंग्रेज़ी अखबारों की मर्ज़ी पर ही चल रहे हैं। निस्सन्देह हिन्दी को साहित्य के अलावा ज्ञान विज्ञान की भाषा के रूप में विकसित होने

का अवसर नहीं मिला, लेकिन इसके लिए भी मुख्य रूप से जिम्मेदार वही लोग हैं जो अंग्रेज़ी के जरिए अपनी परम्परा बनाए रखने का लोभ नहीं छोड़ पाएँ।

हमारी संस्कृति पर आज भी जो संकट दिख रहा है, हमारी राष्ट्रीय अस्मिता पर जो भी कोहरा छाया हुआ है उसके कुछ पहलुओं पर भी श्री कौल ने बड़ी पैनी नज़र डाली है। लेकिन जैसे ही वे हिन्दी समाचार पत्रों की भूमिका पर आते हैं मुझे लगता है कि वे जल्दी में किसी नतीजे पर पहुँचना चाहते हैं।

मेरा मानना है कि जिस क्षेत्रीय पत्रकारिता को महत्त्वहीन घोषित करने का फैशन चल पड़ा है असल में वही राष्ट्रीय पत्र की भूमिका निभा रहे हैं। सच मानें तो यह राष्ट्रीय बनाम क्षेत्रीय का बँटवारा भी कुछ निहित इरादों से गढ़ा हुआ है। ऐसा कुछ स्पष्ट मानदंड नहीं है जिस पर किसी समाचार पत्र को राष्ट्रीय या क्षेत्रीय ठहराया जा सके। अगर यह विभाजन कंटेंट्स के आधार पर किया जाता है तो जिन्हें आज क्षेत्रीय अखबार कहते हैं वे तथाकथित राष्ट्रीय अखबारों से बहुत पीछे नहीं हैं। उनके समाचारों में भी पूरे देश का, पूरी दुनिया का प्रतिनिधित्व देखा जा सकता है। बल्कि वे क्षेत्रीय समाचारों की दृष्टि से कहीं ज्यादा सम्पन्न हैं। अगर यह विभाजन केवल इस आधार पर किया जाता है कि जो दिल्ली या देश के अन्य महानगरों से प्रकाशित होते हैं, वे ही नेशनल हैं तो भी बात नहीं बनती है। राजधानी से ऐसे तमाम समाचार पत्र प्रकाशित होते हैं जो दिल्ली या आसपास के शहरों तक सीमित हैं। क्या उन्हें नेशनल माना जाए? अगर बँटवारा प्रसार और तकनीक को लेकर है तो अब यह बात किसी से छिपी नहीं रह गई है कि कई क्षेत्रीय कहे जानेवाले अखबारों ने भी इस सन्दर्भ में अपनी ज़मीन मजबूत कर ली है। कई कथित क्षेत्रीय पत्रों के पास, प्रिंट मीडिया के पास वह सारी नई टेक्नॉलॉजी है जो किसी भी राष्ट्रीय अखबार के पास होगी।

अगर थोड़ी उदारता से देखें तो क्षेत्रीय अखबारों की कुल पाठक संख्या नेशनल अखबारों से कहीं ज्यादा होगी। मेरा मानना है कि हर वह अखबार राष्ट्रीय है जिसकी भूमिका अपने छोटे या बड़े दायरे में राष्ट्रीय मूल्यों, परम्पराओं, लोकजीवन और भाषा के संरक्षण की हो। इसमें सामाजिक समरसता बढ़ाने और विविधता में एकता के ढाँचे को मज़बूत करने के मामले में अपने दायित्व का स्पष्ट बोध हो। कहना होगा कि यह जिम्मेदारी क्षेत्रीय समाचार पत्र बखूबी निभा रहे हैं। यह कहना कि अखबार इस मामले में राष्ट्रीय हैं कि उनका प्रकाशन कई राज्यों से हो रहा है, क्षेत्रीय समाचार पत्रों की तौहीन है। उनका यह स्वस्थ मूल्यांकन नहीं है। सवाल यह है कि उनकी स्वीकार्यता का विस्तार क्यों हो रहा है? जो समाचार पत्र राष्ट्रीय होने के दम्भ से चूर हैं उन्हें वैसी सफलता क्यों नहीं मिल रही है या फिर वे पंजाब संस्करण, उत्तर प्रदेश संस्करण या हरियाणा संस्करण छापने के लिए विवश क्यों हो रहे हैं ? बहुत सीधी सी बात है; क्षेत्रीय पत्र जिन आकांक्षाओं का प्रतिनिधित्व करते हैं उनकी लम्बी समय तक उपेक्षा की गई। तथाकथित राष्ट्रीय समाचार पत्रों ने उन लोगों की पीड़ाओं, आकांक्षाओं और उनकी समस्याओं की ओर देखने की जरूरत ही नहीं समझी जो कस्बों या गाँवों में रहते हैं।

आप सभी जानते हैं कि राजनीति के नाम पर देश की विभिन्न भाषायी और जातीय आकांक्षाओं की जिस तरह लम्बे समय तक उपेक्षा की गई उसका परिणाम क्षेत्रीय दलों के शक्तिशाली व्यवहार के रूप में सामने आया। वैसे ही क्षेत्रीय पत्र अगर शक्तिशाली होकर उभर रहे हैं तो इसके लिए उन्होंने क्षेत्रीय समुदायों-तबक़ों की आवाज़ ऊपर तक पहुँचाई। उपेक्षित लोगों से उनकी आम बोलचाल की भाषा में संवाद स्थापित किया। लम्बे समय तक राष्ट्र जीवन में जिन्हें कोई पहचान नहीं मिली थी उन लोगों ने क्षेत्रीय समाचार पत्रों का अपने घर नें स्वागत किया। क्योंकि वे उनकी जरूरतें पूरी कर रहे थे। राष्ट्रीय एकता के सूत्र को मज़बूत करने में यह एक बड़ी पहल थी, जिसकी जरूरत राष्ट्रीय कहे जानेवाले अखबारों ने ही नहीं समझी।

उग्र भी हो सकता है विस्फोट

क्षेत्रीय आकांक्षाओं का विस्फोट उग्र भी हो सकता है यह बात अब किसी से छिपी नहीं है। पंजाब में, कश्मीर में या पूर्वोत्तर राज्यों में जो संकट है उसके पीछे क्या है? सत्ता की ओर से उपेक्षा, यही कारण है। इस मायने में क्षेत्रीय पत्रों ने उन उपेक्षित क्षेत्रों या समुदायों को राष्ट्रीय मुख्यधारा से जोड़ने का काम किया है जिनका विस्फोट देश को गम्भीर अराजकता की ओर धकेल सकता है। इस सन्दर्भ में क्षेत्रीय पत्रों ने राष्ट्रीय संकट को टालने में व्यवस्था की है या एक तरह से मदद की है। श्री कौल को क्षेत्रीय समाचार पत्रों की इस भूमिका पर गम्भीरता से ध्यान देना चाहिए। मुझे यह मानने में कतई एतराज नहीं कि बाज़ार में पाँव टिकाए रखना भी क्षेत्रीय पत्रों के लिए एक चुनौती है। लेकिन इस बात से मेरी सहमति नहीं है कि केवल इसीलिए यह पत्र जिला संस्करण निकालते हैं। हम वैश्वीकरण की धारा में बिना हाथ-पाँव मारे बहना नहीं चाहते जैसे अंग्रेज़ी अखबार कर रहे हैं। हम जितने 'ग्लोबल' हैं, उतने ही हम 'लोकल' भी हैं। यह स्वीकार करने में हमें कोई संकोच नहीं। इस देश में उदारीकरण की नीति असफल हुई है। जरा सी नज़र डालें तो समझ में आ जाएगा कि अर्थ नीति में हम ग्लोबल तो हुए, लेकिन लोकल नहीं हो सके। बड़ों को तो लाभ मिला, लेकिन जो लगातार वंचित रहे, उन तक इस 'ग्लोब्लाइज़ेशन' का कोई फायदा नहीं पहुँचा। बल्कि वे विकास यात्रा में एक पायदान और नीचे सरक गए।

मैं इस मामले में बहुत साफ दृष्टि रखता हूँ कि समाचार पत्रों पर गम्भीर सामाजिक जिम्मेदारी होती है जो इस दायित्व को नहीं महसूस करते उनको पाठकों का वह सम्मान नहीं मिलता है जो मिलना चाहिए। तो यह किसी भी समाचार पत्र के लिए पहली जरूरत है। इसी सन्दर्भ में पाठकों की भी प्रासंगिकता है। यह कहना ठीक नहीं है कि पाठक की प्रासंगिकता केवल ऐसे ग्राहक की है जिसकी आवाज़ का कोई महत्त्व नहीं। बाज़ार की साँसों का उतार-चढ़ाव पाठक तक भी पहुँच रहा है। उनकी रुचियों को प्रभावित करने में प्रचार की किंचित भूमिका हो। लेकिन, यह कहना कि उन्हें बनाने-बिगाड़ने का काम नेपथ्य से संचालित हो रहा है, पाठकों के बुद्धि-विवेक को कम करके आँकना है।

बहुमुखी है जिम्मेदारी

दरअसल क्षेत्रीय समाचार पत्र उन रुचियों के प्रति संवेदनशील रहते हैं और संवेदनशीलता उन्हें पाठकों में लोकप्रिय या अलोकप्रिय बनाती है। मेरा यह मानना है कि पाठकों की जरूरतें, रुचियाँ और उनका रहन-सहन समाचार पत्रों के कलेवर और कंटेट्स को प्रभावित करता है। अंशतः हमारी भूमिका उन्हें नई सूचनाओं से विकसित करने और नए माहौल और बदलाव के प्रति सजग करने की हो सकती है। लेकिन उनको 'हिप्नोटाइज़' करके रखने की नहीं। मैं मानता हूँ कि जो अपनी जिम्मेदारियों के प्रति जितना ही स्वस्थ, सकारात्मक और पक्षधर है वह उतना ही राष्ट्रीय है। स्थानीयता के प्रति संवेदनशील होने मात्र से क्षेत्रीय पत्रों पर यह आरोप नहीं लगाया जा सकता कि उनमें राष्ट्रीय चेतना नहीं है। मैं साफ कर दूँ कि किसी भी राष्ट्रीय आन्दोलन या बहस में यह पत्र राष्ट्रीय अखबारों से कभी पीछे नहीं रहे। राष्ट्रीय या अन्तरराष्ट्रीय घटनाक्रमों, अराजनीतिक मुद्दों की प्रस्तुति या विश्लेषण में उन्होंने हमेशा जिम्मेदारी बरती है। महत्त्वपूर्ण राष्ट्रीय मुद्दों पर किसी क्षेत्रीय पत्र ने कभी विकृत दृष्टि का परिचय नहीं दिया है। अपनी सीमाओं के बावजूद इन सारे मामलों में जितनी उदारता क्षेत्रीय पत्रों की दृष्टि में है, वह तथाकथित राष्ट्रीय अखबारों में भी नहीं है। अंग्रेज़ी अखबारों ने अगर कोई बादशाही बना रखी है तो वह इस कारण कि विज्ञापनों पर आधारित उनकी अर्थव्यवस्था क्षेत्रीय पत्रों के मुकाबले मज़बूत है। इस मामले में सरकारें भी उन्हें ही तरजीह देती हैं। आर्थिक संकट क्षेत्रीय समाचार पत्रों को इस प्रतिस्पर्धा में पीछे ला खड़ा करता है। लेकिन अब क्षेत्रीय अखबार भी अपनी शैली बदल रहे हैं। समाचार के अलावा जीवन के हर पहलू को प्रभावित करनेवाले नए और अछूते परिवर्तनों पर उनकी निगाहें भी जाने लगी हैं। जहाँ देश की आत्मा का प्रश्न है वह वंचित जनों और उनकी भाषा में ही बसती है। उस ओर उन अखबारों का पूरा ध्यान है, जिन्हें क्षेत्रीय कहते हैं, अगर इन पत्रों का इन राज्यों से भी प्रकाशन हो रहा है तो क्यों वे अपने साथ आम आदमी की बोलचाल में इस्तेमाल होनेवाली हिन्दी को भी वहाँ नहीं ले जा रहे। यह एक तरह से अपनी भाषा का प्रचार-प्रसार ही तो है, मुझे यह कहने में कोई संकोच नहीं कि पत्रकारिता में एक ऐसा सम्भ्रान्त तबक़ा है जो अंग्रेज़ी का घनघोर समर्थक है। अंग्रेज़ी में उसे सत्ता, प्रभुता, सम्मान, प्रतिष्ठा, पैसा सबकुछ दिखाई पड़ता है। दुर्भाग्य कहें या संकल्पहीनता कि सरकारों को भी उसी अंग्रेज़ी के जरिए दुनिया-भर के दरवाजों पर दस्तक देनी पड़ती है। अपनी भाषा को कमज़ोर करने का षड्यंत्र हमने खुद किया है। अंग्रेज़ जो चाहते थे वह सब इस देश के नेतृत्व ने किया। उनका प्रशासनिक तंत्र उनकी शिक्षा प्रणाली की भाषा, उनकी जीवन शैली इस देश में आज भी है। अंग्रेज़ों के हमारे शासक नहीं होने से क्या फर्क पड़ता है?

वर्नाक्युलर ही है नेशनल

क्षेत्रीय पत्रों ने लोक जीवन, परम्परा, संस्कृति और भाषा को स्थानीय स्तर के साथ

उभारने का जो मौका दिया है वह इस देश में बची रह गई अंग्रेज़ीयत को चुनौती ही है। दरअसल इसका अहसास प्रभुता सम्पन्न तबक़े को है इसलिए 'वर्नाक्युलर' कहकर इस चुनौती को झटक देने का नाटक किया जा रहा है। यह नाटक बहुत देर तक चलने वाला नहीं है। मेरे विचार से क्षेत्रीय आकांक्षाओं की स्वस्थ अभिव्यक्ति ही देश की सभी समस्याओं, अस्मिताओं को सह अस्तित्व के साथ ऊपर उठाने का अवसर दे सकती हैं और यही राष्ट्रीय एकता निरन्तर विकास की भूमिका बनेगी। यह जिम्मेदारी क्षेत्रीय पत्र ही उठा रहे हैं और बेशक यही 'राष्ट्रधर्म' है। इसके निरन्तर विकास को भी इसी सन्दर्भ में देखा जाना चाहिए। जिसे ईलाइट तबक़ा वर्नाक्युलर कह रहा है, वह देश के 70 फीसदी लोगों का सच है। उनमें रहन-सहन और भाषा का सच है। इससे अलग होकर कोई भी व्यवस्था लम्बा जीवन ग्रहण नहीं कर सकती। सच्चे अर्थों में वर्नाक्युलर ही नेशनल है। उसी में अत्यधिक लोकल और ग्लोबल होने की क्षमता है इसीलिए उसका भविष्य है। ●

अब बारी थी ***केदारनाथ सिंह*** *की। केदारनाथ सिंह हिन्दी के शिखर कवियों में से एक हैं। उन्होंने अपनी संक्षिप्त टिप्पणी में क्षेत्रीय अस्मिताओं को रेखांकित किया। कवि केदारनाथ सिंह के पश्चात् हिन्दी के कथाकार* ***गोविन्द मिश्र*** *ने नैतिकता बनाम पत्रकारिता बनाम सत्ता खेल से जुड़े सवाल उठाए। मिश्र ने पत्रकारों को जमकर कटघरे में खड़ा किया।*

केदारनाथ सिंह (कवि) : क्षेत्रीय अस्मिताएँ केवल भौगोलिक स्तर पर ही नहीं, सामाजिक स्तर पर भी हैं। प्रश्न उठता है कि यह क्यों आवश्यकता महसूस होने लगी कि हमारा समाचार पत्र अलग होना चाहिए। स्पष्टतया इसलिए कि जो समाचार पत्र निकल रहे हैं उनसे हमारी आकांक्षा की पूर्ति नहीं होती या हमारी समस्याओं का निराकरण नहीं होता। तो इस तरह की जरूरतें लगातार महसूस की जा रही हैं। अलग-अलग क्षेत्रों में भौतिक धरातल पर भी और सामाजिक स्तर पर भी। इसलिए मुझे लगता है कि क्षेत्रीय समाचार पत्रों का उभार तथाकथित राष्ट्रीय समाचार पत्रों पर एक बहुत सख्त टिप्पणी है अपने आप में और इसलिए यह शायद एक बहुत महत्त्वपूर्ण मसला है जिस पर अलग से गम्भीरता से विचार होना चाहिए। ●

पत्रकारिता और 'पावर' की हवस

गोविन्द मिश्र

हम साहित्यकारों को जो पत्रकारों से जोड़ती हैं वह है नैतिकता। आखिर आप किसलिए अखबार निकाल रहे हैं? आप अखबार में क्या लिख रहे हैं? इसका कुछ मक़सद है? जैसे हम लोग यह कोशिश करते हैं कि बाज़ार या ये कहीं भी जाएँ हमको लिखने के कर्म में ही अपना अर्थ ढूँढ़ना है और वह कर्म निरन्तर चलना है। उसमें सिर्फ दो वस्तुओं का ध्यान रखना है; एक मनुष्य का और मनुष्य जिस पृथ्वी पर रहता है उसका, ये चीज़ मेरे खयाल में पत्रकारों के लिए भी इतनी ही लाजमी है और इसीलिए सम्पादक चाहिए। इसीलिए सारी दुनिया चाहिए। मुझे एक मज़ेदार कतरन मिली अखबार से, इसमें अंग्रेज़ी-हिन्दी का सवाल नहीं है। देखिए, मेलबोर्न में आस्ट्रेलियन टेनिस चैंपियनशिप चल रही है वहाँ का एक 'मेलबोर्न एज़' है जो कहते हैं थोड़ा कनज़र्वेटिव अखबार है। वह एक अपील निकालता है, 'रायल टेनिस युगल आन्द्रेय अगासे और स्टेफी की मौजूदगी से रोमांचित खेल प्रेमियों, यदि आपमें से किसी गिद्ध-दृष्टि रखनेवाले पाठक की नजर में इस प्रेमी जोड़े का कहीं एकान्त में किया जा रहा प्रेमालाप नजर आए तो फौरन हमें सम्पर्क करें।' वह समाज जहाँ प्यार करना कोई बड़ी चीज़ नहीं है, बॉय फ्रेंड रखना कोई बड़ी चीज़ नहीं है, वहाँ एक अखबार जो पुरातनपन्थी माना जाता है जब वह इस तरह से एक-दो व्यक्तियों के प्राइवेट जीवन में घुसने की अनाधिकार चेष्टा करता है तो कौन से मूल्य हैं जिसके लिए आप पत्रकारिता कर रहे हैं? आप तो सिर्फ एक 'प्रोडेक्ट' बना रहे हैं। उस प्रोडेक्ट को आप बेचना चाहते हैं।

साहित्यकार लोग भी दूध के धुले नहीं हैं। दरअसल दिक़्कत सारी यह होती है कि पत्रकारिता भी एक 'पावर' हासिल करना चाहती है और पावर को हासिल करने के लिए मैंने एक पत्रकार को दिल्ली में कहते सुना कि साहब पावर जो है वह खर्च हो जाती है। अगर आपने किसी के खिलाफ़ लिख दिया या किसी के पक्ष में लिख दिया तो उसको होल्ड करिए और जताते रहिए कि आप इधर या उधर लिख सकते हैं और इस दौरान आप वह चीज़ हासिल कर लीजिए जो आप करना चाहते हैं।

सरकारी मकान पत्रकारों को क्यों दिए जाएँ, क्यों मिलें? सरकार बिल्कुल सही इरादे से देती है कि आपको सरकारी नौकर बना लिया जाए और आप उनके गुलाम बने

रहें। मैंने कहा कि मैं साहित्यकार हूँ, मेरा घर भी साफ-सुथरा नहीं है। हमारे यहाँ ऐसे ढेरों साहित्यकार मिल जाएँगे जिनका लिखने से कोई मतलब नहीं है, लेकिन वे पावर हासिल करना चाहते हैं। पुरस्कार समितियों में उनका दखल हमेशा होना चाहिए। वे पत्रिकाएँ निकालेंगे, वे जो सच्चे साहित्यकार नहीं हैं, उनको भी प्रतिष्ठित करना चाहते हैं। तो जो पावर हथियाने की हवस है, जिसमें राजनेता और अफसर इनकी नक़ल करने लगते हैं यही गलत है। हमारा खयाल है पत्रकार या साहित्यकार दोनों जो चाहे क्षेत्रीय अखबार निकाल रहे हों या तथाकथित राष्ट्रीय अंग्रेज़ी का, हिन्दी का या किसी भाषा का हो। वह अपने ध्यान में दो चीज़ों की रक्षा कर सके—एक मनुष्य और दूसरा पृथ्वी। पृथ्वी मैं इसलिए जोड़ रहा हूँ कि जो ग्लोबलाइज़ेशन है इसमें सबसे ज्यादा दिक़्कत यही हुई है कि वस्तुओं के अन्तरसम्बन्ध बिल्कुल खोते चले जा रहे हैं। सिर्फ भौतिकता और भौतिक सफलता के साथ ही आग्रह जो हमारी आधुनिकता के साथ शुरू हुआ उसकी परिणति यह वैश्वीकरण है।

आप लोगों को याद हो कि रशिया में ऐरल लेक थी जो विश्व की शायद सबसे बड़ी चौथी झील थी। अब उसके इर्द-गिर्द क़ज़ाकिस्तान और तज़ाकिस्तान गणतंत्र आ गए हैं। लेनिन ने वर्ष 1919 में कहा था कि हमारे देश को रुई के उत्पादन में आत्मनिर्भर होना चाहिए। अब यह चीज़ उनके बाद के वर्षों में इतनी गम्भीरता से ली गई कि दो नदियों का पानी वहाँ जाता था और जिनसे यह लेक सही सलामत थी उसको सिंचाई के कारण डायवर्ट कर दिया गया। कहने का मतलब यह है कि उसमें एक-चौथाई पानी रह गया है। दुनिया की वह चौथी बड़ी झील थी। दूसरे लोग कहते हैं कि अगले 20 वर्षों में यह विलुप्त हो जाएगी जो तटीय नगर थे वे अब 70 कि.मी. दूर चले गए हैं। और वहाँ की आबोहबा बदल गई है। पशु-पक्षी मर गए हैं और काटन का जो लैंड था आज वहाँ कॉटन भी पैदा नहीं होता। पत्रकारों का ताल्लुक तत्कालीन यथार्थ से है। हम लोग तत्कालीन यथार्थ को उठाते हैं। थोड़ा सा उसको लाँघकर सर्वकालीन की कोशिश भी करते हैं। लेकिन सर्वकालीन पर नज़र रखना पत्रकारों का अधिकार है। मेरा सिर्फ आग्रह इतना था कि इस दौर में जब सबकुछ बहा जा रहा हो वहाँ थोड़ा ठहर कर, अपनी खोज कर यह देखना ज़रूरी है कि हम क्या दे रहे हैं समाज को? ●

उज्जैन से अपनी पत्रकारिता यात्रा शुरू करनेवाले ***आलोक मेहता*** *हिन्दी के उन चन्द एक सम्पादकों में से एक हैं जो अपनी युवा अवस्था में सम्पादक बने। आलोक मेहता ने अपनी सम्पादक यात्रा नवभारत टाइम्स के पटना संस्करण के स्थानीय सम्पादक के रूप में शुरू की। इसके पश्चात् वे दैनिक हिन्दुस्तान के सम्पादक बने और आज वे भास्कर के दिल्ली संस्करण के स्थानीय सम्पादक हैं। आलोक मेहता अपनी 'चुनिन्दा स्पष्टवादिता' के लिए प्रसिद्ध हैं और समन्वयवादी दृष्टिकोण रखते हैं।*

पतन के लिए सम्पादक भी जिम्मेदार

आलोक मेहता

स्वतंत्रता आन्दोलन के समय की पत्रकारिता और आज के बाज़ार की जो चुनौतियाँ हैं उसको ध्यान में रखकर या उसमें जो पत्रकार काम कर रहे हैं या सम्पादक काम कर रहे हैं उनकी क्या समस्याएँ हैं या संघर्ष है उसकी तुलना किस रूप में हो सकती है? स्वतंत्रता आन्दोलन की हर समय की चुनौतियाँ होती हैं। प्रेमचन्द की चुनौतियाँ अलग रही होंगी। उनका सामाजिक परिवेश अलग रहा होगा। आज का परिवेश अलग तरीके का है और जो ख़तरे हैं जो कौल साहब के मूल परिचय की बात है जो असली ख़तरा है वह इससे भी आगे है। मुझे लगता है आप भी इसकी चिन्ता करें।

विदेशी मीडिया के आने से जो दबाव होनेवाला है उसका मित्रों ने थोड़ा सा जिक्र किया। यह भी इससे जुड़ा हुआ मुद्दा है। इसको न भूलें क्योंकि वर्तमान सरकार इस दिशा में बहुत तेज़ी से आगे बढ़ने जा रही है। हो सकता है कि साल-दो साल में हमारे देश पर विदेशी मीडिया का कब्जा हो भी जाए। अब यदि विदेशी मीडिया देश में एक हजार करोड़ रुपए लगाएगा तो देश-भर में 'अमर उजाला' से लेकर जितने भी क्षेत्रीय अखबार हैं, दिल्ली या बम्बई से प्रकाशित होनेवाले अखबार हैं, उनको भी निगल सकता है। वह ख़तरा बाज़ार का ख़तरा हो सकता है। आत्ममंथन करें कि पिछले 50 वर्षों में हिन्दी के अखबार का यदि पतन हुआ तो उसमें सम्पादकों की क्या भूमिका रही है? लखनऊ से जब नवभारत टाइम्स निकलता था और त्रिखाजी स्थानीय सम्पादक थे, राजेंद्र माथुरजी सम्पादक थे, जो योग्यतम थे, लेकिन लखनऊ में लीड में छपा जैनेंद्रजी का निधन और खबर कुछ और छपी। पाँच कालम में लीड थी। तो ऐसी भूलों के लिए भी हम जिम्मेदार हैं। अखबारों का जो पतन हुआ है उसके लिए सम्पादक भी जिम्मेदार हैं। बहुत सही बात गोविन्द मिश्रजी ने उठाई थी। जिन लोगों ने अपनी राज्यसभा सदस्यता के लिए अखबारों का 20-20 साल तक हिन्दी के अखबारों का दुरुपयोग किया उसकी वजह से हिन्दी के अखबार इस स्थिति में आ गए कि प्रकाशक या मुद्रक या मैनेज़र को कंट्रोल करना पड़ा। राष्ट्रीय अखबार आज़ादी के पहले जरूर थे। लेकिन दिल्ली के अखबार की तीन दिन बाद उज्जैन में, बनारस में प्रतीक्षा होती थी। हिन्दी पत्रकारिता में आज बाज़ार का ख़तरा आ रहा है। विज्ञापन की चुनौतियाँ आ रही हैं।

ऐसे में समीक्षा हम पहले अपने आप की करेंगे। जहाँ-जहाँ प्रबन्धकों का वर्चस्व बढ़ा है उसमें सबसे बड़ी भूमिका सम्पादक की भी रही है। ऐसे राष्ट्रीय अखबारों का पतन हुआ उन पर बाज़ार हावी हुआ जब लगा कि उसके सम्पादक अपनी राज्यसभा की सदस्यता के लिए, अपने को साहित्यकार के रूप में प्रतिष्ठापित करने के लिए, उसका उपयोग करते हैं। उसके बाद तो मैनेज़र बैठेगा ही। आज हम न जागेंगे तो कल कोई विदेशी आकर हमारे सिर पर बैठ जाएगा। इस ख़तरे को हम केवल वैचारिक मंथन करके यदि टालेंगे और सही मगर कड़वी बातों को नहीं स्वीकारेंगे, नहीं समझेंगे तो शायद ज्यादा बड़ा ख़तरा आएगा।

कल यहाँ पर एक कार्यक्रम हो रहा था। बहुत अच्छा सांस्कृतिक आयोजन था। हम एक घंटे के लिए बाहर निकले। आज सुबह जब मैंने छह अखबार देखे तो एक पंक्ति भी, एक चित्र भी उस सुन्दर कार्यक्रम का नहीं छपा हुआ था। मेरा नहीं खयाल है कि कोई मालिक ऐसा कहता हो कि ऐसा नहीं छपना चाहिए। कम-से-कम 30 वर्षों में तो मुझे किसी मालिक ने नहीं कहा कि ऐसा नहीं छापें। मैंने इन्दौर के नई दुनिया अखबार में काम शुरू किया। एक स्कूल में एक बड़ा अखबार पढ़ने पर आपत्ति थी और उसको अखबार प्रबन्धकों की ओर से पैसा भी दिया जाता था ट्रस्ट वगैरह के लिए। अखबार के मालिक भी शामिल थे। उसके बावजूद पूरा पृष्ठ उसके खिलाफ़ हमने छापा। तब भी मेरी उम्र 16-17 साल की थी, निकाल सकते थे तुरन्त। ऐसा कोई कांट्रेक्ट नहीं था मेरा अखबार के साथ और मैं परमानेंट एम्प्लाई भी नहीं था। राजेंद्र माथुर भी तब वहाँ थे और उस समय मालिक लोग भी खुद सम्पादक का काम देखते थे। राहुल बारपुते भी थे। स्कूलवालों ने इसका विरोध किया। इन्होंने कभी नहीं कहा। राकेश शर्माजी ने हमसे कहा था कि ठीक है इसके लिए चूँकि जेल भी जाना पड़े तो चले जाएँगे। मैं नहीं काम करना चाहता हूँ तो मैं चाहता हूँ कि प्रबन्धक पर यह डाल दूँ। मैंने जब हिन्दुस्तान की फ़ाइलें देखीं, नवभारत टाइम्स की फ़ाइलें देखीं। आज से तीस साल पहले की, 40 साल पहले की। तब पहले पृष्ठ पर लगभग 6 कालम विज्ञापन छपता था। मेरे पास समय नहीं था। नहीं तो मैं फाइलों से निकालकर ला सकता था। पहले पृष्ठ पर दो कालम की जगह खबरों के लिए होती थी। अब चौथाई किनारे से अधिक के विज्ञापन को कम-से-कम बड़े अखबार पहले पृष्ठ पर नहीं लेते। चाहे वह क्षेत्रीय प्रबन्धक हो, क्षेत्रीय सम्पादक या राष्ट्रीय सम्पादक। तो ऐसा नहीं है कि तब कोई दबाव नहीं होता था। आर्थिक दबाव तो तब भी था और आर्थिक दबाव अभी भी रहेगा। उससे लड़ना तो होगा। कौल साहब की दूरगामी चिन्ताएँ हैं, उससे अवश्य सहमत हूँ। लेकिन यह कहना कि सिनेमा नहीं छापेंगे तो मेरी बेटी अंग्रेज़ी का टाइम्स आफ इंडिया क्यों पढ़ेगी, गलत है। सिनेमा हम भी छापे यह ठीक है। वह अश्लील न हो यह अपने आप में अलग है। हरेक का अपना मानना हो सकता है। मैं हमेशा अपने साथियों से कहता हूँ कि अखबार तीन पीढ़ी के लोग पढ़ते हैं : एक श्रीलाल शुक्लजी की पीढ़ी पढ़ती है, एक मेरी पीढ़ी पढ़ती है, एक मुझसे बादवाली पीढ़ी पढ़ती है। हम

हिन्दी पत्रकारिता को एक कूपमंडूकता से ढँक दें और कहें कि हम विचार दे रहे हैं मेरी ही बात चलेगी और किसी का छापना नहीं है, तुमको पढ़ना ही होगा, तो यह गलत होगा।

समन्वय का रास्ता खोजें

मैं पूजा करता हूँ और बच्चों से कहूँगा कि अगर तुम पूजा नहीं करोगे तो घर से निकाल दूँगा तो हो सकता है कि बच्चे मुझे छोड़कर चले जाएँगे या मैं घर छोड़कर चला जाऊँगा। मेरे पिताजी यज्ञ करते हैं तो उससे आँखों में आँसू आ जाते हैं (धुएँ के कारण) या तो मैं उनसे कहूँ कि आप घर छोड़कर चले जाइए या मैं घर छोड़कर जाऊँ। इसके बीच में समन्वय है। दोनों के बीच ऐसा हो गया कि अच्छा मैं यज्ञ छत के ऊपर करता हूँ ताकि न तुम्हें कष्ट होगा, न मुझे कष्ट होगा। जब तुम्हें अच्छा लगे तुम वहाँ आकर बैठो तो ये हम दोनों के बीच का समन्वय का रास्ता है। वक्ताओं ने कहा भी है कि कई ऐसे साहित्यकार होंगे या कई ऐसे पत्रकार होंगे जो खाली मकान लेकर बैठे होते हैं। 'डमडमडीगा-डीगा' नाम का अखबार निकलता है। हम लोग इस मंच से यह अभियान तो शुरू कर सकते हैं कि कम-से-कम ऐसे अखबारों को मान्यता नहीं मिलनी चाहिए थी। ऐसे कैसे अखबार निकलते हैं कि जिनका कोई अस्तित्व न हो, 'तू चल मैं आया', मतलब कि भारत में हर किसी को अखबार निकालने का हक तो है, लेकिन भारतीय पत्रकारिता का जो पतन हो रहा है जो दबाव बढ़ा है उसकी किसी को फिक्र नहीं। मैं तो अशोक अग्रवालजी की इस बात से सहमत हूँ कि जिलों से अखबार निकाले जाएँ। कारण आप बताएँ कि पहाड़ के जो लोग हैं वे अपनी आवाज़ कैसे व्यक्त करें ? उनके पास बात कहने के लिए लोकल पर्चा निकालने की क्षमता नहीं है; लेकिन 'नवभारत टाइम्स' और 'अमर उजाला' उनके लिए जो पृष्ठ निकालता है तो कम-से-कम उस क्षेत्र की आवाज़ दूसरे क्षेत्र में तो पहुँचती है, उसमें राष्ट्रीय भावना का यदि सम्पादकीय पृष्ठ है उसमें राजकिशोरजी का लेख छपता है, यदि मेरा लेख छपता है, यदि किसी वरिष्ठ पत्रकार का लेख छपता है तो मुझे नहीं लगता कि वह राष्ट्रवाद के खिलाफ कोई बात होती है। क्षेत्रीयता की भावना के साथ राष्ट्रीयता को नज़रअन्दाज न किया जाए। अन्तरराष्ट्रीय जानकारियाँ भी लोगों को मिलें और बाज़ार का जो प्रेशर है इससे लड़ने के लिए केवल हम एक-दूसरे से लड़ते न रहें।

मैं यह मानता हूँ कि मैं सिर्फ एक पुस्तक पढ़ूँगा सिर्फ श्रीलाल शुक्लजी की तो मुझे मालूम ही नहीं होगा कि निर्मल वर्मा ने क्या लिखा है। यदि मैं एक पत्रकार को पढ़ूँगा और एक ही अखबार को पढ़ूँगा तो मालूम ही नहीं होगा कि अन्य अखबार क्या लिख रहे हैं। जब इस तरह की समीक्षा हो, इस तरह की गोष्ठी हो तो आप पढ़ें कि हरवंशजी ने क्या लिखा है, देवदत्तजी ने क्या लिखा है, विष्णु नागर ने क्या लिखा है। नामवरजी के शिष्य हैं, उर्मिलेश, हमारे अखबार में, विष्णु नागर इतने पुराने लेखक हैं। तो बहुत सारे लोग लिख रहे हैं, नवभारत टाइम्स में, अमर उजाला में। क्षेत्रीय अखबारों

में तो ज़्यादा लड़ाई होती है। चूँकि सम्पादकों ने एक-दूसरे का गला काटने का काम किया है इसलिए अखबारों का नाश हुआ है। बाज़ार हावी नहीं हुए हैं। कोई भी विज्ञापनदाता किसी भी अखबार में बन्दूक की नोंक पर जाकर विज्ञापन नहीं छपवा सकता है। जितना एक दुष्ट किस्म का पत्रकार दूसरे पत्रकार की भर्त्सना करते हुए उसके खिलाफ गन्दी चिट्ठियाँ लिखते हुए उसे नष्ट कर सकता है। राजेंद्र माथुर की क्षमता पर प्रश्न चिह्न त्रिखाजी ने लगाया था, मैंने नहीं लगाया था। यूनियन का उपयोग किया गया। हिन्दी के पत्रकार ऐसे नहीं खत्म हुए। 'जनसत्ता' के खिलाफ़ अभियान पत्रकारों ने चलाया था। पत्रकारों में जो गुटबाज़ी है उससे भी पत्रकारों का नाश हो रहा है। बाज़ार का कोई विज्ञापनदाता उनको नहीं रोक रहा है। हिन्दी अकादमी अभी गठित हुई दिल्ली में, तो उन्होंने कहा कि पत्रकार या साहित्यकार को मत रखिए क्योंकि आपस में लड़ते रहते हैं। अच्छा है कि नेताओं को रख लें। जो पत्रकारिता में नेता थे या साहित्य में नेता थे उनको उन्होंने अध्यक्ष बना दिया। असली ख़तरा बाज़ार की जगह अपनी आपस की गन्दगी का है।

हम इस समीक्षा के अवसर पर जब बैठे हैं तो मुझे ऐसा लगता है कि सांस्कृतिक संकट को समझना है। विदेशी बीमा कम्पनियाँ भारत में इसलिए नहीं आईं कि खाली विदेशी कम्पनियों के हाथ में सरकार चल रही है। चूँकि भारत के पूँजीपति चाहते हैं कि बीमा कम्पनियाँ जो विदेशों से आएँ वे हमें पार्टनरशिप में लें। हमारे यहाँ कई लोग खुद इस बात की अपील करनेवाले हैं, जो खुद यही कहते हैं कि विदेशी मीडिया आ जाए तो हमारा भला होगा। चूँकि तब मेरी तनख्वाह हिन्दी का अखबार होते हुए भी तीन लाख (सालाना) तो हो जाएगी। हर नया पत्रकार चाहता है कि वह सीधे अन्तरराष्ट्रीय विषय केनिया पर लिखे। मैं जब उनसे कहता हूँ कि झाबुआ के बारे में लिख दे भाई। दफ्तर में जाकर लिखना चाहेगा। कहता है वहाँ (झाबुआ) नहीं जाना, यहीं पर लिखने के लिए कुछ दे दीजिए। अटलबिहारी वाजपेयी का इंटरव्यू मुझे करने दीजिए। जबकि मराठी, मलयाली, गुजराती में समझता हूँ कुछ इस तरह के काम होते हैं और क्षेत्रीय अखबार इस तरह के काम हमसे भी ज्यादा अच्छा करते हैं। आपने देखा होगा कि कई बड़े-बड़े सम्पादकों को सिक्यूरिटी मिलती रही है, लेकिन जो ज़िले में काम करता है, बिहार में काम करता है, राजस्थान में काम करता है उसको कोई सिक्यूरिटी नहीं होती। उसको कभी भी कोई गोली मार सकता है। लेकिन उसके लिए तो तैयार रहना होगा और रहना चाहिए। जेल जाने के लिए भी और गोली खाने के लिए भी। यदि मैंने लालू यादव के खिलाफ़ या आडवाणी के खिलाफ़ लिखा है और मुझे बाहर निकलने के बाद इस विधान सभा भवन से यदि गोली मार देते हैं, तो इसके लिए मुझे अफसोस नहीं होना चाहिए। मैंने ये काम करना चुना है (तालियाँ)...मुझे किसी ने जबर्दस्ती पत्रकार नहीं बनाया है। लेकिन, तब त्रिखाजी झंडा लेकर आ जाएँगे कहेंगे कि पत्रकारिता ख़तरे में है। कोई ख़तरे में नहीं है। जब हिमालय में, कारगिल में जो मरता है वह क्या जुलूस निकालकर कहने आता है कि मेरी जान ख़तरे में है। लेकिन हमारे

पत्रकार यूनियन बनाकर केवल यह काम करते हैं कि झंडा लेकर काम करेंगे। अखबार बन्द कराने के लिए, अखबार चलाने के लिए नहीं। इसकी वजह से अखबारों का नाश हुआ है (तालियाँ...) और बाज़ार का दबाव जब आएगा तो अखबार के पास पैसा ही नहीं होगा। चन्दन मित्राजी खुद अखबार के मालिक भी हो गए। वे सम्पादक भी थे। एम.जे. अकबर खुद सम्पादक थे मालिक हो गए। जब मालिक हो जाते हैं तो उनका रोल भी अलग हो जाता है। अब लोग कहते हैं कि प्रमोद महाजन पैसा दे रहे हैं, इसलिए चल रहा है। यदि मैं अखबार निकालूँगा दिग्विजय सिंह मुझे पैसा देंगे तो उसके बाद क्या होगा? उस दबाव से यदि बचना है तो एक मध्यमार्गी रास्ता निकालना होगा। मेरा ऐसा खयाल है मैं कम उम्र का व्यक्ति हूँ। आप लोग अनुभवी हैं। एक मंथन का अवसर है। उसमें यह सोचें। कम-से-कम अपनी आचार संहिता के लिए कुछ कहें, बाज़ार के ख़तरे से निपटने के लिए कुछ कहें। विदेशी बहुराष्ट्रीय कम्पनियों के खिलाफ़ लिखें और उनका भी स्वागत हर पूँजीपति इस तरह से नहीं करेगा। डब्ल्यू.टी.ओ. के खिलाफ लिखने से कोई नहीं रोकता। राजेंद्र माथुर जब 'नई दुनिया' में थे तो क्षेत्रीय अस्मिता, क्षेत्रीय सवाल से ही वह अखबार आगे बढ़ा, लेकिन राष्ट्रीय-अन्तरराष्ट्रीय विषय पर उस समय का कोई अखबार नहीं था। दिल्ली का 'नवभारत टाइम्स' और 'हिन्दुस्तान' भी नहीं था। उसका कारण यह है कि आप क्षेत्रीय हितों को ध्यान में रखकर राष्ट्रीय बात को रख सकते हैं और राष्ट्रीय हितों को ध्यान में रखकर क्षेत्रीय हितों को भी पूरा कर सकते है। लेकिन उसमें रुकावट बाज़ार से अधिक हमारे अपने हिन्दी क्षेत्र की गन्दी राजनीति की है। सत्ता के खिलाफ़ उससे फेवर न लें, उसके खिलाफ़ संघर्ष करें। भूमंडलीकरण के खिलाफ़ वातावरण जरूर बनाएँ। जो विदेशी कम्पनियाँ भारत में आकर सारे बच्चों का जीवन खराब कर रही हैं, उसके खिलाफ तो साहित्यकार पत्रकार को लड़ना होगा। एक निरन्तर प्रक्रिया है वह मेरी आपकी गोष्ठी या लेख लिखने से नहीं होती। इसका निरन्तर अभियान होना चाहिए। ●

*विमर्श के दूसरे सत्र में **जवाहरलाल कौल** ने हस्तक्षेप किया क्योंकि कई वक्ताओं की आलोचना के वे निशाना बने थे। अतः उनके लिए हस्तक्षेप करना जरूरी हुआ। प्रबन्धक **राकेश शर्मा** ने भी संक्षिप्त हस्तक्षेप किया लेकिन इन दोनों के पश्चात् स्टार वक्ता रहे मीडिया विशेषज्ञ **सुधीश पचौरी**। सुधीश पचौरी पिछले डेढ़ दशक से निरन्तर मीडिया के विभिन्न पहलुओं पर लिखते आ रहे हैं। यद्यपि डॉ. पचौरी मूलतः आलोचक हैं। डॉ. पचौरी की विशेषता यह है कि वे न भूमंडलीकरण से भयभीत हैं और न ही टेक्नॉलॉजी से आतंकित हैं। वे ठोस यथार्थ को सामने रखकर अपना तर्कजाल बुनते हैं।*

अखबार भी चुनता है अपना पाठक

जवाहरलाल कौल

अभी त्रिखाजी ने यह कहा था कि विज्ञापन का वर्चस्व या सम्प्रभुता स्थापित नहीं हुई और जिसको रमेशजी ने स्वीकार नहीं किया। दरअसल, इसको थोड़ा सा विस्तार से समझने की जरूरत है। विज्ञापनदाता कभी नहीं कहता कि अमुक लेख छापो या उस तरीके से आप छापो तब मैं विज्ञापन दूँगा। ऐसा कभी-कभी होता है, अक्सर नहीं। एक मिसाल लीजिए; कानपुर में 'आज' और 'दैनिक जागरण' के बीच मूल्य की लड़ाई चल रही है। 'जागरण' डेढ़ रु. में पहुँच गया और 'आज' ने घटाकर एक रु. कर दिया। उस एक रु. और डेढ़ रु. के चक्कर में दोनों का स्तर काग़ज़ वगैरह-वगैरह गिरता गया, लेकिन फिर भी आज एक रु. करने के बावजूद विज्ञापन 'जागरण' को ही ज्यादा मिलता है। वजह साफ है 'जागरण' को शहर का अखबार माना जाता है और 'आज' को देहात का माना जाता है। विज्ञापन अखबार को कैसे प्रभावित करते हैं ये इसका तरीका है। यानी आज पाठक सिर्फ अखबार नहीं चुनता, अखबार भी पाठक चुनता है। और यह इसलिए कि विज्ञापनदाता चाहता है कि आपको ऐसे पाठक चाहिए जो उसका माल खरीदें, शहर का हो, अंग्रेज़ी तौर तरीके जानता हो या मॉडर्न एक्वपमेंट इस्तेमाल करता हो। उसमें देहात का आदमी अमीर हो, पैसेवाला भी हो तो भी वह उसके मुकाबले कमजोर है। अखबार इस तरह पाठक का चुनाव करते हैं। इसलिए हर अखबार नागर होता जा रहा है। क्षेत्रीय अखबार जो राष्ट्रीय बनते जा रहे हैं और उनको राष्ट्रीय मानने में मुझे कोई आपत्ति नहीं है और वह अपने उप क्षेत्र से छोटे-छोटे अंचलों से जिलों से अपने संस्करण छापते हैं, वह भी देहाती अखबार नहीं हैं। वह भी वहाँ के कस्बों और शहरों के भी अखबार हैं। वह भी गाँव नहीं जाते, क्योंकि खरीदार वहाँ नहीं हैं। जहाँ खरीदार हैं, वहीं पाठक़ हैं। दूसरी बात यह है कि त्रिखाजी ने कहा कि वीडियोकॉन ने इलेक्ट्रॉनिक्स गुड्स की नुमाइश की। उसका विज्ञापन दिया साथ में एक औरत जिसके कपड़े उतरे थे, बताई गई। लेकिन, विज्ञापन हर किसी वस्तु का नहीं होता, जिस वस्तु से जो छवि बनती है उसका होता है। टामसन जो फादर आफ मॉडर्न एडवर्टाइज़मेंट हैं ने कहा है कि छवि बेचो, चीज़ क्या बेचते हो ? आपको गाड़ी बेचनी है तो उसके सामने खूबसूरत लड़की को खड़ा कर दो। उसमें कोई अचरज की बात नहीं है कि वीडियोकोन ने यह किया। वह तो होना ही था। जब आप उसे अपना

लेते हैं, तब उसे छापते हैं। तो विज्ञापन भी अपने आपमें एक सामग्री है। वह भी एक लेख है। उसे भी पाठक पढ़ता है और उससे भी उसका मन बनता है। यही मेरा आशय था। मेरा आशय यह नहीं था कि एड एजेंसीवाले जाकर रमेशजी से कहें कि आप ये छाप दो। ऐसा तो होता नहीं। जब हम इसमें काम करते थे तब यह समस्या आ जाती थी। बहुत झगड़े होते थे। खासकर रघुवीर सहायजी तो अड़ जाते थे ऐसे मामलों में कि यह करेंगे, वह नहीं करेंगे। एक बार विज्ञापन आया अंग्रेज़ी में। उन्होंने हठ पकड़ ली कि अंग्रेज़ी में नहीं छापना है, तो हमने कहा कि भई, ठीक है, कम्पनी चाहती है रंगीन विज्ञापन। तो कुछ रास्ते निकालो। हमने कहा, आप अच्छे कवि हैं, आपकी भाषा बहुत अच्छी है। इसका आप अनुवाद करें और अनुवाद उन्होंने बहुत अच्छा 'किया। नेरोलेक का था। अब भी उसकी कटिंग मेरे पास है। बहुत ही खूबसूरत हुआ। उसके मार्केटिंग मैनेज़र ने बाद में लिखा था कि बहुत अच्छा हुआ है। ये सब हो सकता है। लेकिन, अक्सर विज्ञापनदाता सीधा हस्तक्षेप नहीं करते। हस्तक्षेप मैनेज़मेंट और सम्पादक करते हैं। दूसरी बात जो उद्योग और वैश्वीकरण की बात रमेशजी ने उठाई है, अब उद्योग होना कोई बुरी बात नहीं है, लेकिन जो डिबेट है कि यह इंडस्ट्री के अतिरिक्त भी कुछ है या उद्योग के अतिरिक्त भी कुछ है, अगर कुछ नहीं है, उद्योग के अतिरिक्त तब सामाजिक दायित्व भी नहीं है। अब खाली जूता बनाना या साबुन बनाना या कपड़ा बनाना और अखबार बनाना एक ही चीज़ है और आप नियम तोड़िए तो आपको कानून पकड़ ले जाएगा। बाकी और कोई दायित्व आपका नहीं है। ●

राकेश शर्मा (प्रबन्धक) : मैं मानता हूँ कि क्षेत्रीय अखबारों ने पिछले 10 साल में जो पराक्रम दिखाया है वह बहुत प्रशंसनीय है। बल्कि, क्षेत्रीय अखबारों ने जो राष्ट्रीय अखबारों का घेराव कर दिया है दिल्ली से बाहर निकलने की हिम्मत नहीं हो पा रही है राष्ट्रीय अखबारों की। उन्हें चारों ओर से घेर लिया है यह सही है। लेकिन मैं पूछता हूँ कि प्रचार संख्या बहुत हो गई है और क्षेत्र विस्तार भी हुआ है। बहुत बड़े इलाके में फैल गए, अख़बार लेकिन क्या उनकी मानकता, उनकी गुणवत्ता में यह प्रतिबिम्बित हो रहा है?

क्या पत्रकारिता यज्ञ है ?

सुधीश पचौरी

हर 10 साल में 6 करोड़ आदमी हिन्दीभाषी बढ़ा है। हर 10 साल के आवर्त्त में 6 करोड़ आदमियों का इज़ाफ़ा हुआ है। ग्लोबलाइज़ेशन पर क्या हम कोई ऐसी मीडिया थ्योरी विकसित कर रहे हैं, जो इसके विकल्प में हो, यानी ग्लोबलाइज़ेशन के अलावा भी कोई और माहौल है? क्या यह हमारे अस्तित्व की शर्त है या षड्यंत्र है? तो जाहिर है हमें उससे लड़ना है। एक छोटा सा सवाल था। माखनलाल चतुर्वेदी विश्वविद्यालय के कुछ छात्र खड़े थे। मैंने उनसे एक बात पूछी कि भाई आप लोगों को कुल कितना एक माह का खर्चा करना पड़ता है तो उन्होंने बताया कि साहब हमारी फीस 24,000 रुपए दो 'साल' की है। मैंने कहा कि इसके अलावा आपके ऊपर कितना खर्च आता है तो उनका एवरेज एक से डेढ़ लाख रु. प्रति छात्र खर्चा आता है। अगर हम इसे राउंड फिगर बना लें तो पौने दो लाख रु. के करीब प्रति विद्यार्थी 'इन्वेस्ट' करता है। वो एक व्यावसायिक दक्षता हासिल करना चाहता है। क्यों ? मैंने उनसे पूछा कि आगे क्या करोगे? सन्त बनोगे या पेशा करोगे जर्नलिज़्म का? तो बोले कि सन्त से तो कुछ होना नहीं है। मैंने कहा कि आप यह बताएँ कि इस डिग्री से आपके इस पेशे का क्या ताल्लुक है? पौने दो लाख रुपया आपने इस पर खर्च किया। अगर आप इसको बैंक में डाल दें तो एक न्यूनतम ब्याज आपको मिल सकता है। जबकि आप इसे पास करके हो सकता है कि डेढ़ हजार रु. की नौकरी भी नहीं पा सकें। मेरा प्वाइंट यह है कि उद्योग है, लेकिन हमारे अनुकूल क्यों नहीं है? बाज़ार है, हम उससे घृणा भी नहीं करते हैं, लेकिन बाज़ार हमारे अनुकूल क्यों नहीं है?

चिन्ता का प्रश्न यह है कि यह जो बच्चे हैं जिन्होंने पौने दो लाख रुपए खर्च करके पत्रकारिता की शिक्षा ग्रहण की है, हमारे आज के प्रस्ताव में उनके लिए कौन सा रास्ता है? क्या वे किसी यज्ञ में जा रहे हैं जिसमें आहुति डाली जाएगी ? एक पवित्र यज्ञ है पत्रकारिता जिसमें आहुति डालते जाइए, रिटर्न कुछ नहीं चाहिए। अगर ऐसा अर्थशास्त्र है तो शर्म किस बात की ? आखिर हम एक अर्थव्यवस्था में जीते हैं। अगर, अखबार नहीं निकलेगा तो मैं यहाँ नहीं आ सकता था...। मेरा खयाल है कि क्या मैं इन बच्चों को कोई 'फ्यूचरिस्टिक थ्योरी' दे सकता हूँ। मीडिया की यानी इंटरनेट के इस जमाने में हम बहस किस बात पर कर रहे हैं कि अखबार क्षेत्रीय हो गए, या क्या

हो गए ? अभी मध्य प्रदेश में एक योजना आई है। सूचना देने की योजना। कुछ इलाकों में वह शुरू हुई है। उसमें खसरा, खतौनी के नम्बर किसानों ने माँगे तो 15 रु. की फीस दे करके वह उनको मिल गए। किसी ने दाम पूछे कि किस बस्ती में आलू के क्या दाम है? उसको मालूम पड़ जाएगा कि किस बस्ती में आलू का क्या दाम है। यों यह जो सूचना ने नए 'स्पेस' बनाए हैं। अगर हम अखबार को एक इकोनॉमिकल प्रस्ताव मानते हैं, एक आर्थिक प्रस्ताव मानते हैं, एक उद्योग मानते हैं तो मैं एक छोटी सी बात कहता हूँ कि जब यह लड़के प्रशिक्षु बनते हैं तो इतना तक नहीं है कि हमारे संस्थान, अखबारों के दफ्तरों में 3 माह के लिए इन बच्चों को जाने देने के लिए गारंटी मिल सके। जो एक पर्चा उनको प्रैक्टिकल तैयार करना पड़ता है, उस प्रैक्टिकल के लिए ये बच्चे रेडियो में जा सकते हैं, टी.वी. में जा सकते हैं और 3 माह की ट्रेनिंग के लिए उन्हें तरसना पड़ता है। प्रभावशाली व्यक्तियों के यहाँ चक्कर लगाना पड़ता है। आप एन.आर.एस. उठा लीजिए, आप आई.आर.एस. उठा लीजिए और अभी एन. सी.ए.ई.आर. की द व्हाइट बुक 1997 से 2007 तक का जो प्रोडक्शन है कंज्यूमर्स प्रोडक्शन का उन्हें उठा लीजिए। वे बेहद सकारात्मक ढंग से समाज की प्लानिंग कर रहे हैं। वह यह कह रहे हैं कि 25 प्रतिशत कंज्यूमर गुड्स सिर्फ गाँव में बिक रहा है। हम पता नहीं किस गाँव की बात कर रहे हैं?

'टाइम्स आफ इंडिया' एक अरसे से नव-धनाढ्य वर्ग को टारगेट कर रहा है और उसने इस कदर उसमें अपना अन्तरसम्बन्ध स्थापित किया है कि उससे उनका पैसा बढ़ा है। अब इस पर भी रमेश चन्द्रजी क्षमाप्रार्थी हो रहे हैं तो जाहिर है कि वह सज्जनता की वजह से हो रहे हैं या फिर से सोच रहे हैं कि मैं आईसोलेट न हो जाऊँ। लेकिन हमें बात करनी चाहिए। लेकिन मैं बार-बार यह पूछूँगा कि ये माखनलाल विश्वविद्यालय के बच्चे क्या करेंगे? पौने दो लाख रुपया दो साल में खर्चा करने के बाद इस बच्चे के लिए आपके पास में कौन सी थ्योरी है? ●

नई दिल्ली से प्रकाशित नवभारत टाइम्स के सम्पादक ***मधुसूदन आनन्द*** *कवि, साहित्यकार और पत्रकार हैं। इस अखबार में उन्होंने अपने पत्रकारिता जीवन की लम्बी अवधि बिताई है और धारा के विरुद्ध तैरने से वे सदैव संकोच करते रहे हैं।*

मध्यमार्ग अपनाने की जरूरत

मधुसूदन आनन्द

अगर अखबार एक आविष्कार था तो जैसे ही उसका प्रचलन बढ़ा उसके साथ पूँजी जुड़ गई और जब पूँजी जुड़ जाती है तो उसके अपने तर्क होते हैं। उसमें अपने लाभ-हानि के समीकरण होते हैं। अखबार कोई इसलिए नहीं चलाएगा कि समाज सेवा उससे होगी। अगर यह मान करके हम चल रहे हैं तो गलत है। जिस आधार पर हमने इस गोष्ठी का आयोजन किया है उसका तात्पर्य यह है कि 'बाज़ार का नया अवतार और भारतीय पत्रकारिता'। मैं समझता हूँ कि इसका विषय होना चाहिए था 'अपसंस्कृति का ख़तरा और पत्रकारिता' तो शायद ज्यादा अच्छा होता क्योंकि शुरू से ही अखबार एक पूँजी के साथ चले हैं। ऐसा नहीं है कि फोकट में अखबार शुरू कर दिया। अगर फोकट में अखबार शुरू किया गया तो पर्चे बाँटे गए। लोगों तक पहुँचाए गए, सूचनाएँ पहुँचाई गईं। लेकिन जब अखबार की अवधारणा जन्मी तो उसके साथ पूँजी जुड़ गई और जो व्यक्ति पूँजी लगाता है तो वह चाहेगा कि उस पूँजी का प्रतिफल (ब्याज) उसको मिले। आज़ादी के आन्दोलनों के समय में हमारा एक ध्येय था। हम चाहते थे कि भारत को आज़ादी मिले और उसके लिए हमारे अखबारों ने काम किया और एकजुट होकर काम किया। आज़ादी के बाद भी जो आजादी के संघर्ष के मूल्य थे वो बचे रह गए थे और उन मूल्यों के सहारे लोग पत्रकारिता कर रहे थे, जो बहुत अच्छी बात थी। लेकिन जैसे-जैसे पूँजी का प्रचलन बढ़ा, अखबारों का प्रसार बढ़ा वैसे-वैसे उसमें जो पूँजी का तत्त्व है वह ज्यादा प्रभावी हो गया और इसलिए अखबारों से यह अपेक्षा करना कि वो अब पूँजी न कमाएँ, सब तरह के समझौते न करें और सम्पादक आज जो चाहे वो दे, ऐसी कल्पना करना आज के जमाने में सम्भव नहीं है।

विदेशों में अखबार आज 100-100 पेज के होते हैं। एक सम्पादक 100 पेज का अखबार देख नहीं सकता। 10 पेज पढ़ना भी उसके लिए मुश्किल है। इसलिए अलग-अलग सेक्शन के अलग-अलग सम्पादक वहाँ होते हैं। उसके ऊपर देखने, समन्वय करने के लिए किसी व्यक्ति को रखा जाता है जो चला आ रहा है। जो दूसरी पत्रिकाएँ-अखबार हैं, लंदन, अमेरिका से जो छपते हैं, उनका एडिटोरियल बोर्ड बहुत विशाल होता है। तो अब सिर्फ एक सम्पादक नाम का व्यक्ति सारी चीजों को नियंत्रित-

नियमित कर लेगा, ऐसा सम्भव नहीं होगा। इसलिए भी सम्भव नहीं होगा कि अब जो मनुष्य बन रहा है वह 'सूचना मनुष्य' बन रहा है। आपके देखते-देखते 10 सालों में कितने टी.वी. के चैनल हो गए हैं, कितने अखबार ज्यादा हो गए हैं। अभी प्रयोग चल रहे हैं कि 500 चैनल शुरू किए जाएँ और जो व्यक्ति का समय है उसको भरने के लिए चैनल का उपयोग होगा। तो उनके लिए जो इनपुट डाली जाएगी वह कहाँ से आएगी? जब वो इनपुट डाली जाएगी तो उसका प्रतिफल जो चैनल के लोग हैं, वह चाहेंगे। इसी तरह जब अखबार दूर-दूर तक जाएगा, उसकी पृष्ठ संख्या बढ़ेगी तो वह भी यह चाहेंगे कि उसको मुनाफा मिले। हाँ, लेखक, सम्पादक का सामाजिक दायित्व है और वह भरसक इस बात की कोशिश करता है कि वह काम करे। लेकिन उसको इस बात का ध्यान रखना चाहिए कि जितने पत्रकार हैं वो कहीं-न-कहीं नौकरी कर रहे हैं और उनको उसी दर्शन से अखबार निकालना होता है जो उनके संस्थान का दर्शन है। अगर कोई यह कहता है कि हमें छूट मिली है कि हम जो चाहें निकालें तो मैं समझता हूँ कि वह गलत कह रहा है। कहीं-न-कहीं उसको यह समझा दिया गया है कि आपको इस तरह का अखबार निकालना है और उसी तरह का अखबार आप निकालते हैं। इसलिए खतरा जो है वो यह नहीं है कि बाज़ार किस रूप में आ रहा है। बल्कि यह है कि अपसंस्कृति जो आ रही है उससे कैसे निपटा जाए?

बाज़ार तो शाश्वत है। हमेशा मनुष्यता के इतिहास में बाज़ार रहा है और वो रहेगा। उसके नए-नए तर्क आएँगे। बाज़ार अपने तर्क-सिद्धान्त खुद गढ़ेगा, आपको उनके अनुरूप बनना है एवं उसमें से रास्ता निकालना है, आप चाहते हैं कि बाज़ार को बदल दें, तो वह बदलना आपके बस की बात नहीं है। क्योंकि कोई एक व्यक्ति बाज़ार नहीं बना रहा है, तमाम देश, संस्थाएँ और लोग मिल करके बाज़ार बना रहे हैं। उनका अपना एक नियम बन गया है जिसको आप बदल नहीं सकते। अगर आपको बदलना है तो उस बाज़ार के साथ तालमेल करना होगा। यह देखना होगा कि कैसे उस बाज़ार के साथ तालमेल करके जनता को शिक्षित कर सके, पूँजीपति को जो लाभ मिलना चाहिए वह लाभ भी मिले और अपसंस्कृति का बोलबाला भी न हो। इस मध्य मार्ग पर आपको चलना होगा। यह ध्यान में रखनेवाली बात है।

बाज़ार का जो बड़ा ख़तरा बताया जा रहा है वह ख़तरा आनेवाले दिनों में बहुत बढ़नेवाला है। इसलिए इस पर विलाप करने के बजाय हमें यह सोचना चाहिए कि हम इस ख़तरे के बीच से कैसे अखबार निकालते रह सकेंगे? क्योंकि अखबार बढ़ तो रहे हैं। लेकिन यह भी लग रहा है कि नए लोगों को नौकरियाँ मिलेंगी कि नहीं। यह सारी चर्चा की जानी चाहिए। ●

विमर्श के दूसरे दौर में **देवदत्त** ने जमकर हस्तक्षेप किया। सत्ता और पत्रकारिता को अलग-अलग करने की माँग की। इसके पश्चात् राष्ट्रीय सहारा के सम्पादक **विभांशु दिव्याल** ने अपना संक्षिप्त वक्तव्य रखा और कुछ सार्थक पत्रकारिता करने की बात कही। अपराह्न विमर्श का आकर्षण **प्रो. अरुण कुमार** रहे। अर्थशास्त्री अरुण कुमार ने अपने लम्बे वक्तव्य में बाज़ारवाद, टेक्नॉलॉजी, लोकतंत्र और मीडिया के अन्तरसम्बन्धों का विश्लेषण किया और संगोष्ठी के सामने सवाल रखा कि क्या भारत को विश्व व्यापार संगठन से अलग हो जाना चाहिए या इसका कोई तोड़ तलाशना चाहिए ?

प्रो. अरुण कुमार के पश्चात् भास्कर के इन्दौर संस्करण के स्थानीय सम्पादक **श्रवण गर्ग** की कुछ टिप्पणियाँ काफी उत्तेजक थीं। उन्होंने अपने जोशीले भाषण में अखबार की तुलना 'जूते' से कर डाली। दूसरे शब्दों में अखबार जूता या साबुन की तरह एक उत्पाद है।

सत्ता और पत्रकारिता को 'डी लिंक' करें

देवदत्त

इंडियन मास कम्युनिकेशन इंस्टीट्यूट में जो नए विद्यार्थी थे। उनके चयन के लिए हर वर्ष साक्षात्कार होते रहे हैं। तीन वर्ष दिल्ली में मुझे इसकी कमेटी में बैठने का मौका मिला। 90 प्रतिशत जो विद्यार्थी आते थे उनसे हम सवाल पूछते थे कि तुम क्यों पत्रकारिता में आना चाहते हो? तो उनकी अपेक्षा थी कि इससे समाज में इज़्ज़त है, ताकत है, जो पत्रकार है, उसकी कलम में ताकत है, कुछ लोग कहते थे कि कलम से सामाजिक क्रान्ति हो जाएगी। कुछ कहते थे कि पत्रकार को समाज के अन्दर काफी स्टेट्स मिलता है इसलिए हम इस पेशे को अपनाने आए हैं। इस तीन साल में 400-500 विद्यार्थियों के साक्षात्कार से मैं समझा और उस मास कम्युनिकेशन इंस्टीट्यूट में इस विचार से आए हुए 90 प्रतिशत लोगों की ब्रीफिंग करने का मौका मिला। आप बाज़ार के जनरेशन की बात कहते हैं। जब इस दृष्टिकोण से चाहे राजनीतिक हो, आर्थिक हो, इस दृष्टिकोण से पत्रकारिता में आना और इस दृष्टिकोण से आई.ए.एस. में आना, इसमें बहुत फर्क है। पत्रकारिता का एक अपना धर्म है, अच्छा या बुरा, सही या गलत, जैसे डॉक्टरों का है। हर पेशे का अपना एक धर्म है। हमारे प्रशिक्षण में उस धर्म के बारे में कोई कोशिश नहीं है जिससे कि आप उसके दिमाग पर जोर डाल सकें। यह बाज़ार का सवाल नहीं है। मैं आपसे कहता हूँ कि सत्ता और पत्रकारिता को 'डी-लिंक्ड' करना चाहिए और पत्रकारिता बिरादरी को अपने ही मापदंड से इन बच्चों को कंडीशन करने की व्यवस्था करनी चाहिए। मैंने देखा है कि पत्रकारिता की पदवियाँ लेने के बाद ये छात्र बिल्कुल लावारिस की तरह सड़कों पर घूमते हैं। मैं सैकड़ों नए बच्चों को देखता हूँ। वे प्रभाष जोशी के पास नहीं जा सकते, क्योंकि उनकी एक इमेज है, वह चाहें कितने भी मिलनसार हो, लेकिन जो उस बच्चे का प्रश्न है आपके कान तक नहीं पहुँच सकता। क्योंकि आपके पास फुर्सत नहीं है। व्ही.जी. वर्गिस को देखने के लिए वक्त चाहिए कि कहाँ हैं ? वर्गिस साहब, कुलदीप नैयर, आम रूप से दिखते नहीं हैं। जो पत्रकार हैं, समाज के अन्दर घुल-मिल करके नहीं रह सकते क्योंकि उनका काम ही ऐसा है। जो सीनियर हैं, उनकी अपनी जिम्मेदारियाँ हैं। जो मिडिलवाले हैं उनकी भी अपनी जिम्मेदारियाँ हैं। फिर यह लावारिस जनरेशन कहाँ जाएगी ? कौन से उनके रोल-मॉडल हैं, कैसे वो देखेंगे? यह एक समस्या है जिसका

बाज़ार से कोई ताल्लुक नहीं है। यह एक ऐसी समस्या है जिसका हमारी बिरादरी से ताल्लुक है जिसके दृष्टिकोण को हम तलाश नहीं कर सकते हैं। लेकिन कंडीशन कर सकते हैं। बाज़ार एक कंडीशन है और पत्रकार एक ऐसे व्यवसाय हिस्से का हिस्सेदार है जिसका परिवार उस कंडीशन से त्रस्त है। बाज़ार घरों में घुस गया है, इसलिए जीवन शैली का सवाल उठता है कि क्या एक बिजनेसमैन की जीवन शैली, एक पत्रकार की जीवन शैली किसी और इंटरप्राइज की जीवन शैली में कुछ फर्क होना चाहिए? यह सेल्फ सेंसर की बात है और यह सेल्फ सेंसर आदमी खुद नहीं कर सकता जब तक बिरादरी न हो। इसलिए कौल साहब ने जो सवाल उठाया है वह एक ख़तरे के रूप में अच्छा है। लेकिन ख़तरे अन्दर भी हैं।

ज़रूरत है सामूहिक लक्ष्य की

विभांशु दिव्याल

काम करनेवाले पत्रकार की भी समस्या है, सम्पादक की भी समस्या है, मालिक की भी अपनी समस्या है। यह सारी समस्याएँ और क्षेत्रीयता और राष्ट्रीयता के बहुत सारे सवाल हैं जो केवल हिन्दी पत्रकारिता में नहीं, सारी भारतीय पत्रकारिता में उमड़ रहे हैं। उन पर लगातार चर्चा भी होती है। लेकिन, जो नियति तय हो गई है, अखबारों का जो चरित्र इन दिनों विकसित हुआ है उससे चरित्र के मुताबिक ही चलने के लिए निश्चित रूप से मालिक की बात करें। अगर वो 'प्राइज़ वॉर' नहीं करेगा, तो विज्ञापन कहाँ से जुटाएगा और कैसे वह अपनी अर्थव्यवस्था और अपने अखबार के वर्चस्व को कायम रखेगा? जाहिर बात है कि जब उसे यह करना है तो उसे वही सम्पादक चाहिए जो उस लक्ष्य की पूर्ति करे। जो सम्पादक है उसे वही पत्रकार चाहिए जो उसके साथ चले। उसी तरह से जब उसे वह पत्रकार चाहिए तो निश्चित रूप से वह सम्पर्क भी साधेंगे। कौल साहब को और देवदत्तजी को प्रधानमंत्री ने देख लिया तो वह खुश भी होंगे।

आलोकजी की बात से मैं काफी कुछ सहमत हूँ और काफी कुछ असहमत। ऐसा नहीं है कि हर बार सम्पादक का ही दोष रहा हो जिसकी वजह से उसको हटाया गया हो। यह भी सही है कि हर बार सम्पादक की सनक मालिक को असहनीय हुई है। यह आन्तरिक समस्याएँ हैं। उसी तरह से आज जो छात्रों की समस्याएँ हैं। कि जो बहुत सारे विद्यालय खुल गए हैं, रोज़गार कहाँ मिलेगा? इतने अखबार, पत्र-पत्रिकाएँ तो खुल नहीं रहे हैं। टी.वी. चैनल भी उतने नहीं खुल रहे हैं। तो जाहिर है कि छात्रों के सामने बेरोजगारी की समस्या आएगी, परन्तु बेरोजगारी सभी जगह है। किसान भी बेकार हो रहा है, पढ़े-लिखे व्यक्ति भी बेरोजगारी झेल रहे हैं। यह तो पूरे देश की अर्थ-व्यवस्था का सवाल है और आज उस सवाल को धीरे-धीरे, नई बाज़ार व्यवस्था से भी जोड़ करके देखा जा रहा है। यह भी निष्कर्ष है। अरुण कुमारजी बैठे हुए हैं, वह बताएँगे कि जो नई बाज़ार व्यवस्था आ रही है उसने हमारे सामने कितने सारे संकट पैदा किए हैं। लेकिन सबसे बड़ा जो संकट पैदा किया है वह एक ऐसा नैतिक संकट है कि हम अपनी अस्मिता की रक्षा नहीं कर पा रहे हैं। मालिक से लेकर छोटे स्तर पर काम करनेवाले सम्पादक तक क्या हमारा सबका ऐसा कोई सामूहिक लक्ष्य नहीं हो सकता, हिन्दी क्षेत्र के लिए कि वहाँ हम सचमुच कुछ सार्थक कर सकें?

वैश्वीकरण का तोड़ क्या है ?

प्रो. अरुण कुमार

वैश्वीकरण का बहुत बड़ा ताल्लुक बाज़ार से है। इसका जो भी अर्थशास्त्र होता है, उसके परिणाम अच्छे भी होते हैं और बुरे भी होते हैं। मेरा मानना है कि जो इकोनॉमिक सिस्टम होता है वह तय करता है रूल्स ऑफ इकोनॉमिक गेन क्योंकि समाज 'होमोजिनिस' नहीं होता है और जब वो चूँकि हामोजिनिस नहीं होता है तो कोई भी एक इकोनॉमिक्स सिस्टम होता है। उसमें कुछ लोग लाभ पाते हैं, कुछ नुकसान उठाते हैं। यही बात ग्लोबलाइज़ेशन पर लागू होती है। ग्लोबलाइज़ेशन के दौर में जैसे कहा जाता है कि कंज्यूमर...तो सवाल उठता है। लेकिन कौन सा कंज्यूमर? जो टॉप 3 प्रतिशत है जिसके पास काला धन बहुत है। उससे नीचे का 10 या 20 प्रतिशत है या 70 प्रतिशत तो मैं मानता हूँ कि देश में ग़रीब हैं तो ग्लोबलाइज़ेशन के प्रोसेस में भी कौन कंज्यूमर है? कंज्यूमर और प्रोड्यूसर का लिंक होता है। यह नहीं कि कंज्यूमर आटोमेटिकली गेन करता है। अगर कंज्यूमर के पास ज़ॉब नहीं है तो वह गेन नहीं कर सकता, यह जो लिंक है इसमें हमें देखना पड़ेगा कि कौन गेन करता है और कौन लूज करता है? एक बात मैं यह रखना चाहूँगा कि ग्लोबलाइज़ेशन का जो प्रोसेस है, आज नहीं पिछले 25-30 साल से चल रहा है। यह ग्लोबलाइज़ेशन का दौर काफी लम्बा है। यह ग्लोबलाइजेशन का दौर पहला दौर नहीं है। इंडिया ग्लोबलाइज़ बहुत पहले से रहा है, और 1947 के पहले जितनी भी इंडिया की कंडिशन थी वह सब ग्लोबलाइज़ेशन से हुई। चाहे यूनिवर्सिटी आई, चाहे सिविल सिस्टम आया ब्रिटेन का, चाहे बाहर के उत्पाद आए और यहाँ का कच्चा माल बाहर गया। यह सब वैश्वीकरण रहा है। पहले के और अब के दौर में फर्क यह है कि अब पूँजी बहुत ज्यादा हावी हो गई है। आज रोज 1.5 ट्रिलियन डालर इधर से उधर जाता है और यह 1.5 ट्रिलियन डालर इंडिया के वार्षिक उत्पादन से 5 गुना ज्यादा है। इतना रोज 'केपिटल मूव' करता है। इसमें बड़ी बात यह है कि इसमें बहुत बड़ा अंश है वह काला धन है, जो ड्रग से और दूसरी आपराधिक गतिविधियों से आया है। आपको पता होगा कि 'ड्रग ट्रैफिक' मनी ग्लोबलाइज़ेशन का एक बड़ा हिस्सा बन गया है। यह जो प्रोसेस ऑफ ग्लोबलाइज़ेशन है इसमें जो वर्ल्ड के 'इलीट' है उनका एक बहुत बड़ा हाथ है कि वो ग्लोबलाईज़्ड करना चाहते हैं। इंडिया के जो टाप 3 प्रतिशत इनकम लेडर है उनका बहुत बड़ा हाथ इंडिया

ग्लोबलाइज़ेशन में है। ग्लोबलाइज़ेशन का दौर इलीट के 'लिंकिंग अप' का दौर है। यह मेरा मानना है। अब इसको हमें थोड़ा और समझना पड़ेगा कि यह जो ग्लोबलाइज़ेशन है यह 'प्रोसेस ऑफ मार्केटाइज़ेशन' क्यों हैं? बाज़ार का क्या मतलब है ? बाज़ार वह संस्था है जो आदमी ने पैदा की है। जहाँ विनिमय होता है एक तरफ से आप वस्तुएँ और सेवाएँ देते हैं, दूसरी तरफ से पेमेंट आता है। यह कोई लोकतांत्रिक संगठन नहीं है। यहाँ पर डालर का जोर चलता है। किसके पास कितने डालर हैं, यह महत्त्वपूर्ण है। यहाँ पर आदमी की गिनती नहीं है। अगर आपके पास एक बिलियन डालर है तो आप की एक बिलियन वोट होगी। यह बाज़ार है इसमें 'ओनरशिप केपिटल और टेक्नॉलॉजी' काउंट करते हैं, न कि यह कि आपके बच्चे हैं, स्टूडेंट हैं, बूढ़े हैं, आप बेरोज़गार हैं आदि यह सब बाज़ार में काउंट नहीं होता है। बाज़ार में यह काउंट होता है कि आपके पास पूँजी क्या है? बाज़ार में उपभोक्ता की सत्ता चलती है। मैं एक उपभोक्ता हूँ और मेरी सत्ता का मतलब यह कि जो मैं चाहता हूँ वह होना चाहिए। तो अगर मेरे पास एक बिलियन डॉलर है तो जो मैं चाहता हूँ। अर्थव्यवस्था में हो तो वही होना चाहिए। यह है क्षमता, इसमें बाज़ार में कहीं समानता का 'कांसेप्ट' नहीं आता। इसमें 'एलोकेटिव्ह ऐफिसिएंसी' का कांसेप्ट आता है जिसका मतलब है कि जिसके पास जितनी पूँजी है वह जो चाहता है वह सब हो। इसलिए ग्लोबल बाज़ार को सबसे ज्यादा 'ऐफिशियट' बाज़ार कहा गया है। इसीलिए ग्लोबलाइज़ेशन का दौर 25-30 साल से चला है और यह वर्ल्ड के संभ्रांत वर्ग ने मान लिया है कि यही एक विकास का ज़रिया है। जहाँ यह 'मार्केटाइज़ेशन' का प्रोसेस है इसमें एक चीज़ और मैं बताना चाहूँगा कि टेक्नॉज़िकल चेंज पिछले 50 सालों में बड़ा जबर्दस्त हुआ है। इसमें आदमी के मन में, समाज में जो बदलाव आ रहा है उसको समझ पाने की बुद्धि अभी इतनी तेज नहीं हुई है जितनी की होनी चाहिए। वह समझ नहीं पा रहा है, यह कहाँ जा रहा है? इंटरनेट कहाँ ले जा रहा है? इसमें से सिग्नल निकल पाना बड़ा मुश्किल हो रहा है। तो एक तरफ़ तो पोटेंशियल बहुत है कि इंटरनेट से आपको इतना सक्सेज है। दूसरी तरफ उपयोगी क्या है, वही समझ में नहीं आता। जैसे मैं ब्लेक इकोनॉमी पर लिख रहा था तो इंटरनेट पर गया। मुझे मिलियन हिट्स मिले। अगर मैं उनको पढ़ने लगूँ तो मैं किताब ही नहीं लिख पाऊँगा। तो आपके आधुनिक जीवन में जहाँ टेक्निकल चीज़ ड्रेमोटिक है उससे आदमी आटोमाईज़ भी हो रहा है और समाज से कट भी गया है। यह भी हमें समझना पड़ेगा और यह भी एक प्रोसेस है। जहाँ आदमी आटोमाईज़ होता है तो बाज़ार की तरफ़ कूच करता है।

बौद्धिक कंगाली का राज

उत्पाद का प्रचार बढ़ाना बाज़ारवाद का एक हिस्सा है। वो आप चाहें गलत विज्ञापन से सिगरेट प्रमोट करें वो भी कंज्यूमरिज़्म है, या चाहे ड्रिंक प्रमोट करें वह भी कंज्यूमरिज़्म है। तो यह बाज़ार में इस तर्क के कि ड्रिंक, सिगरेट प्रमोट हो इसके कोई

महत्त्व नहीं है। डब्ल्यू.टी.ओ. में भारत की भूमिका की भर्त्सना करना चाहूँगा। यहाँ से एन.जी.ओ. के नाम पर दो लोग, फिक्की के लिए गए थे, दो एशोचेम के लिए गए थे, दो सी.आई.आई. के नाम पर गए थे, तो एन.जी.ओ. की घोषणा क्या है? कुछ नहीं। तो फिर भारत डब्ल्यू.टी.ओ. में क्यों कृषि के मुद्दे पर त्यागी की भूमिका में खड़ा हुआ? लेबर पर क्यों त्याग करने को तैयार था ? क्योंकि इंडस्ट्रीज को कुछ रियायतें मिल रही थीं। यानी डब्ल्यू.टी.ओ. में भारत का रोल बड़े बिजनेस्र हितों की रक्षा करने का रह गया ! तो यह समझना बहुत जरूरी है कि ऐसा क्यों हुआ? 1980 के दौरान में जैसे जैसे आर्थिक समस्याएँ बढ़ीं उस समय जो नेहरूवियन मॉडल था जैसे-जैसे वो धराशायी होता गया उसके विरुद्ध कोई दूसरा मॉडल निकला नहीं। 89-90 में जब संकट बहुत गहरा हुआ उस समय तक वर्ल्ड बैंक ने 5 डाकूमेंट तैयार कर रखे थे, एक था ऑन ट्रेड लिब्रलाइज़ेशन, एक था फाईनेंसियल सेक्टर पर, एक था इंडस्ट्रीज पर, एक था एग्रीकल्चर पर और एक था सर्विसेज़ पर। तो जब सरकार का क्राइसेस बढ़ा और भारत सरकार आई.एम.एफ. के पास गई कि आप हम दिवालिया होनेवाले हैं तो उस समय वह पाँचों डाकूमेंट्स रेडी थे। सरकार के पास भी थे और आप लोगों को याद होगा कि संसद में चर्चा भी हुई। क्योंकि चंद्रशेखरजी ने कहा कि मनमोहन सिंह ने दबाकर रख लिये थे, मुझे यह डाकूमेंट्स दिखाए नहीं। जब मनमोहन सिंह, वित्त मंत्री, भारत सरकार के बने, नरसिम्हा राव सरकार के तो यह बहस भी संसद में हुई थी कि उन्होंने यह डाकूमेंट दिखाए नहीं। लेकिन आप यह देखें कि इंडियन गवर्नमेंट के पास अपना कोई ब्लू प्रिंट नहीं था। जो न्यू इकनॉमिक्स पॉलिसी का ब्लू प्रिंट था वह तैयार था। उसमें यहाँ तब दिया गया था कि 22 प्रतिशत अवमूल्यन करना है और सरकार ने दो सत्र में चार जुलाई और अठारह जुलाई को 22 प्रतिशत अवमूल्यन कर भी दिया। बिल्कुल वही आँकड़ा उन्होंने 22 प्रतिशत का दिया और उन्होंने कर भी दिया। यानी कि हमारी अपनी सोच उसमें नहीं थी। हमारे बिजनेस जगत के आका लोग हैं, उन्होंने हामी भरी और हमने मान लिया। मेरा मानना है कि एक तरह की बौद्धिक कंगाली आज हमारे दिमागों में है। वो चाहे बुद्धिजीवी वर्ग में हो चाहे व्यवसायी वर्ग में। जितनी भी राजनीतिक पार्टियाँ हैं, सबने स्वीकार कर लिया है कि अब यही पॉलिसी चलेगी और कोई दूसरी नीति नहीं। अगर हम यह पॉलिसी चलाते हैं और वह भी किसी दूसरे के प्लान पर तो यह वन साइडेड होगा। अगर यह ग्लोब्लाइज़ेशन विधिवत है तो कोई खतरा नहीं, लेकिन डब्ल्यू.टी.ओ. का 'गिव एंड टेक' प्रोसेस क्या है? यह वो प्रोसेस है जो अगले 20-25 साल के इकानॉमिक ढाँचे को तैयार करनेवाला है। आप या तो स्वीकार करें, या बाहर हो जाएँ। डंकल के साथ यही हुआ, टेक इट और लीव ईट बाज़ार साइन करिए या डब्ल्यू.टी.ओ. से बाहर हो जाइए तो इसका तोड़ क्या है? यही कुछ सवाल है, जिनसे हमें जूझना है।

अख़बार और जूता !

श्रवण कुमार गर्ग

सुबह जो चर्चा हुई और जिस तरह की बातें यहाँ पर की गईं उनको लेकर मेरे दिमाग में बहुत कुछ साफ है, तो कुछ नहीं है। कुछ सम्पादकों के नाम ले करके उनकी तारीफें की गईं, कुछ की भर्त्सनाएँ की गईं, कुछ अखबारों की तारीफें की गईं। मैं लगातार सोच रहा था कि मेरे अखबार का कोई नाम लेगा। शर्म से डूबने लगा कि क्षेत्रीय अखबार हो सकता हूँ मैं। यह क्षेत्रीय और राष्ट्रीय अखबार का मामला कुछ इस तरह का बनाया गया है कि जैसे कोई गोबर का कोठा दिल्ली के किसी आर्ट पेपर में लगा दे और उसका प्रिंट ले ले तो उसका अर्थ कुछ और हो जाता है और इन्दौर के लेबल पर अगर चित्र बनाया जाए तो वह क्षेत्रीय हो जाता है। एक लाख 80 हजार प्रतियों में दैनिक भास्कर हिन्दी और अंग्रेज़ी के संस्करण का बिकता है। मध्य प्रदेश के सारे अखबार हिन्दी और अंग्रेज़ी के मिला लें तो उसमें वह नम्बर वन है। 'दैनिक भास्कर' का नाम मैं इसलिए ले रहा हूँ चूँकि अखबारों के नाम यहाँ पर लिये जा रहे हैं। 10 लाख कापी रोज हम बाँटते हैं और एक करोड़ लोगों तक उसको पहुँचाते हैं। मैं यहाँ पर जितने भी महानुभाव बैठे हैं उनके सामने 'दैनिक भास्कर' को रख देता हूँ और तथाकथित राष्ट्रीय अखबार भी रख देता हूँ। जो कौल साहब ने मुद्दे उठाए हैं और राजकिशोरजी उठाते ही रहते हैं तो मुझे शर्म आई कि मैं किस अखबार में काम कर रहा हूँ। मतलब क्या मैं किसी गाँव कस्बे के अखबार में काम कर रहा हूँ। मैं इतने सालों से तो फूला जा रहा था कि मैं राष्ट्रीय अखबारों को जूता दिखा रहा हूँ। उनको धता बता रहा हूँ। यहाँ आ करके मुझे पता चल रहा है कि मैं एक क्षेत्रीय अखबार में काम कर रहा हूँ और राष्ट्रीय अखबार नाम की कोई चीज़ अलग होती है, जो अभी पैदा होनी है और अब में 53 साल का तो हो गया हूँ। अब 7-8 साल बचे हैं, पता नहीं निकाल पाऊँगा या नहीं निकाल पाऊँगा। ये जूते बनाने और पत्रकारिता में फर्क इसलिए पैदा हो रहा है कि भाषायी हिन्दी पत्रकारिता को पहली बार जूता पहनना पड़ रहा है और पहली बार खरीदकर पहनना पड़ रहा है।

हम बाज़ार से डर रहे हैं, देखिए दिक़्कत यह नहीं है। बाज़ार तो आपकी छाती पर खड़ा है और आप उससे बचने की गलियाँ ढूँढ़ रहे हैं। मध्य प्रदेश में बड़े बाँधों का विरोध हो रहा है, सब जगह हो रहा है। तर्क यह दिया जा रहा है कि उसमें 'ह्यूमन

डिस्प्लेसमेंट' होता है, कुछ मन्दिर डूबेंगे, कुछ पुरातत्त्व सम्पदा डूबेगी। यह जो टेक्नॉलॉजी आ रही है और जो क्षेत्रीय अखबार देश की छाती पर मूँग दल रहे हैं, इसके कारण जो पत्रकारिता में 'डिस्प्लेसमेंट' हो रहा है यह पूरा ख़तरा उसके प्रति है। लोग डर रहे हैं कि क्षेत्रीय अखबार, दैनिक भास्कर ने मध्य प्रदेश से घेर लिया है। राजस्थान से घेर लिया। अब चंडीगढ़ और हरियाणा से घेर रहा है, पूरी दिल्ली को। पर हम जब तक दिल्ली से अखबार नहीं निकालेंगे तब तक राष्ट्रीय अखबार नहीं बनेंगे। मुझे लगातार शर्म आ रही थी कि मैं किस अखबार में अपनी जिन्दगी खपा रहा हूँ। बीस-बाईस पेज का रोज़ अखबार निकालता हूँ तो मुझे तो दस-बीस पेज का दिल्ली-बम्बई से अखबार निकालना चाहिए तो मैं राष्ट्रीय पेपर का सम्पादक कहलाऊँगा। दिक़्कत यह है कि चीज़ों को हम समझने को तैयार नहीं हैं। जैसा मैंने कहा कि बाज़ार से डर रहे हैं, गलियाँ ढूँढ़ रहे हैं, बगलें झाँक रहे हैं। मुझे कृपा करके बताया जाए कि आज कौन सा राष्ट्रीय राजनीतिक दल है या कोई बताएँ कि दुनिया के इस देश में एक पार्टी की हुकूमत है? कोई बता दे कि टोनी ब्लेयर को ब्रिटेन में पूर्ण हुकूमत है? कोई बता दे कि अमेरिका में सीनेट और हाउस में एक ही पार्टी का राज है? जापान में, इजराइल में, फ्रांस में सारी दुनिया में एक पार्टी के राज खत्म हो रहे हैं। नेशनल पार्टी नाम की कोई चीज़ अब कहीं दुनिया में नहीं बची है। हिन्दुस्तान में राष्ट्रीय अखबार नाम की कोई चीज़ बची नहीं है और जो लोग मुगालते लेकर चल रहे हैं, मेरे खयाल से पता नहीं कि वो किस सदी में जी रहे हैं?

कैसा राष्ट्रीय अख़बार

हिन्दुस्तान की संसद में कितने दलों की सरकार बनी हुई है? और कोई अगर इस मुगालते में रहना चाहता है सोनिया गाँधी हों या लालकृष्ण आडवानी कि कभी कांग्रेस या बी.जे.पी. की पार्टी की सरकार चलेगी, तो रहे। राष्ट्रीय अखबार नाम की कोई चीज नहीं है जिसको कि आप कह सकें कि हमारा नेशनल ब्रांडिंग है। इस बहस को खत्म किया जाना चाहिए कि कोई राष्ट्रीय अखबार है, कोई क्षेत्रीय अखबार है। आप गुणवत्ता पर जाइए। दूसरी बात, ग्लोबलाइज़ेशन की पहली शर्त है कि आप सब्सिडी खत्म कीजिए। इंडियन इंटरप्रिनर की जान निकल रही है कि सब्सिडी खत्म हो रही है, वह सब्सिडी को बनाए रखना चाहता है तो हिन्दी का जो पत्रकार है जो सम्पादक है वह भाषा के 'इमोशनल' धागे या कागज या बातों की सब्सिडी से अपने आपको पत्रकारिता के संसार में बनाए रखना चाहता है। 15-20 घंटे आपको काम करना पड़ेगा, अखबार निकालने पड़ेंगे और जैसे अच्छा जूता बिकेगा वैसे अच्छा अखबार बिकेगा। कोई फर्क नहीं है 'जूते और अखबार' में। उपभोक्ता खड़ा हुआ है बाज़ार में, उसे एक अखबार खरीदना है, पैसा देता है, अच्छा अखबार खरीदेगा। आप उसको इस ग़लतफ़हमी में डालकर नहीं रख सकते कि हम आपको राष्ट्रीय अखबार दे रहे हैं, यह 'दैनिक भास्कर' तो क्षेत्रीय है। विज्ञापन की बात चली, उसमें प्रेशर की बात चली कि मालिक लोग

विज्ञापन के लिए प्रेशर डालते हैं, बिल्कुल डालते हैं और डालना चाहिए। यह कोई गोरखपुर का 'कल्याण' नहीं निकल रहा है, कोई प्राकृतिक चिकित्सा का अखबार नहीं निकल रहा है कि कोई चैरिटेबल ट्रस्ट उसको निकालेगा। मेरा कहना है कि अगर आपके पास 12 पन्ने हैं और 10 पन्ने हैं, तो दे दीजिए ना, चार कालम विज्ञापन के लिए। क्यों छाती कूट रहे हैं ? आपके पास जो 11 पेज बाकी बचे हैं उसमें चमत्कार करके क्यों नहीं देखते हैं ? हो यह रहा है कि जो 2-4 कालम हम विज्ञापन के नाम पर दे रहे हैं उसको लेकर हम अपनी नाक फुलाकर बैठे हुए हैं और उसके कारण 12 पेज का जो दूसरा स्पेस है, उसको मटियामेट कर रहे हैं। मैं बिल्कुल कहने को तैयार हूँ कि मेरे अधीनस्थों को भी अच्छा पैसा मिले तो मुझे मालिकों के साथ समझौता करने में कोई शर्म नहीं है कि पूरे अखबार में 100 कालम की जगह है तो दो कालम में आप अपना खेल कर लीजिए या चार कालम में कर लीजिए, 90 कालम का जो स्पेस मेरे पास में है, मैं उसमें चमत्कार करने को क्यों तैयार नहीं हूँ?

आखिरी बात मैं कहना चाहता हूँ कि छात्रों की बात उठाई गई, माखनलाल चतुर्वेदी विश्वविद्यालय के छात्रों की और इंडियन इंस्टीट्यूशन आफ मास कम्युनिकेशन के छात्रों की भी। जयपुर का भास्कर मैंने लांच किया था। 3 साल पहले कोई 500-500 लोगों के साक्षात्कार करने का मुझे मौका मिला था। सारा राजस्थान का रिक्यूटमेंट मैंने किया। अब चंडीगढ़ का सारा रिक्यूटमेंट मैं कर रहा हूँ। मुझे शर्म आती है पत्रकारिता के पाठ्यक्रम से निकले हुए छात्रों पर, माफ करेंगे। एम.ए. पास पी-एच.डी. होल्डर्स चार लाइनें शुद्ध हिन्दी की नहीं लिख सकते। आप किस तरह का पाठ्यक्रम दे रहे हैं? क्या पढ़ा रहे हैं उनको? पत्रकारिता की ए बी सी डी नहीं आती है। मैं शर्त लेकर आप लोगों की उपस्थिति में उन लोगों के टेस्ट लेने को तैयार हूँ क्योंकि मैं रोज टेस्ट ले रहा हूँ। आप हिन्दी के अखबारों में देखिए। कई बार में सोचता हूँ 60 प्रतिशत लोग अंग्रेज़ी के लेखक हैं, उन्हें अंग्रेज़ी से हिन्दी में करना पड़ता है। हिन्दी के सम्पादकों को, लेखकों को शर्म से मर जाना चाहिए कि वो हिन्दी के अखबारों का पेट नहीं भर पा रहे हैं। मैं किसको छाप रहा हूँ, ए.जी. नूरानी का अनुवाद मैं करता हूँ, अरुण शौरी का अनुवाद मैं छापता हूँ, 50 लोगों के नाम मैं आपको अभी गिना देता हूँ, जी.एस. भार्गव को मैं छापता हूँ। और हिन्दी के मैं 50 अखबार बता देता हूँ कि कोई कुलदीप नैयर को छाप रहा है, कोई खुशवन्त सिंह को छाप रहा है। आप कह रहे हैं कि हिन्दी में इतनी प्रतिभा मौजूद है, और अखिल भारतीय, अन्तरराष्ट्रीय स्तर का टेलेंट मौजूद है। मैं आप लोगों से निवेदन करना चाहता हूँ कि आप जितना पैसा प्रति आलेख लें मैं देने को तैयार हूँ। अपनी पीठ पर कोड़े मारना, खून निकालना और फिर उस खून की कीमत माँगना, इस आत्मदाह की उत्कंठा आकांक्षा से कम-से-कम हिन्दी पत्रकारिता को मुक्त होना चाहिए। आनेवाला भविष्य मैं देख रहा हूँ कि वह हिन्दी पत्रकारिता का है। जबर्दस्त ग्रोथ हम देख रहे हैं। 5 साल पहले दैनिक भास्कर, इन्दौर में 70,000 था आज एक लाख 70,000 है। इन्दौर जैसे नगर में हमें 3-4 साल में एक लाख कापियाँ

मिली हैं तो वह ग्रोथ हमें राजस्थान और हरियाणा में भी मिलेगी। मैं ऐसा मानता हूँ कि अंग्रेज़ी अखबार से किसी भी दिन, किसी भी खबर को लेकर, आलेख को लेकर हिन्दी का अखबार हजार गुना बेहतर हैं। मुझे उस पर बहुत फख्र है और मैं इस बात को दावे के साथ कह सकता हूँ।

अच्छे पत्रकार चाहिए

ओम थानवी

इस सेमिनार की ख़तरनाक उपलब्धि मैं यह मानता हूँ कि प्रबन्धक और सम्पादक दोनों इस नतीजे पर पहुँचे हैं कि एक बीच का रास्ता, पत्रकारिता में होना चाहिए। बार-बार यह बात रमेशजी ने भी कही है। उन्होंने कहा कि सम्पादक का कोई रोल नहीं है। उनके भाषण में यह ध्वनि सेक्सी 100 महिलाओंवाले विज्ञापन की बात से निकली। उन्होंने कहा कि चर्चा में कई तरह के लोग होते हैं और उसके कई तरह के फैसले होते हैं। यानी सम्पादक का फैसला तो उस अखबार में कोई मायने नहीं रखता, लेकिन अन्ततः जो कुछ भी छपता है उसका जिम्मेदार वह सम्पादक होता है। मुझे यह सारी बात सुन करके निराशा लगती है क्योंकि अखबार व्यापार है, इसमें कोई शक नहीं है। लेकिन, जूते का व्यापार और अखबार का व्यापार अगर एक समान है तो फिर इतनी लम्बी बहस आप उसके बारे में चला नहीं सकते। क्योंकि भाषा नाम की चीज़ आपका अहम उपकरण और औज़ार है जो साहित्य का भी उपकरण है और यह सिर्फ आकस्मिक नहीं है कि साहित्यकार और पत्रकार इस मंच पर प्रभाषजी ने बैठाए हैं। अगर एक व्यवसाय भाषा के उपकरण से शुरू होता है तो उसमें कहीं-न-कहीं एक ऐसा नैतिक बोध, दायित्व का जिम्मा, सरोकार है जिसको हम भूल नहीं सकते।

मैं जब यहाँ पर आया तो मैंने माखनलाल चतुर्वेदी विश्वविद्यालय के लोगों से पूछा कि अब तो विश्वविद्यालय के छात्रों को रोज़गार आसानी से मिल जाता होगा क्योंकि यहाँ से इतने सारे अखबार निकलने लगे हैं। मगर उन्होंने कहा कि यहाँ से बहुत कम लोग निकलते हैं। मैं छात्रों से बहुत विनम्रता से कहूँगा आप अभी से गलत न समझें, क्योंकि पत्रकारिता में सिखाया यह जाता है कि आप तथ्यों को ठीक से समझें और ठीक से उसको रिपोर्ट करें। उन्होंने एक बात साधारणीकरण करके आपके बारे में नहीं कही थी। यह तो मैं भी कहना चाहता हूँ कि जो लोग निकलकर आते हैं और हिन्दी पत्रकारिता में आप पाएँगे कि ज्यादातर लोग उस ढंग से विकसित नहीं हैं क्योंकि वह जो दीक्षा ले करके आते हैं उससे या तो पी.आर.ओ. बन जाते हैं या किसी जूते बनाने वाली कम्पनी में भी वह प्रेस नोट बनाने का काम करते हैं। लेकिन, आप पत्रकारिता करते हैं तो आप यह समझें कि उन्होंने आपके बारे में नहीं कहा है, आपके बारे में कहा हो तो जवाब दें।

मैं कुछ बातें कहकर अपनी बातों को समाप्त करना चाहता हूँ। वह है पत्रकारिता

की बात। मैं अभी जो कह रहा था कि इसको चिन्ता सबने की कि किस रूप में पत्रकारिता, बाज़ार, उद्योग, व्यापार और तमाम चीज़ों से प्रभावित हो रही है। लेकिन थोड़ा सा पत्रकारिता में सिर्फ खाली मूल्यों के ह्रास की बातों को लें तो मानना होगा कि हिन्दी में अच्छे पत्रकार नहीं आ रहे हैं। ढूँढ़ना बड़ा मुश्किल है। वास्तव में जो लोग इंटरव्यू देने के लिए आते हैं, उन्हें देखकर बेहद निराशा हाथ लगती है और आश्चर्य का विषय यह कि उसमें ज्यादातर लोग हिन्दी में पी.जी. होते हैं तथा पी-एच.डी. वगैरह किए भी होते हैं। तो यह तो मुश्किल है। उसको ले करके मैं सोचता हूँ कि चिन्ता हमें सचमुच करनी चाहिए। चंडीगढ़ में भी मैं जनसत्ता में 10 वर्षों तक रहा और जब वहाँ मैंने अपने रिपोर्टरों से एक आग्रह किया कि मैं चाहता हूँ कि होली और दीवाली में पत्रकारों के घर पर जो उपहार पहुँचा दिए जाते हैं यह प्रथा तोड़ी जाए। अगर कोई आपको जानता है, आना-जाना होता है, अलग बात है। लेकिन भ्रष्टाचार की शुरुआत यहाँ से ही शुरू होती है तो एक मुहिम मेरे खिलाफ वहाँ पर खड़ी हो गई क्योंकि वहाँ की संस्कृति में मेरी बात थोड़ी अजीब-सी लगी थी। उसके बाद धीरे-धीरे यह बात स्टाफ के माध्यम से सामने आई। एक ने जानकारी दी कि दफ्तर में काम करनेवाले पत्रकार का करीब 10 हजार रु. का बीमा था। आयकर का फायदा लेने के लिए उसने एक जीरो लगा करके 10 हजार को एक लाख कर दिया। अचरज हुआ कि आखिर उसका कितना फायदा उसको मिलना था? फिर उसके बाद जो चीज़ें सामने आईं उसको देखकर हैरानी होती है कि किस तरह के लोग प्रोफेशन में आ रहे हैं? अखबार, मालिकों की वजह से नहीं, उनमें काम करनेवालों की वजह से कितना नुकसान उठानेवाले हैं? बड़ी विचित्र और तथ्य की बात मैं आपको बताता हूँ। बड़े अखबारों में लोग जिस तरह से दाखिल हो जाते हैं, वह चिन्ताजनक है। क्योंकि बहुत ज्यादा स्टाफ होता है तो लोगों की जरूरत भी होती है। कई बार तो देखने में आता है कि जो अपराधी तत्त्व हैं, वे अखबारों में घुस आए हैं। आलोकजी जिसका इशारा कर रहे थे। मैंने पिछले साल जनसत्ता ज्वाइन किया तो मैंने पाया पत्रकारिता विश्वविद्यालयों में भी कई लोग इसीलिए भर्ती होते हैं कि शायद इसमें रोज़गार है और इसमें पैसा भी ठीक मिलने लगा है या एक तरह से इसमें जो आता है वह कार और मोबाईल मेंटेन कर रहा है। तो जाहिर है ऐसे लोग जब अखबार में हैं तो कैसे आप इनसे समाज की रक्षा कर सकेंगे? ●

राँची, पटना और धनबाद से प्रकाशित प्रभात खबर के प्रधान सम्पादक हरिवंश का वक्तव्य निश्चित ही गम्भीर विश्लेषणात्मकता लिये हुए था। हरिवंश के भाषण में न भावुकता थी और न उत्तेजना, न गुस्सा, न पूर्वग्रह और न अतिरंजना। हरिवंश ने अपनी संयमित शैली में तथ्यों और आँकड़ों के आधार पर भारत के समकालीन परिदृश्य को परत-दर-परत उघाड़ा और सभी के समक्ष इसे बदलने की चुनौती भी रख डाली। हरिवंश की यह टिप्पणी गौरतलब है कि कोई भी परिवर्तन गम्भीर विचारधारा के बिना सम्भव नहीं है।

विकास का वैकल्पिक मॉडल चाहिए

हरिवंश

जिस बाज़ारवाद के सन्दर्भ में हम लोग चर्चा कर रहे हैं, उस सन्दर्भ में मेरे दिमाग में सिर्फ एक सृजनात्मक उत्तर आता है और वह है इस देश के लिए कोई वैकल्पिक आर्थिक विकास का मॉडल। लेकिन आर्थिक विकास का वैकल्पिक मॉडल आसानी से खड़ा नहीं होता है। वह किसी महान क्रान्ति, बदलाव के सपनों, सामाजिक, आर्थिक, राजनीतिक आन्दोलन की गति से निकलता है। आज जिसकी देश में सबसे अधिक जरूरत है, आर्थिक विकल्प की, विकास के आर्थिक मॉडल की क्या वह हिन्दी पत्रकारिता के माध्यम से गढ़ सकते हैं? मुझे लगता है कि इसका बहुत स्पष्ट उत्तर नहीं है। जिसे हम बार-बार उद्‌धृत करते हैं। जो कहीं हमारे अचेतन मन में बात बैठ गई है कि आजादी की लड़ाई में हिन्दी पत्रकारिता की बड़ी गौरवमयी उपस्थिति रही, भूमिका रही। और उस अतीत की बदौलत हम कोई भविष्य में नई चीज़ कर पाएँगे। मूलतः हम भूल जाते हैं कि आज़ादी की लड़ाई में सिर्फ हिन्दी पत्रकारिता ने ही यश अर्जित नहीं किया, बल्कि हर पेशे में चाहे वकालत का पेशा हो, प्राध्यापक का पेशा हो, किसी भी ऐसी विधा में जाए तो आप पाएँगे कि सारी विधाओं में एक असर पड़ा है। वह असर था राष्ट्रीय आन्दोलन का। राष्ट्रीय आन्दोलन था जिससे ताकत मिली, ऊर्जा मिली, दृष्टि मिली और यह सारी चीज़ें निखरीं। निश्चित तौर से आज हिन्दी पत्रकारिता या भाषायी पत्रकारिता अगर यह तय भी करें कि हमको देश में एक नया आर्थिक मॉडल बनाना है जिससे हम बाज़ारवाद से मुक्ति पा सकें तो यह सम्भव नहीं है। फिर हम कर क्या सकते है?

आज यह जो विश्वग्राम बना है, यह इतना ताकतवर है और ऐसी स्थिति में है जिसके मुकाबले आप कोई वैकल्पिक मॉडल आसानी से खड़ा नहीं कर सकते हैं। आज इस देश के पिछड़े से पिछड़े जिले के सम्पन्न व्यक्ति का सम्बन्ध कैसे इस विश्वग्राम से बन गया, वह हम सब देख सकते हैं। मुझे भी यह लगता है कि गुजरे 2000 वर्षों में भारतीय समाज को ऐसी चुनौती नहीं मिली, जिन चुनौतियों का सामना आज हम कर रहे हैं। औद्योगिक क्रान्ति के नेता ब्रिटेन और अमेरिका थे। इस उत्तर औद्योगिक सुधार के नेता भी पश्चिम के देश से ही हैं।

अगर बुनियादी तौर पर फर्क करें तो 18वीं या 19वीं शताब्दी में जो औद्योगिक

क्रान्ति का दौर था। उसमें मुख्य रूप से हैवी इंडस्ट्रीज, स्टील, इस्पात इन सब चीजों का उसमें बाहुल्य था। आज लाइट इंडस्ट्रीज का दौर है, इन्फोटेक फाइनेंशियल सर्विसेज़, इंटरटेनमेंट आदि। इनसे राजनीतिक, आर्थिक और सामाजिक हालात पर क्या असर पड़ रहे हैं, इस पर हमें गौर करना चाहिए। हमारी दृष्टि से जो प्रासंगिक चीज़ें हैं उसका मैं उल्लेख करना चाहूँगा। इस विश्वग्राम की भाषा अंग्रेज़ी है और अभी मिलेनियम के अवसर पर जो पश्चिम की पत्रिकाएँ आईं, उनको अगर आप गौर से देखें तो आप पाएँगे कि वो बिल्कुल, बहुत साधिकार कहते हैं कि आनेवाले एक सहस्त्र की भाषा भी अंग्रेज़ी होगी। 'दि इकनॉमिस्ट' का कहना है कि दुनिया और भारत के भविष्य की भाषा अंग्रेज़ी है। आज दुनिया के 35 करोड़ लोग अंग्रेज़ी को प्रथम भाषा के रूप में इस्तेमाल कर रहे हैं, 25 से 35 करोड़ की आबादी इसे दूसरी भाषा के रूप में इस्तेमाल करती है या कर सकती है। कुल मिलाकर इनका आकलन है कि दुनिया की 600 करोड़ की आबादी में से लगभग 20 से 25 फीसदी लोगों की भाषा अंग्रेज़ी है।

एक दूसरी सूचना भी मैंने एकत्रित की। कैम्ब्रिज इनसायक्लोपीडिया ऑफ दि इंग्लिश लैंग्वेज़ कैम्ब्रिज यूनिवर्सिटी, 1995 के अनुसार लगभग 32 से 38 करोड़ लोगों की अंग्रेज़ी पहली भाषा है और, 15 से 30 करोड़ लोगों की दूसरी भाषा। इसमें भारत भी है और 10 से 100 करोड़ लोगों के बीच यह फैल रही है। मित्रो सम्भव है कि आकलन में कहीं ओवर असेसमेंट हो, कहीं वे गलत हों, पर मैंने जहाँ से आँकड़े लिये हैं, उनका स्रोत दिया है। मूल सवाल यह है कि अगर इन तथ्यों की पृष्ठभूमि में हिन्दी इलाकों के पाठकों के रुझान को आप देखें तो पूरी तस्वीर सामने स्पष्ट होती है। हिन्दी इलाकों में अखबारों की प्रसार संख्या जरूर बढ़ रही है। पर जो नव-धनाढ्य वर्ग है, वह अंग्रेज़ी को अपना रहा है। मैं बिहार के सन्दर्भ में आपको बताता हूँ कि बिहार जहाँ पर अंग्रेज़ी के खिलाफ आन्दोलन हुए हैं और इस आन्दोलन में वहाँ के लोगों ने काफी शिरकत की है, वहाँ भी आज फूस और टाट के गाँव में अंग्रेज़ी स्कूल खुलते हैं और उसमें पढ़ने के लिए गाँव के लोगों की काफी भीड़ होती है। वहाँ के उन्हीं लोगों ने पिछले वर्ष अंग्रेज़ी को पुनः स्कूलों से आरम्भ करने की बात कही जिन्होंने हिन्दी के लिए एक लम्बी लड़ाई लड़ी।

वंचित लोग और अंग्रेज़ी अख़बार

तीसरी महत्त्वपूर्ण चीज़, जो पत्रकारिता से जुड़ी है उसका मैं उल्लेख करना चाहूँगा। आज बिहार में दो जगहों से अंग्रेज़ी के अखबार निकलते हैं; पटना से 'टाइम्स आफ इंडिया' और 'हिन्दुस्तान टाइम्स'। अब हिन्दुस्तान टाइम्स राँची से छपने जा रहा है। टेलीग्राफ भी दक्षिण बिहार से आ रहा है, स्टेट्समैन की भी जमशेदपुर से आने की योजना है। यह हिन्दी के गढ़ में अंग्रेज़ी का बढ़ता वर्चस्व है। अंग्रेज़ी का पाठक वर्ग विज्ञापनदाता है और वह इस उपभोक्ता वर्ग से जुड़ा है जिसमें सारी बड़ी कम्पनियाँ विज्ञापन देती हैं। या जो एक किस्म से शासकवर्ग का हिस्सा है जो तय करता है कि विज्ञापन कहाँ

जाने चाहिए। तो हिन्दी के अखबार ऐसे लोगों के बीच पसर रहे हैं जिनके बीच आर्थिक सम्पदा, आर्थिक समृद्धि नहीं है। अंग्रेज़ी के अखबार हिन्दी के इलाकों में वैसे लोगों के बीच में बहुत तेजी से पहुँच रहे हैं जो पहले हिन्दी अखबार पढ़ते थे।

आज नेशनल रीडरशिप सर्वे या टेलीग्राफ और स्टेट्समैन के आँकड़े निकालकर देखें अथवा इंडियन रीडरशिप सर्वे के आँकड़े देखें तो आप पाएँगे कि दक्षिण बिहार में कई जगहों से इन अखबारों की प्रसार संख्या कलकत्ता से छपकर भी हिन्दी अखबारों से अधिक है। सम्भव है यह हिन्दी अखबारों के सर्क्युलेशन को कम न कर पाए। पर जहाँ-जहाँ हिन्दी इलाके में यह छपेंगे वहाँ का 'सत्ताधारी इलिट', जो विज्ञापनदाता भी है और जो समाज में चीजों को तय भी करता है, वह इनका पाठक बनेगा। क्योंकि वह ज्ञान-विज्ञान की शताब्दी की जो चर्चा होती है उससे जुड़ना चाहता है, वह इंटरनेट से जुड़ना चाहता है, वह जानता है कि अंग्रेज़ी भविष्य की भाषा है, रोजी-रोटी की भाषा है, समाज में उसकी हैसियत की भाषा है।

मित्रो, मैं एक-दो चीजों को सामने रखना चाहूँगा जो हम हिन्दी अखबार के लोग, खासतौर से भाषायी अखबार के लोग कर सकते हैं। उदारीकरण के बाद किस ढंग का विकास इसमें हो रहा है ? इसकी अत्यन्त न्यूनतम जानकारी हिन्दी अखबारों में मिलती हैं। अंग्रेज़ी अखबारों में तो इसके मिलने का सवाल ही नहीं है, क्योंकि वह तो उसका हिस्सा है, उसका जनक है। इस बाज़ारवाद के वो जनक हैं। उदारीकरण की जब प्रक्रिया शुरू हुई उसके बाद हिन्दी इलाकों की क्या स्थिति है, इसको हमें अपने पाठकों तक पहुँचाने का काम एक सन्दर्भ के रूप में करना चाहिए। मसलन प्रोफेसर ब्रह्मानन्द ने 'माध्यम' शीर्षक से एक पत्रिका निकाली है, कम्युनिकेशन पर। उसमें अपने एक लेख में उन्होंने यह कहा कि आनेवाले समय में भारत में राज्य बनाम बाज़ार के बीच एक बड़ा संघर्ष होनेवाला है। बाज़ार से उनका आशय उन राज्यों से है जो बहुत तेजी से आगे बढ़ गए हैं। उदारीकरण के बाद कहते हैं कि वह राज्य बाज़ार शक्तियों का प्रतिनिधित्व करेंगे। उनमें वो गुजरात, महाराष्ट्र, दक्षिण के दूसरे राज्यों को रखते हैं और हिन्दी इलाकों, खासतौर से उत्तर प्रदेश, बिहार, मध्य प्रदेश, राजस्थान, उड़ीसा को भी उन्होंने इसमें रखा है। वह कहते हैं कि इन राज्यों में पिछड़ापन जिस तेज गति से बढ़ रहा है, पूँजी जैसे-जैसे धीरे-धीरे यहाँ से वापस जा रही है, उससे एक अत्यन्त तनाव की स्थिति इन राज्यों में बननेवाली है। उनका कहना है कि जो विकसित राज्य हैं, जो उदारीकरण के बाद आगे निकल गए हैं, वो इस प्रक्रिया में सबसे अधिक लाभ लेंगे। और जो पीछे छूट गए हैं वो सबसे अधिक नुकसान में होंगे। इन दोनों के बीच एक किस्म की स्पर्धा होगी जिसे केन्द्र सरकार रोकने में नाकामयाब रहेगी। इसको इस रूप में भी देख सकते हैं कि दक्षिण के कई राज्यों ने यह प्रस्ताव किया है कि दुनिया के दूसरे देशों से व्यापारिक या अन्य समझौतों को करने के लिए उन्हें छूट मिले। यह एक अत्यन्त ख़तरनाक कदम है।

आप देखें कि बिहार की कुल आबादी देश की 10 प्रतिशत है। पर निजी निवेश

के लिए 5 फीसदी प्रस्ताव भी इस राज्य के लिए नहीं आते हैं। गुजरात में कुल निवेश प्रस्तावों में से 37 फीसदी गुजरात के लिए आए, पर चारों हिन्दीभाषी राज्य और उड़ीसा को मिलाकर सिर्फ 26 फीसदी निवेश प्रस्ताव आए हैं। सिर्फ निजी उघमी ही यह भेदभाव का काम नहीं कर रहे हैं, बल्कि राष्ट्रीय वित्तीय संस्थाएँ भी यह भेदभाव कर रही हैं। 1991 से 1998 के बीच महाराष्ट्र में केन्द्रीय सरकार की वित्तीय संस्थाओं के द्वारा जो निवेश हुआ। उतनी ही पूँजी बिहार, म.प्र., उ.प्र., राजस्थान, उड़ीसा और पश्चिम बंगाल में निवेश हुई। निर्यात को प्रोत्साहित करनेवाली 3281 इकाइयों में से 68 फीसदी जो सुधारोन्मुख राज्य जिसे माना गया है, जो 5-6 हैं, उनमें लगी है। इसका तर्क यह आता है कि चूँकि निजी निवेश करनेवाले इन राज्यों में जाना नहीं चाहते, यहाँ कानून व्यवस्था की खराब स्थिति है, अन्य दूसरी समस्याएँ या भ्रष्टाचार बहुत अधिक है। इसलिए निवेश कम है। प्रोफेसर अरुण कुमार ने उल्लेख किया था कि इन राज्यों का पैसा निकलकर दूसरे विकसित राज्यों में लग रहा है; जैसे बिहार में अगर एक तरफ बैंकों में जमा राशि बहुत बढ़ रही है तो उनके यहाँ बैंकों की निवेश राशि घट रही है और यह 9 प्रतिशत पिछले कुछ वर्षों में कम हुई है। बिजनिस टुडे ने पिछले तीन-चार वर्षों में लगभग तीन अध्ययन किए हैं कि पूरे देश में राज्यों की उदारीकरण के बाद क्या स्थिति है। उनका निष्कर्ष यह है कि ये चारों राज्य देश के सबसे पिछड़े राज्यों के रूप में स्थापित हो रहे हैं, उनमें बिहार सबसे नीचे है। मुझे नहीं लगता कि इस वस्तुस्थिति को हम लोग अपने पाठकों तक ले जा सके हैं, अपने उन राजनेताओं तक पहुँचा सके हैं, जो कम-से-कम किसी जनतांत्रिक मन से इन विसंगतियों को स्वर दे सकें, इनको मुद्दों के रूप में उठा सकें।

योजना आयोग के एक सदस्य डॉ. एम.पी. गुप्ता ने 18 नवम्बर, 1999 को अपने एक व्याख्यान में यह स्वीकार किया कि 1983 से 1991 के बीच 'पावर्टी रिडक्शन' की जो दर थी 3.1 प्रतिशत वार्षिक अब 1991 से 1997 के बीच यह घट करके एक फीसदी हो गई है। यानी गरीबी का कम होना हमारे यहाँ आर्थिक मॉडल से रुक गया है। रोज़गार में जो इजाफा पहले हो रहा था वह भी बिल्कुल कम हो गया है।

रोज़गार की दर 1983 से 1991 तक के बीच 2.39 प्रतिशत थी, अब यह 2.39 से 1 प्रतिशत हो गई है। यानी इस पूरे आर्थिक विकास मॉडल के पीछे रोज़गारविहीन विकास की कल्पना है। इस 'जॉबलेस ग्रोथ' को आज यहाँ देख सकते हैं कि आपके यहाँ पर रोज़गार बढ़ने की जो गति थी, वह घटकर लगभग एक फीसदी हो गई है और ऐसे ही तथ्य अभी मैंने देखे थे इकनॉमिक पोलिटिकल वीकली में। उसमें एक निष्कर्ष और है कि देश के 60 प्रतिशत ग़रीब सिर्फ चार राज्यों में हैं; बिहार, उत्तर प्रदेश, मध्य प्रदेश और उड़ीसा में।

धन कहाँ गया ?

मेरे कहने का तात्पर्य यह है कि ये सारे तथ्य जो 1991 के बाद हम लोगों ने आर्थिक

विकास मॉडल अपनाया है, उसके आज हमारे कितने पाठक हैं, आज हमारे कितने अखबार इन चीजों और तथ्यों को अपना रहे हैं ? दूसरा तथ्य मैं आपके सामने यह रखना चाहूँगा कि उदारीकरण के बाद अगर आप देखें तो सबसे अधिक इस देश में आर्थिक पत्रकारिता का विकास हुआ है। जो दावा किया जाता है और जिसकी हिन्दी में हम बहुत थोड़ी नकल कर रहे हैं, वह आर्थिक पत्रकारिता क्या है? यह शुद्ध रूप से 'लायजनिंग पत्रकारिता' है। बड़ी कम्पनियों के बारे में कारपोरेट वर्ल्ड के बारे में ऐसी खबर देकर पैसा निवेश करनेवाले लोगों के मन में एक भ्रम पैदा करना मुख्य रूप से इनका काम है।

दो-तीन चीजों का मैं उल्लेख करना चाहूँगा। इन दिनों देश में नरसिम्हन कमेटी की रिपोर्ट की काफी चर्चा होती है। यह नरसिम्हन कमेटी क्या है? सम्भवतः आपको ज्ञात होगा कि हमारे राष्ट्रीयकृत कहलानेवाले बैंकों में भी साधारण लोगों के जो पैसे जमा होते हैं, हर साल इनमें से उनके कुछ पैसे डूब जाते हैं। जब बैंकों पर अत्यन्त दबाव पड़ा कि वे पता कराएँ कि पिछले 30-40 वर्षों में कितने पैसे डूबे हैं, तब नरसिम्हन साहब जो रिजर्व बैंक के डिप्टी गवर्नर थे, को यह काम सौंपा गया। उन्होंने पता करके बताया कि अब तक ऐसे 43 हजार करोड़ रुपए डूब चुके हैं। 1991 तक यह पैसे जिसने लिए उसमें से 30,000 करोड़ इस देश के 12 बड़े घरानों में गए। बाकी 15 हजार करोड़ रुपए मामूली लोगों के बीच में गए।

बैंकिंग के जानकार कहते हैं कि यह अत्यन्त कम करके बताया गया है। वास्तविक पैसा एक लाख करोड़ के आसपास है, सूद छोड़कर। इस पर सुप्रीम कोर्ट में श्री एस. डी. शौरी ने एक याचिका भी दायर कर रखी है जिस पर अभी सुनवाई होनी है। मित्रो, यह पैसा है, लोगों का, सर्वसाधारण लोगों का जो बैंकों में डूब चुका है, जो नौकरशाहों, पूँजीपतियों और नेताओं के तालमेल से डूबा है। इतना बड़ा घोटाला हुआ, पर इसके तंत्र के बारे में कि कैसे यह होता है, कैसे जनता इससे प्रभावित होती है आज तक लोग नहीं जानते।

वित्तीय विशेषज्ञों के मुताबिक 1991 से 1995 के बीच जो नॉन-बैंकिंग कम्पनियाँ आईं, उन्होंने लगभग 85 हजार करोड़ पूँजी बाज़ार से एकत्रित की। उनमें कुछ बड़े अखबारों के द्वारा प्रायोजित गैर-बैंकिंग कम्पनियाँ भी हैं। मध्य प्रदेश में भी कई लोग उसमें हैं। आज यह सारे पैसे लगभग डूब गए हैं। आज किसी अखबार में इसके खिलाफ एक सुनियोजित क्षेत्र से लोगों को इन्फार्म करने का प्रयास हमने नहीं देखा। हम हिन्दी अखबारों के लोगों की और अधिक जिम्मेदारी है। क्योंकि यहाँ से पैसे सबसे अधिक गए हैं। बाद में भारत सरकार कहती है कि नॉन बैंकिंग कम्पनियों पर हमारा कोई नियंत्रण नहीं है। हम इसको रोक नहीं सकते। तीसरी चीज़ मैं कहना चाहता हूँ कि जिस दिन वित्त मंत्री के सलाहकार के रूप में मोहर गुरुस्वामी ने दायित्व सँभाला उस दिन उन्होंने स्टार टी.वी. को दिए अपने एक इंटरव्यू में कहा कि इस देश का लगभग 20,000 करोड़ रुपया बाहर जमा है। ऐसा ही बयान चीफ विजिलेंस कमिश्नर के रूप में भूरेलाल ने दिया। मैं उन्हीं बयानों का हवाला दे रहा हूँ जो सरकारी-प्रशासनिक जगहों

से आए। क्या इन चीजों को बताने का काम हम लोगों ने किया कि किन लोगों के पैसे जमा हैं? अरुण कुमारजी की ब्लैक मनी पर बहुत ही अच्छी पुस्तक आई है। उसमें बहुत विस्तार से वर्णन है। पर हमारे पाठक इन चीज़ों को नहीं जानते। अगर वे इन चीज़ों को जानें तो निश्चित रूप से वे इस व्यवस्था को बदलने की कोशिश करेंगे।

अभी दो दिन पहले मैं एक अखबार में देख रहा था कि डिफेंस में नेवी में ही सिर्फ 30 हजार करोड़ रु. का घोटाला हुआ है। यह क्या घोटाला है कि स्पेयर पार्ट्स खरीदकर स्टॉक कर दिए गए हैं। जिनकी अभी जरूरत नहीं है। वह स्पेयर पार्ट्स कैसे हैं कि जो 9 रु. की चीज़ थी वह 8,328 रुपए में खरीदी गई। जो 16 रुपए की चीज थी, वह 15,240 रुपए में खरीदी गई। ऐसे ही बहुत सारे वर्णन उसमें हैं। मैं इस देश में वित्तीय क्षेत्र में जो चीज़ें हो रही हैं और जो लोगों का भविष्य तय कर रही हैं, उनके बारे में उल्लेख करना चाहता हूँ कि इनकी जरा सी झलक हमारे पाठकों के पास नहीं है। यह जो फाईनशियल मैकेनिज़्म है उसके बारे में जब तक हम अपने पाठकों को यह नहीं बताएँगे कि उदारीकरण के बाद जो वित्तीय घोटालों का दौर शुरू हुआ है और यह इस बाज़ारवाद की एक स्वाभाविक परिणति है, तब तक शायद हम अपने पाठकों को जागरूक नहीं बना सकते।

बहुत पहले हमारे यहाँ पं. जवाहरलालजी ने कहा था कि "शेयर बाज़ार से समृद्धि पाकर अगर कोई मुल्क समृद्ध होता है तो उसको गौरव नहीं करना चाहिए। क्योंकि जो पैसे सट्टे पर तथा बगैर परिश्रम किए कमाए जाते हैं, वह उचित नहीं है।" मुझे इस प्रसंग में बेंजामिन फ्रेंकलिन का एक कथन याद आता है कि उन्होंने कहा था कि नौजवान अगर अपने युवा दौर में बगैर परिश्रम किए पैसा कमाने का मानस बना ले तो यह सबसे दुर्भाग्य का क्षण होता है।

भाषायी पत्रकारिता में है दम

मुझे लगता है कि हमारे राष्ट्रीय जीवन में यह सबसे दुर्भाग्य का क्षण आ गया है। लेकिन दार्शनिक तौर पर हम इसका मुकाबला नहीं कर पा रहे हैं। यह काउंटर कर सकने की क्षमता कम-से-कम भाषायी पत्रकारिता में है। पर हमारी निगाह उधर नहीं है। अभी दो दिनों पहले मैंने श्री चिदम्बरम का एक भाषण पढ़ा जो हिन्दुस्तान टाइम्स में मुख्य पेज पर छपा है, 'रियलिटी ऑफ टू इंडिया' जो उन्होंने मिशीगन यूनिवर्सिटी में एशिया के चोटी के व्यापारियों के बीच दिया था। वो कह रहे हैं कि देश में 'दो भारत' हो गए हैं और बड़ी समस्या भारत में हो गई है। क्योंकि उदारीकरण को अपनानेवाला जो भारत है और इससे जो पिछड़ा हुआ भारत है उसमें बड़ा तेज संघर्ष होनेवाला है। और इससे सामाजिक तनाव गहरानेवाला है। पर कुछ दिनों पहले पूर्व वित्त मंत्री मनमोहन सिंह का बयान हमने देखा था जिसमें उन्होंने कहा कि उदारीकरण से जो अपेक्षाएँ थीं वह पूरी नहीं हो पाई हैं। जो उदारीकरण के समर्थक लोग हैं वह इस निष्कर्ष पर पहुँच रहे हैं। पर हमारे अखबारों के माध्यम से यह सूचनाएँ हमारे पाठकों तक नहीं पहुँच रही हैं।

एक चीज़ और मैं कहना चाहूँगा कि जो नई टेक्नॉलॉजी आ रही है इसे पूर्णतया ख़ारिज करने का मानस हमें छोड़ना चाहिए। उसमें कुछ अच्छी चीज़ें भी हो रही हैं। इसका एक अच्छा पक्ष यह है कि पिछले दिनों किसी अखबार में हमने एक अच्छी रपट, फाईनेंशियल एनालिसिस की देखी। इसका शीर्षक ही उन्होंने दिया था कि 'अब तक मान्यता यह थी कि सरस्वती पुत्र लक्ष्मीविहीन होते हैं, पर अब लक्ष्मी सरस्वती पुत्रों के पास में जा रही है।' उन्होंने दो उदाहरण इसके दिए थे। मुझे लगता है कि आज़ादी की लड़ाई के दौरान भी दो वर्ग बहुत साफ थे, जिसमें एक वर्ग यह जानता था कि अंग्रेज़ी शासन की खूबियों को हमें अपनाना चाहिए। और उसे अपनाकर टेक्नॉलॉजी की दृष्टि से अपने को मजबूत बनाकर आनेवाले समय में एक मजबूत चुनौती के रूप में खड़ा होना चाहिए। आज हमारे यह तय करने का वक्त है। मुझे लगता है कि टेक्नॉलॉजी में जो बेहतर चीज़ें आ रही हैं वह हिन्दी इलाकों तक हम कैसे पहुँचाएँ? यह भी हमारे लिए एक प्रामाणिक कसौटी होनी चाहिए।

जरूरत है सार्थक हस्तक्षेप की

मित्रो, इस बाज़ारवाद की एक और देन है जिसमें हम सार्थक हस्तक्षेप कर सकते हैं। एक का और उल्लेख करते हुए मैं अपनी बात को खत्म करना चाहूँगा। जो सौन्दर्य प्रतियोगिता आप देखते हैं, जो आज देश के छोटे-छोटे कस्बों में जहाँ बहुत भयानक रूप से ग़रीबी है, अशिक्षा है, पिछड़ापन है, वहाँ पर भी सौन्दर्य प्रतियोगिता आयोजित हो रही है। मैं यह कहने के लिए आपको नहीं कहता कि इस उदारीकरण और थाईलैंड में जो वेश्यावृत्ति होती है उसके बीच में क्या सम्बन्ध हैं ? पर हम यह सूचनाएँ तो अपने पाठकों तक पहुँचा ही सकते हैं कि इन सौन्दर्य प्रतियोगिताओं के पीछे कौन सा मानस है?

सौन्दर्य प्रतियोगिता की खबर पाठक पढ़ना चाहते हैं और उसे हम सब छापते हैं। पर हमारे एक स्तम्भकार ने कहा कि इस पर हम एक अलग ढंग से टिप्पणी लिखना चाहते हैं और उन्होंने पश्चिम की चर्चित पत्रिका, जिसमें पश्चिम के चिन्तन की झलक रहती है, उस अर्थशास्त्री के तथ्यों को एकत्र किया और जो आँकड़े आए, उसको उन्होंने सामने रखा। पहला आँकड़ा था कि उभरती हुई दुनिया के सात बड़े बाज़ारों में से एक भारत है। संकट के बावजूद सबसे सुरक्षित निवेश करने की दृष्टि से देश में भी भारत का नाम आया। इसके बाद गणना की गई कि दुनिया के उभरते बाज़ार कौन-कौन से हैं। इसमें भी यूरोप छोड़ दें तो भारत नम्बर एक पर है। अगर तीनों आँकड़ों को एक साथ रखकर आप देखें तो इस उदारीकृत भारत में यह जो सुन्दरियों के फैशन शो का दौर चल रहा है उसको समझने में आसानी होगी और आप पाएँगे कि इन सौन्दर्य प्रतियोगिताओं के पीछे कैसे बाज़ार अत्यन्त ताकत के रूप में अपना हस्तक्षेप कर रहा है।

अगर इन सूचनाओं को हम पाठकों तक पहुँचा सकें तो इसकी बहुत अच्छी

प्रतिक्रिया होती है और मैं स्वयं जिस अखबार से जुड़ा हूँ, उसमें हम लोगों ने छापा तो इसकी अत्यन्त अनुकूल प्रतिक्रिया हुई। मित्रो, यह तो सारी छोटी-छोटी चीज़े हैं जिसमें हम सार्थक हस्तक्षेप कर सकते हैं और वह करना चाहिए। एक प्रयास तो हमें यह भी करना चाहिए कि अपने राजनेताओं को जिन 240 सांसदों का हमने हवाला दिया उनसे सार्थक संवाद स्थापित हो। हम उनको बताएँ कि उदारीकरण के बाद हिन्दी इलाकों की स्थिति क्या है। आर्थिक आँकड़े क्या कह रहे हैं? क्या विशेषज्ञ कह रहे हैं? इन सवालों को अगर हम उन तक पहुँचाते हैं तो निश्चित रूप से ऐसे मंचों पर से जहाँ से महत्त्वपूर्ण दिशाएँ मिलती हैं, वहाँ तक यह बात पहुँचेगी। तीसरी चीज़ कि जो बहस और संवाद हो रहे हैं, उनके छोटे-छोटे बुकलेट जारी हों। चौथी चीज कि अरुण कुमारजी जैसे जो लोग हैं, इनको और ऐसे संवादों से जोड़ें। इससे जो फाइनेंशियल मैकेनिज़्म है, जो बाज़ारवाद के पीछे की ताकतें हैं, उनको हमें समझने में और मदद मिलेगी।

अरुण कुमार (अर्थशास्त्री) : सबसे पहले मैंने बात बताई थी कि जो इकॉनॉमिक सिस्टम होता है वह एक 'रूल ऑफ दि इकॉनॉमिक गेन' होता है कि कौन इससे फायदा उठाता है, किसका नुकसान होता है? एक समय में इकॉनॉमिक सिस्टम बदलता है जो 1991 से हुआ और इसमें ऐसा नहीं हो कि सभी कंज्यूमर्स हैं और सभी को फायदा होता है। कुछ को फायदा हुआ है, कुछ को नुकसान हुआ है। ग्लोबलाइज़ेशन के प्रोसेस में इंटरनेशनल लेवल पर जो विकसित और विकासशील राष्ट्र हैं उनके बीच में वैचारिक खाई बढ़ी है।

मैंने दूसरा मुद्दा जो रखा था वह यह था कि 'ग्लोबलाइजेशन इज आल अबाउट मार्केटाइज़ेशन' यानी कि ग्लोबलाइज़ेशन वह प्रोसेस है जिसमें बाज़ार का सबसे ज्यादा विकास हो रहा है और इसके पीछे मैंने कई बातें कही थीं कि बाज़ार एक संस्थान है और एक्सचेंज ऑफ गुड्स एंड सर्विसेज़ होने पर गुड्स एंड सर्विसेज़ एक तरफ जाती है और उसका पेमेंट दूसरी तरफ आता है। यह बाज़ार का बुनियादी उद्देश्य होता है। बाज़ार कभी भी समाज के दायरे के बाहर परिभाषित नहीं होता है। कोई भी बाज़ार बिल्कुल मुक्त नहीं होता है। उसके जो नियम होते हैं यानी कि आज बाज़ार को कैसे चलाएँगे, उसे समाज निर्धारित करता है। इसलिए यह कहना कि बाज़ार स्वतंत्र हो जाएगा, इसका एक विशिष्ट सन्दर्भ में ही अस्तित्व रह जाता है। तीसरा महत्त्वपूर्ण बिन्दु यह है कि बाज़ार कोई 'लोकतांत्रिक संस्थान' नहीं है। यहाँ पर नागरिकता, उम्र, लिंग, वगैरह का कोई ध्यान नहीं रखा जाता। यहाँ तो मापदंड डॉलर है। किसके पास कितनी पूँजी है ? कौन बाज़ार में कितनी माँग रख सकता है ?, वही चीज़ें नियंत्रित करता है। इस बाज़ार के कई बहुत अहम मुद्दे हैं; एक, तो है उपभोक्ता प्रभुता, जिसका मतलब है कि जो धनाढ्य उपभोक्ता चाहता है वही होना चाहिए, दूसरा बाज़ार का नियम है 'मोर इज बेटर' यानी कि जितना ज्यादा आप उपभोग करेंगे उतना ही अच्छा है। तो

'अधिक अच्छा है' का प्रचार किया जाता है। इसके कई दूरगामी परिणाम होते हैं। बाज़ार की गुणवत्ता इस बात से आँकी जाती है कि उपभोक्ता जब जो भी माँग करें उसे वह उसी क्षण मिल जाता है अथवा नहीं।

अन्तिम बिन्दु जो उसमें मैंने बताया कि यहाँ पर बाज़ार में त्याग का प्रश्न कहीं पर नहीं आता है क्योंकि यह उपभोक्तावाद से जुड़ा हुआ है। 'मोर इज बैटर' से जुड़ा हुआ है। तो यहाँ पर त्याग की कोई अवधारणा नहीं आती है। फिर मैंने एक और चीज़ बताई थी कि मार्केट्स ऑफ एफिशिएंस। तो यहाँ पर कंज्यूमर की इच्छा आपको पूरी करना है। तो इससे क्रयशक्ति मैटर करती है और इसलिए इसमें जितना श्रम विभाजन बढ़ेगा उतना यह योग्य बाज़ार होगा। तो श्रम विभाजन कहाँ सबसे ज्यादा है, ग्लोबल मार्केट में है और इसीलिए ग्लोबलाइज़ेशन को सबसे ज्यादा एक्शन बाज़ार समझा जाता है।

अब देखिए कि बाज़ार में 'गुड्स आर गुड्स, एंड मोर इज बैटर' अवधारणा का आप प्रचार करते हैं और लाभ कमाते हैं तो उसमें कोई खराबी नहीं है। अगर आप सिगरेट का विज्ञापन करें या आप शराब का विज्ञापन करके उसको प्रचारित करें जो कि आज सभी जगह किया जा रहा है तो उसमें कोई बुराई नहीं है। बाज़ार तब आगे बढ़ेंगे जब राज्य जगह खाली कर जाए जिससे कि निजी क्षेत्र बाज़ार में आगे बढ़ता जाए। बाज़ार बिना स्टेट के चल ही नहीं सकता है। लेकिन अमेरिका में स्टेट का शेयर जो है सारे जीडीपी में करीब 35 प्रतिशत है जो तीसरी दुनिया के देशों से ज्यादा है। आस्ट्रेलिया है वहाँ पर स्टेट का शेयर जीडीपी में करीब 50 प्रतिशत से 60 प्रतिशत तक है, यानी कि जो अग्रिम पंक्ति के राष्ट्र हैं वहाँ पर भी राज्य का हस्तक्षेप विकासशील देशों के हस्तक्षेप से कहीं ज्यादा है।

शब्द का गौरव आज भी है

निर्मल वर्मा

हम अक्सर यह भूल जाते हैं कि भारत एक राष्ट्र ही नहीं था। वह एक प्राचीन सभ्यता के समस्त मूल्यों को आधुनिक काल में, आधुनिक काल की चुनौतियों के समक्ष लाकर न केवल उसका सामना करता है बल्कि जहाँ-जहाँ उसकी रचनात्मकता धूमिल नहीं पड़ गई है, वहाँ उसे पुनर्भाषित करने की भी कोशिश करता है। दुनिया के समस्त देशों का अस्तित्व आर्थिक और राजनीतिक स्तर पर भौगोलिक राष्ट्रीय सीमाओं के भीतर सीमित होता है। भारत इससे थोड़ा अलग रहा है। यह हमारे लिए बहुत मुश्किलें पैदा करता है, लेकिन शायद यही चीज़ है जिसने आज भारतीय परम्परा को, भारतीय आदर्शों को जीवित रखा है। इसने जो इंसानियत के संस्कार मनुष्यता के सामने रखे हैं वे आज भी गहरी प्रासंगिकता रखते हैं। लड़ाई के जमाने में मैंने एक किताब पढ़ी थी; अमेरिका के वेनटिरविल की उसमें अभिव्यक्ति थी, जो प्रेसीडेंट नहीं बन सके थे, लेकिन प्रेसीडेंट से ज्यादा उनका सम्मान और आदर किया जाता था। उन्होंने एक किताब लिखी थी 'वन वर्ल्ड'। वो नई मानवता का एक नया घोषणा पत्र बन करके आई थी। युद्ध से विभाजित और रक्त रंजित यूरोप में किस तरह से समूची मनुष्यता अपने को एकसूत्रित कर सकती है, यह उस किताब में अद्भुत ढंग से चित्रित किया गया था। वेनटिरविल हिन्दुस्तान भी आए थे। वे नेहरूजी से भी मिले थे। नेहरूजी स्वभाव से ही अन्तरराष्ट्रीय चेतना के व्यक्ति रहे थे। जरा गौर फरमाएँ, 'वन वर्ल्ड' के आदर्श में और ग्लोबलाइज़ेशन दोनों में ऊपर से कोई फर्क नहीं है। आज जो ग्लोबलाइज़ेशन का शब्द हम इस्तेमाल करते हैं, वो वही है जो वेनटिरविल का शब्द था, जो एक जमाने में कार्ल मार्क्स का शब्द था : इंटरनेशनलिज़्म, इंटरनेशलन सालीडेरिटी। लेकिन, एक शब्द किस तरह से अपना अर्थ बदल देता है, हमारे जीते-जी अपने आदर्शों से गिलगिल होकर, किस तरह से वो एक डरा देनेवाला हौवा बन जाता है। क्यों? क्योंकि उस शब्द के भीतर से मनुष्य की आकांक्षा अभिव्यक्त हो जाती है। वो केवल एक यूनिफिकेशन का फार्म बन करके रह जाता है। इसमें आर्थिक मूल्यों, आर्थिक स्वार्थों पर जोर रहता है, परन्तु मनुष्य की जिस आकांक्षा से यह इंटरनेशनल अर्थाभाव की जो आशा थी वह वहाँ से हट जाती है, यह एक शब्द ठूँठ की तरह रह जाता है। मैंने यह बात क्यों उठाई ? क्योंकि इंटरनेशनलिस्ट या वन वर्ल्ड इसे सिर्फ पैसा ही नहीं जोड़ता

जिसकी बात पिछले दो दिनों से हो रही है। व्यापारी और बलशाली नहीं जोड़ता। एक जमाने में इस विश्व को जोड़नेवाले वे मूल्य थे जो भाषा में, शब्दों में, साहित्य में प्रकट होते थे। एक रूसी, एक अमेरिकी, एक यूरोपीय लेखक के द्वन्द्वों, अन्तरद्वन्द्वों, अर्थवत्ता की तलाश, इस धरती पर मनुष्य होने का अर्थ आदि जिज्ञासाओं से हजारों मील दूर बैठे हुए भी जोड़ते थे। यह शब्द का गौरव था और आज भी है।

मैं अपने इस छोटे से वक्तव्य में इस शब्द पर पिछली शताब्दी में किस तरह के प्रहार पड़े हैं, और आज वो किस कठिन दौर से गुजर रहा है, इस पर कुछ कहना चाहूँगा। मेरे नोट का शीर्ष है 'आत्म बोध से आत्म बोझ तक'। अक्सर यह मान लिया जाता है कि विज्ञान जहाँ मनुष्य के बाहरी जीवन में परिवर्तन लाता है वहाँ साहित्य उसके अन्दरूनी जगत को प्रभावित करता है। वास्तविक अनुभव में इस तरह का सीधा, साफ सुथरा विभाजन नहीं होता है। समाज के एक क्षेत्र में होनेवाले परिवर्तन अनिवार्यतः दूसरे क्षेत्रों में भी हलचल उत्पन्न करते हैं। हमारे युग में विज्ञान प्रौद्योगिकी और संचार साधनों में जो अभूतपूर्व परिवर्तन हुए हैं वे मनुष्य के ठोस व्यावहारिक जीवन से भले ही सम्बन्ध रखते हों, किन्तु उन्होंने उसके सोच-चिन्तन के तारों को भी हिला दिया है। यह वे तारें हैं, जिनकी गूँज कविता, कहानी, उपन्यास में सुनाई देती है। मनुष्य के भीतर स्पन्दित होनेवाला अनुभव जगत साहित्य कहलाता है। साहित्य की जगह, अन्य कलाओं के बीच कुछ अनूठी है। वह अपनी अभिव्यक्ति के लिए जो माध्यम चुनता है, भाषा उसमें मनुष्य की अन्दरूनी दुनिया के बराबर बाहर की दुनिया से वार्तालाप करती रहती है। कौन नहीं जानता भाषा वह सिस्मोग्राफ है जो ऊपर होनेवाली छोटी-से-छोटी हलचल को अपने भीतर दर्ज कर लेती है, ड्यूरन ग्रे के उस पोर्ट्रेट की तरह जो अपने कुकृत्यों को अपनी पेंट की हुई आकृति से झलका देता था। यह आस्कर वाइल्ड की कहानी है जिसमें ड्यूरन ग्रे बाहर से जो कुछ करके आता था उसके पोर्ट्रेट में, उसके चेहरे की झुर्रियों में वो सारे कार्य, वो सारे कुकृत्य झलक जाते थे। बीसवीं सदी के अनुभव ने हमें सिखाया है कि इस भयानक रूप से अधिनायकवादी सत्ताओं के तले भाषा भ्रष्ट होती है। झूठ और धोखे की जो मैल शब्दों पर जमा होती है उसकी परतों के नीचे उसकी आध्यात्मिक अर्थवत्ता को पढ़ पाना भी दूभर हो जाता है। मनुष्य जिस माध्यम से अपनी छवि गढ़ता है, यदि वही सन्दिग्ध और अविश्वसनीय बन जाए तो वह जीते-जी अपनी पहचान खो बैठता है। यह एक विडम्बना ही मानी जाएगी कि आज जब सूचना और संचार के साधनों ने मनुष्य को एक-दूसरे के इतना निकट ला दिया है वहाँ हम स्वयं अपने से दूर होते चले गए। जहाँ दूसरों तक पहुँचने के, पहचानने के यंत्र इतने व्यापक और परिष्कृत हो गए हैं (टेलीफोन, टेलीग्राम, ई-मेल, इंटरनेट), वहाँ अपने तक पहुँचने के समस्त परम्परागत सेतु ध्वस्त होते जा रहे हैं।

भाषा से छुटकारे का प्रयास

दूसरे युद्ध के दौरान शायद आपको मालूम हो, रूसी फ़ौजें, आक्रमणकारियों के सामने

रुकावट अर्थ की नीति अपनाती थीं। पीछे हटते हुए वे शत्रु के रास्ते से, वे सब साधन नष्ट कर देती थीं, (पुल-पुलिए, खेत खलिहान) ताकि शत्रु की गति में अवरोध पैदा किया जा सके। आज हम वही कर रहे हैं, लेकिन उलटे रास्ते से। दूसरों तक जल्दी-से-जल्दी पहुँचने की होड़ में हम उन सब राहों को नष्ट करते जा रहे हैं जो एक समय में हमें अपने तक पहुँचती थीं। तानाशाही व्यवस्थाओं में सिर्फ भाषा को देखा जाता था। आज हम भाषा से छुटकारा पाने का प्रयास कर रहे हैं। आज हम इतिहास का अन्त, विचारधारा का अन्त जैसे अन्तों की चर्चा करते हैं तो हम भूल जाते हैं कि 'न रहेगा बाँस न बजेगी बाँसुरी'। हम यह तक नहीं समझ पा रहे हैं कि हम किस तेजी से भाषा के अन्त की विभीषिका की तरफ बढ़ते जा रहे हैं। यह प्रश्न लोगों के मन में उठ सकता है कि जिस चीज़ पर समस्त संचार साधनों का तंत्र टिका हुआ है उसका अन्त भला कैसा? जाहिर है यहाँ पर मेरा आशय व्यावहारिक क्षेत्र की भाषा से नहीं है जिसमें सूचनाओं, खबरों और विज्ञापन का प्रचार-प्रसार होता है, बल्कि उस भाषा से है जिससे साहित्य के माध्यम से मनुष्य अपने समाज से संवाद करता है। साहित्य भले ही एकान्त में रचा जाता हो, किन्तु एक बार प्रकाशित होने के बाद वह समूचे समाज के सदस्यों के बीच एक वैचारिक बात उत्पन्न करता है। जिसमें हम न केवल एक-दूसरे से बल्कि अपने अतीत और वर्तमान से एक नया सम्बन्ध स्थापित करते हैं। यह केवल एक ऐसी भाषा में सम्भव हो सकता है जिसमें मनुष्य पीढ़ी-दर-पीढ़ी अपने आत्मीय अनुभवों और स्मृतियों, अपने स्वप्न और आकांक्षाओं को संयोजित करता आया है।

यहाँ शब्द केवल आदान-प्रदान का माध्यम ही नहीं होते, बल्कि स्वयं अपने अर्थों में इस धरती पर मनुष्य के होने का साक्ष्य देते हैं। बाज़ार की चालू भाषा के आक्रामक दबावों के तले जिस अनुपात में शब्द प्रतीकात्मक अर्थ, स्मृति संकेत और संस्कार खोते जाते हैं उस अनुपात में मनुष्य का आन्तरिक और आध्यात्मिक जीवन भी विपन्न होता जाता है। 19वीं और 20वीं शताब्दी में पश्चिमी मनुष्य आत्ममद के नशे में अति मानव बनने का स्वप्न देखता था जिसकी भयानक परिणति हिरोशिमा, गुलक यातना गृहों में हुई थी आज मनुष्य मोह भंग के मानसिक त्रास में जीना चाहता है जहाँ वह पूर्ण मनुष्य बनने की चुनौती से बच सके।

हलके होने की आकांक्षा

यदि उत्तर-आधुनिक मनुष्य की कुछ आकांक्षा हो सकती है तो वह है हलका होना। वह हलका तभी हो सकता है जब वह मानव-मुक्ति के उन समस्त आदर्शों से छुटकारा पा सके, जो एक समय में उसे उत्तेजित, उत्साहित और सम्मोहित करते थे। उन सब चिन्ताओं को उतारकर फेंक दे जो उसकी आत्मा पर बोझ बन सकती थीं। अपने को जानने की जिज्ञासा जीवन के अर्थ को पाने की ललक, प्रसव पीड़ा, पीड़ायुक्त प्रश्न जो वह अपने से केवल अपनी ही भाषा में कह सकता था। आज वह भाषा मनुष्य

को अपने में एक निरर्थक बोझ जान पड़ती है। *मुझे लगता है कि आगे के वर्षों में सूचना और संचार के साधनों में जो अभूतपूर्व परिवर्तन हुए हैं वे कहीं उस भाषा के बोझ से छुटकारा पाने की तो लालसा नहीं हैं, जिसमें मनुष्य का आत्मबोध प्रकट होता था। 'आत्मबोध' तो हमारे समय में धीरे-धीरे 'आत्मबोझ' बनता जा रहा है।*

भाषा के भीतर बढ़ती हुई बोझिलता मनुष्य के मानस को एक रूखे मरुस्थल में बदल देती है। संचार साधनों की व्यावसायिक आँधी में साहित्य ही एक ऐसा स्थल बचा है जहाँ शब्द अपने अर्थों से मनुष्य और उसके संस्कारगत बोध को जीवित रख सकते हैं। कविता, उपन्यास, महाकाव्य, भाषा के अभयारण्य हैं जहाँ शब्द समस्त व्यवधानों को झेलते हुए अपने मूल स्रोतों की ओर लौटकर एक नई जीवन शक्ति और अर्थगरिमा प्राप्त करते हैं। यह शक्ति साहित्य के किन रूपों में प्रकट होती है, इसकी भविष्यवाणी करना असम्भव है।

बीसवीं सदी के आरम्भ में क्या कोई कल्पना कर सकता था कि अंग्रेज़ी कविता 'विस्टेड' में एक नया जन्म लेगी और बासी पड़ती हुई उपन्यास की तथ्यात्मक शैली यूलिसिस में अपना कायाकल्प करेगी। कौन जानता था कि हिन्दी कविता में निराला जैसी तेजस्वी प्रतिभा का विस्फोट होगा जो खड़ीबोली में कविता की अप्रत्याशित सम्भावनाओं को उजागर करेगा। इन कवियों, कथाकारों की कृतियों ने झूठे पड़ते शब्दों को न केवल एक नई अर्थवत्ता दी, बल्कि वार्तालाप के उन भग्न सेतुओं को भी जोड़ने का काम किया जो मनुष्य के अन्दरूनी जगत और उसके व्यावहारिक जीवन के बीच चलता है। भाषा यदि मनुष्य की सबसे प्रामाणिक, प्राचीन धरोहर है तो इसलिए कि उसके भीतर यह वार्तालाप सम्भव हो सकता है जिसमें समस्त सांसारिक कोलाहल और शोर-शराबों के बावजूद मनुष्य अपनी आत्मा की आवाज़ को समझ सकता है। कोलाहल से छुटकारा पाने के लिए नहीं, बल्कि ठीक उसके बीच जहाँ मनुष्यत्व के मर्म को पूरी निर्ममता और निर्भीकता के साथ उघाड़ा जा सके। यह महज संयोग नहीं था कि 20वीं शताब्दी की सबसे अविस्मरणीय कृतियाँ वे हुई हैं, जो न सीधे-सीधे साहित्य के घेरे में आती हैं, न पत्रकारिता के घेरे में। दोनों की परम्परागत सीमाओं को लाँघकर एक नितान्त नई विधा का जन्म हुआ। उस दृष्टि से शायद 'भगवत् गीता' और सब चीजें होने के साथ साथ दुनिया की सबसे प्रथम और प्राचीन विपुलताश है, जहाँ दो सेनाओं के आमने-सामने युद्ध की विभीषिका के समय मनुष्य अपने मनुष्यत्व को पुनर्भाषित करने का प्रयास करता है। भारतीय पत्रकारों को यदि अपनी आधुनिक परम्परा में किसी रिपोर्ताज को खोजना हो तो शायद गाँधीजी की पुस्तक 'माई स्ट्रगल इन साउथ अफ्रीका' पहली पुस्तक थी जिसमें उन्होंने वर्णवाद के विरुद्ध संघर्ष करते हुए सत्याग्रह के सत्य को पहली बार खोजा। नारमल मैनर की पुस्तक 'गुलक' दो भिन्न शासन व्यवस्थाओं के भीतर उत्पन्न होनेवाली मानव विरोधी मूल्यों को जिस वस्तुपरक तटस्थता के साथ उद्घाटित करती है वो आज हर पत्रकार और लेखक के लिए प्रेरणादायी हो सकती है।

ये पुस्तकें हमें क्या सिखाती हैं? यह हमें सिखाती हैं कि हम जो अपने जीवन को

भीतर और बाहर की दीवारों में विभाजित करते हैं और उन पर लेबल चिपकाते हैं, उपन्यास, कहानी, दस्तावेज, रिपोर्ट के वे आज के समय में कितने बे-मानी हो गए हैं। यह नहीं कि पत्रकारिता और साहित्य के बीच अन्तर नहीं है, किन्तु अन्तर की रेखाएँ वे हैं जो एक के अनुभव को दूसरे से अलग करती हैं, बराबर बदलती रहती हैं और यही ठीक भी है। क्योंकि कोई भी मनुष्य कितना ही तात्कालिक क्यों न हो, कोई भी अनुभव जो कितना ही तात्कालिक क्यों न हो, किसी गहरे सत्य की ओर संकेत करता है। टालस्टॉय ने 'अन्ना केरेनिना' जैसा अमर उपन्यास तब लिखा था जब उसकी प्रेरणा उन्हें अखबार में छपी एक रिपोर्ट से मिली थी जिसमें एक महिला ने ट्रेन के नीचे आकर आत्महत्या की थी। हम यदि इन संकेतों को पढ़ना भूल गए हैं तो इसलिए कि आज जिस भाषा में मृत्यु-हत्या के बारे में पढ़ते हैं या टेलीवीजन में देखते हैं तो वहाँ खून में लथपथ चेहरा तो दिखाई देता है, मगर उसके पीछे छिपा वह सत्य नहीं दिखाई देता जो हर घटना के पीछे दबा रहता है। मुझे लगता है कि एक लम्बे अरसे से हम अपने को इस कटु और कठोर सत्यों से छिपाते आए हैं जो हमें असुविधाजनक जान पड़ते हैं। दूसरे शब्दों में कहूँ तो जो राजनीतिक रूप से भ्रष्ट नहीं हैं उनके बारे में हम चुप रहते हैं। आज पत्रकारों को खतरा उन चुप्पियों से भी है जो हमने खुद अपने ऊपर ओढ़े रखी है। एक जमाने में जो उन चुप्पियों को तोड़ने का प्रयास करता था वह प्रतिक्रियावादी कहलाया जाता था। आज वह साम्प्रदायिक, हिन्दूवादी और पता नहीं क्या-क्या नाम उसको दिए जाते हैं। कितनी लज्जा की बात है कि वैचारिक असहमतियों पर कोई-न-कोई ठप्पा चिपकाकर हम अपने नैतिक दायित्व से छुटकारा पा लेते हैं, हलके हो जाते हैं। बाबरी मस्जिद के ध्वस्त होने की बात कही जाती है। लेकिन उस विचित्र और त्रासद इतिहास को नहीं ध्यान में रखा जाता जिसके कारण वह घटना हुई थी और यह ऐसे लोग करते हैं जो इतिहास की दुहाई देना नहीं भूलते हैं।

अल्पसंख्यकों के अधिकारों की बात कही जाती है। उन कश्मीरी अल्पसंख्यकों की नहीं जो अपने ही देश में शरणार्थी बन करके जी रहे हैं। धर्मनिरपेक्षता की बात की जाती है, किन्तु सर्वधर्म की अवधारणा के बारे में हमारे बुद्धिजीवियों का ज्ञान आश्चर्यजनक है। सच तो यही है और यह एक कटु सत्य है कि हमने धीरे-धीरे उन सब सांस्कृतिक आधारों को नष्ट कर दिया है जिनसे किसी की स्वाधीन चेतना बनती है। यदि आज हम बे-पेंदी के लोटे की तरह बाज़ार के प्रलोभनों की ओर भाग रहे हैं तो शोक क्यों हो? हम वही तो हैं जो कभी चीन, कभी सोवियत संघ को अपने भविष्य का आदर्श घोषवाक्य बना रहे थे। जब कभी कोई राष्ट्र अपनी धरती, अपनी स्वतंत्र चेतना खो देता है तो हवा के थपेड़े कहीं से भी आएँ, उसे बहा ले जाते हैं।

मुझे खुशी है कि मैं इस संगोष्ठी में आ सका। यहाँ आने से पहले जवाहरलाल कौल का परिपत्र भी मैंने पढ़ा जिसमें उन्होंने बहुत-सी ऐसी बातें कहीं जिनसे मैं सहमत था। उनकी दक्ष शैली, स्पष्ट चिन्तन और सन्तुलित वैचारिकता ने मुझे हमेशा बहुत प्रभावित किया है। इससे अधिक उनकी चिन्ताओं और सरोकारों ने जिन पर मैं पूरा

भरोसा करता था। पर यहाँ दो दिन की चर्चा सुनने के दौरान बराबर एक बात मेरी अन्तर-आत्मा को कचोटती है और वह यह थी कि हम पत्रकार, बुद्धिजीवी और लेखक जो यहाँ पर बीमारी का उपचार करने के लिए आए हैं, कहीं स्वयं तो उस बीमारी का लक्ष्य नहीं? समय आ गया है कि हम बाहर की बीमारी का परीक्षण करने से पहले कुछ देर के लिए अपने भीतर के कीटाणुओं को देख सकें जो पिछले 50 वर्षों से हर संक्रामक रोग को अपने भीतर आमंत्रित करते रहे हैं। ●

*जाने-माने कथाकार **श्रीलाल शुक्ल** ने निर्मल वर्मा के वक्तव्य को नया आयाम देते हुए भाषायी पत्रकारिता की विसंगतियों को उजागर किया और बताया कि बाज़ारवाद की ताकतें भाषायी पत्रकारिता के कन्धे पर सवार होकर ही मीडिया पर हमला करेंगी। 'राग दरबारी' जैसे बहुचर्चित उपन्यास के सर्जक शुक्ल ने अपने सम्बोधन में भारतीय न्यायपद्धति, राजनीतिक घटनाचक्र आदि से अनेक उदाहरण देते हुए आशा व्यक्त की कि सामान्य जन की पुनर्प्रतिष्ठा से बाज़ारवाद की विकृतियाँ और भाषा को भ्रष्ट करने की अपसंस्कृति नष्ट होगी।*

भारतीय भाषाओं का आत्मसमर्पण

श्रीलाल शुक्ल

'बाज़ार का नया अवतार हिन्दी और राष्ट्र चेतना' से शायद आयोजकों का मन्तव्य है कि इस बाज़ारवाद के प्रसंग में हिन्दी की व्यावहारिक स्थिति क्या होगी या क्या होना चाहिए अथवा क्या हो सकती है? जो हो सकती है उसके रास्ते में ऐसे कौन-कौन से अवरोध हैं जिनको कि हटाने की चेष्टा करना जरूरी है। ये कुछ प्रश्न हैं जिनके बारे में मैं ऐसी बहुत सी सामान्य बातें आपके सामने प्रस्तुत करूँगा जिनसे कि शायद आप पहले ही अवगत हों।

सबसे पहली बात तो यह है कि हरिवंशजी ने अभी जो आँकड़े आपके सामने दिए थे कि विश्व में बाज़ारवाद के चलते अंग्रेज़ी का कितना जबर्दस्त प्रचलन हुआ है और संसार में शायद 25 या 30 करोड़ व्यक्तियों की भाषा सीधी तौर पर अंग्रेज़ी हो गई है, तो उससे कुछ इस प्रकार की ध्वनि निकली कि बाज़ारवाद का अंग्रेज़ी के साम्राज्यवाद से कोई सीधा रिश्ता है। मुझे ऐसा लगता है कि भारतवर्ष के सन्दर्भ में यह अवधारणा बिल्कुल सही नहीं है। अंग्रेज़ी के पक्ष में हिन्दी और दूसरी भारतीय भाषाओं ने अपने हथियार बाज़ारवाद का आतंक कायम होने के पहले ही डाल दिए थे। जिन कारणों से भारतवर्ष के अंग्रेज़ी तबके ने अंग्रेज़ी के वर्चस्व को ग्रहण किया था उसका बाज़ारवाद से सीधा कोई ताल्लुक नहीं था। और जब मैं हिन्दी की बात कर रहा हूँ, जो उसी के साथ समस्त भारतीय भाषाओं की भी बात समझ लीजिए। 1965 में हिन्दी को केन्द्र की राजभाषा के रूप में पूर्णतया स्थापित हो जाना चाहिए था। यह संविधान की आकांक्षा थी और जिसको हम आठवाँ शेड्यूल कहते हैं। जिसके माध्यम से हिन्दी भाषा, राजस्थानी आदि को भी स्थान मिल जाए। उस आठवें शेड्यूल का भी कहीं कोई रिश्ता नहीं था। उस आठवें शेड्यूल का मन्तव्य केवल दो अर्थों में संविधान में प्रासंगिक था; एक तो इस अर्थ में कि राजभाषा के रूप में हिन्दी को सक्षम बनाने के लिए जो शब्द योजना तैयार की जाएगी उसमें उस आठवें शेड्यूल में जिन भाषाओं के नाम दिए गए हैं उन भाषाओं की भी शब्दावली का सहारा लिया जाएगा। वह मुख्यतः संस्कृत पर आधारित होगी। मगर इन भाषाओं का भी सहारा लिया जाएगा। वह काम न जाने कब का खत्म हो गया और दूसरी चीज़ उसमें यह थी कि राजभाषा के रूप में हिन्दी की प्रगति को देखने के लिए, जो एक आयोग बनेगा उससे इन भाषाओं की भी प्रतिपूर्ति

होगी और वह सब आयोगवाला भी काम 10 वर्षों में समाप्त हो जाना चाहिए। तो यह जो भारतीय भाषाएँ जिनका कि नाम वहाँ पर लगाया जाता है जिनको कि हम राष्ट्रीय भाषाएँ कहते हैं तो उनकी सिर्फ इतनी ही सार्थकता संविधान की दृष्टि से थी। एक सार्थकता अलग से थी वह यह कि प्रत्येक राज्य अपने यहाँ हिन्दी या अपने यहाँ की क्षेत्रीय भाषा या दोनों तथा अंग्रेज़ी भी इनको अपनी राजभाषा के रूप में अधिनियम बना करके घोषित कर सकता है।

1965 में दक्षिण भारत में और विशेषकर तमिलनाडु में भाषायी आन्दोलन और दंगों के बाद लालबहादुर शास्त्री जब इस देश के प्रधानमंत्री बने थे तो उन्होंने समस्त मुख्यमंत्रियों की अपने यहाँ पर एक बैठक बुलाई थी। यह देखने के लिए कि उन्होंने अपने-अपने राज्यों में अपनी भाषा के लिए क्या किया है? संविधान में यह तो व्यवस्था कर दी गई कि 15 वर्ष के भीतर अंग्रेज़ी को केन्द्र से हटा दिया जाएगा और हिन्दी को पूरे तरीके से स्वीकार कर लिया जाएगा। मगर संविधान में कोई ऐसी व्यवस्था नहीं थी कि प्रत्येक राज्य के ऊपर भी यह अनिवार्यता रहे कि एक निर्धारित अवधि के भीतर वो अपने यहाँ की भाषा को राजभाषा बना लेगा। शायद यह माना गया था कि राष्ट्रीयता के आवेश में या उसके प्रभाव में राज्य जल्दी-जल्दी अंग्रेज़ी को छोड़कर अपने यहाँ की क्षेत्रीय भाषा को राजभाषा के रूप में स्वीकार कर लेगा।

बाज़ार आएगा भारतीय भाषा के कन्धे पर चढ़कर

आपको आश्चर्य होगा कि जब 1965 में मुख्यमंत्रियों की बैठक हुई जिसमें अपने यहाँ के मुख्यमंत्री के साथ मुझको भी पीछे बैठने का अवसर मिला था। उक्त बैठक में ऐसे-ऐसे राज्य थे जो सबसे पिछड़े राज्य थे। उन्होंने ही अपनी भाषाओं का सबसे अधिक तिरस्कार किया। उड़ीसा के सदाशिव तिवारी मुख्यमंत्री थे। उन्होंने बताया कि उनके यहाँ अपने राज्य के लिए राजभाषा अधिनियम ही नहीं बना। उड़िया पूरी तरह से तिरस्कृत थी। मध्य प्रदेश तक में जहाँ मुख्यमंत्री पंडित द्वारिकाप्रसाद मिश्र थे वहाँ भी सीमित अर्थों में हिन्दी का प्रयोग शुरू हुआ था और बहुत से ऐसे क्षेत्र थे जिनमें कि अंग्रेज़ी की स्थिति को कोई भी खरोंच नहीं पहुँच पाई थी। अतः वह जो दृश्य देखा गया उससे यही आभास होता था कि भारतीय भाषाओं का और हिन्दी का बंटाधार तो हम लोगों ने पहले ही, अंग्रेज़ी के वर्चस्व को स्वीकार करने से पूर्व ही कर दिया था। उसके पीछे वही डेढ़ प्रतिशत भारतीय हैं, जो अंग्रेज़ी जानते हैं और उनके भी भीतर बहुत छोटी संख्या सरकारी अफसरों की और केन्द्र के जो बड़े-बड़े प्रतिष्ठान थे, उनकी थी। खासतौर से वित्तीय प्रतिष्ठान, एकाउंटेंट जनरल आदि यह इतने बड़े-बड़े प्रतिष्ठान थे कि उनकी आकांक्षाओं को नज़रअन्दाज करना सरकार के लिए सम्भव नहीं था। बिजनेस इंडस्ट्रीज का जितना क्षेत्र था उन सबमें तो अंग्रेज़ी का वर्चस्व स्वीकार भी कर लिया गया था। ऐसे बहुत से क्षेत्र थे जहाँ पर आसानी से अंग्रेज़ी के क्षेत्र को हटाया जा सकता था, परन्तु उसको हमने नहीं हटाया तो यह मानकर चलना कि बाज़ारवाद

के चलते अब अंग्रेज़ी को कोई विशेष प्रोत्साहन मिलेगा बेमानी है। क्योंकि वह प्रोत्साहन तो हम पहले ही दे चुके हैं। मगर एक चीज़ जो हिन्दी के पक्ष में आशाजनक मालूम देती है, जिसका कि जिक्र हरिवंशजी ने किया है, वह है आर्थिक पत्रकारिता का विकास। अब सवाल यह है कि अगर भारतवर्ष में कोई माल किसी विदेशी कम्पनी को बेचना है तो उसका लक्ष्य यह नहीं होगा कि वह सबसे पहले अंग्रेज़ी का विशेष प्रयास हमारे यहाँ करे तब अपने लक्ष्य तक पहुँचे। उसका उद्‌देश्य तो यह होगा कि जिस किसी भी भाषा में उसकी सामग्री बिक रही है, उसी भाषा का वह प्रयोग करें। हो सकता है कि दूरदर्शन, स्टार टी.वी, जी.टी.वी पर जो विज्ञापन आ रहे है, उसमें भाषा भ्रष्ट हो। मगर वह भ्रष्ट भाषा भी हिन्दी है। वह बाज़ार की भाषा है और उस भाषा का वह प्रयोग कर रहे हैं। अखबारों में भी जैसे-जैसे कारपोरेट क्षेत्र का प्रभुत्व बढ़ता जाएगा उसी अनुपात में अखबारों में भी हिन्दी अपना एक स्वरूप ग्रहण करती हुई व्यवहार की भाषा के रूप में बराबर बढ़ती हुई चली जाएगी। मैं व्यक्तिगत रूप से हिन्दी के इस प्रकार के विस्तार को लेकर और भारतीय भाषाओं के इस प्रकार के प्रसार को लेकर बहुत ज्यादा हताशावादी नहीं हूँ। अंग्रेज़ी के साथ बाज़ारवाद तो अपनी जगह पर है, मगर आज कभी उसके साथ एक वर्चस्व की भावना जुड़ी हुई है। एक इलीटीज़्म का भाव जुड़ा हुआ है जिसके कारण अंग्रेज़ी का हमारे यहाँ पर विशेष वर्चस्व है। यह एक छोटा-मोटा तबका जो है वह हमेशा इस प्रकार भारतवर्ष में बना रहेगा। मगर बाज़ार अब आएगा, भारतीय भाषाओं और हिन्दी भाषाओं के कन्धे पर ही चढ़कर। वह देहातों के ऊपर आक्रमण करेगा। बाज़ार का मन्तव्य मैकालेवाली नीति अपनाना नहीं होगा कि हम अपनी तरफ से अंग्रेज़ी का प्रचार करते चले जाएँगे। भाषा की भ्रष्टता तो बढ़ेगी ही मगर सवाल है कि व्यावहारिक रूप में जैसे-जैसे किसी भी भाषा का प्रयोग होता है तो उसकी भ्रष्टता बढ़ती ही जाती है।

अरुण कुमारजी ने हमें बताया कि सामान्यजन जो ग़रीब आदमी है उसके लिए इस बाज़ार की संस्कृति में कोई स्थान नहीं है। यह बात सही है। मगर हमारे यहाँ सामान्यजन को समग्र जीवन में स्थान दिलाने का साधन संविधान के मार्गदर्शक सिद्धान्त हैं। हमारे यहाँ जनतंत्र है। हर चीज़ में हर विचार के पीछे राजनीतिक विचारधारा रही है। उसमें बार-बार यही बात उभर करके सामने आई है कि सामान्यजन की प्रतिष्ठा, उसकी भागीदारी किस प्रकार से प्राप्त कराई जा सकती है। अब आजकल भले ही वाणिज्यिक शक्तियाँ हमारे ऊपर हावी हो रही हों उस प्रसंग में हिन्दी के प्रयोग को आप सोचिए। यह जितना कारोबार संविधान के नाम पर किया गया कि हिन्दी को राजभाषा बनाने के लिए उसका एक स्वरूप निश्चित किया जाए वह सब निरर्थक काम था। निरर्थक इस उद्‌देश्य से था कि हमने यह मान लिया कि जिस प्रकार से अंग्रेज़ी शासन तंत्र हमारे यहाँ चलता रहा है, जिस प्रकार के शब्द, जिस प्रकार के पद अंग्रेज़ी शासन प्रक्रिया के अन्तर्गत इस्तेमाल होते रहे हैं, उनमें हम कोई परिवर्तन नहीं करेंगे। केवल उनका हम हिन्दीकरण करेंगे।

एक उदाहरण मैं आपको बताऊँ। भारतवर्ष की जो न्याय पद्धति है इससे बढ़कर कठोर न्याय पद्धति संसार में कहीं पर भी नहीं है। क्योंकि भारतवर्ष में 20 से ज्यादा हाईकोर्ट हैं। प्रत्येक हाईकोर्ट में 30-30, 40-40 जज हैं। अगर एक सिंगल जज भी बैठकर किसी एक ऐसे विषय पर न्याय दे देता है जिसके ऊपर किसी बड़ी बेंच की रूलिंग उपलब्ध नहीं है तो भारतवर्ष में वह फैसला, वह नजीर देश के समस्त न्यायालयों पर लागू हो जाती है। उसका नतीजा यह है कि देश में वकीलों की संख्या और उनका समुदाय सशक्त हो गया है। क्योंकि नजीरें, अन्तहीन नजीरें हैं। जितना बड़ा स्टेट्यूट है, मुख्य कानून है उससे सैकड़ों, हजारों गुना बड़ा हम लोगों के यहाँ का फैसला है। नजीरोंवाला कानून है। इस व्यवस्था में चाहिए तो यह था कि जब हम स्वतंत्र हुए तो हम अपने यहाँ की न्याय पद्धति को बदलकर यह सोचते कि किस प्रकार से सामान्य आदमी के पास हम इस कानूनी व्यवस्था को आसान बनाकर ले जाएँ या कम-से-कम उतना तो कर ही दें कि जिस आदमी को सुप्रीम कोर्ट से फाँसी की सजा सुनाई गई है, उसी भाषा में हम उसको बता दें कि तुमने यह अपराध किया था इसलिए तुमको फाँसी की सजा दी जा रही है। उसे अंग्रेज़ी में न बताएँ। आज तो जो आदमी फाँसी की सजा पाता है उसको भी एक विदेशी भाषा में एक अनुवादक के जरिए बताया जाता है कि तुमने यह दोष किया था इसलिए तुमको यह दंड मिल रहा है। तो यह प्रश्न इतना सीधा प्रश्न नहीं था कि हम अधिनियमों का अनुवाद करके सामने प्रस्तुत कर दें कि हिन्दी हमारे कानून की भाषा बने। और यह जो अंग्रेज़ों का बनाया हुआ पूरा का पूरा अधिनियम है इसका अनुवाद और इन अनुवादों के जरिए अदालतों में पूरी की पूरी प्लीडिंग की जाए। यह अवसर था जबकि कानूनी व्यवस्था में सुधार करके उसको आसान तरीके से बना दिया गया होता।

जन का वर्चस्व हो

चीन ने तो नजीरवाले कानून को माना ही नहीं है। न्यायालय के लिए प्रत्येक कोर्ट को इस बात की छूट थी कि अपनी तरफ से जो उनके 4-5 इंस्टीट्यूट हैं, कानून हैं। उसके आधार पर अपनी व्याख्या दे दिया करें, मान लिया जाएगा। तो जो अवसर था भाषा को सामान्य आदमी तक पहुँचाने का उस अवसर को खोकर हमने दूसरे की अंग्रेज़ी बनाई। आपके मनोरंजन के लिए मेरा एक पुराना लेख है। मैंने उसमें एक उदाहरण दिया था, वह पुस्तक भी मैं यहाँ पर लाया हूँ। मैं उस पुस्तक की चार-पाँच पंक्तियाँ पढ़ करके आपको सुनाना चाहता हूँ कि किस प्रकार की भाषा का सृजन किया गया, कानून के क्षेत्र में हिन्दी को लागू करने के लिए और अपने आप देखिएगा कि वह भाषा स्वयं अपना व्याघात करती है, स्वयं निरर्थक हो जाती है। 'ट्रांसफर ऑफ प्रापर्टी एक्ट' एक जमाने में लम्बी-चौड़ी संस्था बनी थी। शायद अब भी है। आफिशियल लेंग्वेज, लेजिस्लेटिव्ह कमीशन उस आयोग की तरफ से जो अनुवाद करवाए गए थे उसकी एक मिसाल देखें तो— *'सम्पत्ति अन्तरण अधिनियम की धारा 17(1) जो कि सम्पत्ति के किसी*

अन्तरण निबंधन निर्दिष्ट करते हैं कि सम्पत्ति से उद्भूत आय का या अन्तरक के जीवन से या (ख) अन्तरक की तारीख से 18 वर्ष की कालावधि से अधिक कालावधि तक पूर्णतः या अंशतः संचित की जाएगी वहाँ एतनामिन पश्चात् यथा उपबन्धित के सिवाय ऐसा निवेश, वहाँ तक शून्य होगा जहाँ तक कि वह कालावधि जिसके दौरान संचय करना निर्दिष्ट है। पूर्वोक्त कालावधियों से भी दीर्घतर कालावधि से अधिक हो और ऐसी अन्तिम वर्णित कालावधि का अन्त होने पर सम्पत्ति और उसकी आय इस प्रकार व्यतीत की जाएगी कि मानो वह कालावधि जिसके दौरान संचय करना निर्दिष्ट किया गया है, बीत गई है।' अब आप कल्पना कीजिए कि यह भाषा एक मुकदमेबाज़ के लिए वैसी ही विदेशी भाषा है जैसी कि अंग्रेज़ी है। मैं इसे समझने में पूर्णतया अपनी असमर्थता व्यक्त करता हूँ।

थोड़ी बहुत हिन्दी जानने और थोड़ा बहुत संस्कृतविद होने के नाते अगर मुझसे कहा जाए कि इस प्रकार के कानून का उल्लेख करके आप किसी न्यायालय में कुछ प्लीडिंग पेश कर दीजिए तो उसका प्रश्न ही नहीं उठता है। तो सवाल आज भी यही होगा कि आपके सम्पूर्ण विकास की प्रक्रिया में और आज का बाज़ारवाद भी उसी विकास की प्रक्रिया का ही गलत या सही एक अंश है। उस प्रक्रिया में भारतवर्ष के सामान्यजन को जिनको कि आप 40 प्रतिशत ग़रीबी की रेखा के नीचे जीवनयापन करनेवाला मानते हैं उनको राजनीतिक सिद्धान्त के आधार पर, इस भारतवर्ष में इस विकास की प्रक्रिया में क्या स्थान देने जा रहे हैं? मेरा अपना ऐसा विचार है कि इस बात को स्वीकार कर लें कि बाज़ारवाद का आज का बर्बर स्वरूप ही हमारी 'अनिवार्य नियति' है और इसके सामने जो भारतवर्ष का सामान्यजन है वह सब प्रकार से असहाय है और उसको सब प्रकार की राजनीतिक विचारधाराओं से रहित कर दिया गया है। अगर इस भावना को लेकर हम चलते हैं, तब तो स्थिति बहुत ही निराशाजनक है। मगर एक आशा की किरण मुझको वहाँ दिखाई देती है कि शायद इन परिस्थितियों से उत्पन्न होनेवाले तनावों को लेकर एक बार हम फिर उस विचारधारा की ओर लौटे हैं जहाँ पर जन के वर्चस्व को एक मूल्य माना जाता है और अगर उसको लेकर हम लौटते हैं तो बाज़ारवाद का यह स्वरूप भी बदलेगा और बाज़ारवाद के साथ जुड़ी हुई भाषा को भ्रष्ट करने की संस्कृति को अपसंस्कृति का स्वरूप देने की जो प्रवृत्ति चल रही है, वह भी बदलेगी।

हिन्दी पत्रकारिता और 'हिन्दी जाति'

केदारनाथ सिंह

हिन्दी को लेकर कुछ चिन्ताएँ, बल्कि भारतीय पत्रकारिता को लेकर के कुछ चिन्ताएँ कल से व्यक्त की जा रही हैं। और हरिवंशजी जब अपना पर्चा पढ़ रहे थे और उसके साथ उनकी व्याख्याएँ भी जुड़ी थीं तो शुरू में काफी निराशाजनक तस्वीर बनती हुई दिखलाई पड़ रही थी। अन्त में उन्होंने कुछ संकेत आशा के दिए। वे केवल हिन्दी की बात नहीं कर रहे थे, वे हिन्दी पत्रकारिता और समस्त भारतीय पत्रकारिता को किस तरह से नए रास्तों की तलाश करनी पड़ेगी और कैसे कुर्बानी देनी पड़ेगी, इसका जिक्र भी कर रहे थे। मैं साहित्य की दुनिया से जुड़ा हुआ हूँ। जहाँ लाभ-हानि की चिन्ता न्यूनतम होती है। केवल लिखा जाता है, लेकिन किसी भूल्य प्राप्ति के लिए नहीं।

कविता लिखनेवाले और ज्यादा अभिशप्त हैं क्योंकि वह जानते हैं कि वह लिख ही ऐसा रहे हैं कि उससे कोई रायल्टी मिलनेवाली नहीं है। कभी सौभाग्य से कुछ प्राप्ति हो गई तो ठीक है। लेकिन, मैं यह याद दिलाना चाहता हूँ कि हिन्दी पत्रकारिता का सम्बन्ध हिन्दी जाति के निर्माण से भी रहा है। वह केवल समाचार पत्रों के विकास तक सीमित नहीं है। मैं हिन्दी जाति को भी थोड़ा बहुत जानता हूँ जो एक दीर्घ क्रान्ति की देन है। पिछले लगभग 100 वर्षों से ज्यादा के इतिहास से उपजी हुई यह एक वास्तविकता है जिसके अन्तर्विरोध आज भी बने हुए हैं। हिन्दी जाति की संकल्पना की बात से मुझे लगता है कि हिन्दी जाति पूरी तरह से आकार आज भी अर्जित नहीं कर सकी है। अब भी निर्माण की प्रक्रिया में है। इस निर्माण की प्रक्रिया को गति देने में शायद हिन्दी पत्रकारिता का बहुत बड़ा योगदान था। मैं केवल याद दिलाऊँगा कि मध्य प्रदेश के अपेक्षाकृत छोटे शहर (खंडवा) से पत्रिका 'कर्मवीर' निकलती थी। जिस महान व्यक्ति के नाम पर यह संस्था (माखनलाल चतुर्वेदी रा.प.वि.वि.) है। वह व्यक्ति ही इसको निकालता था। छोटे शहर से निकालता था। लेकिन 'भारतीय आत्मा' के रूप में वह जाना भी जाता था और भारतीय आत्मा होना और छोटे शहर से पत्रिका निकालना, इन दोनों के बीच एक बड़ी सोची-समझी संगति थी जो इस देश की जनता जानती थी। मैं जानता हूँ कि पटना में कहीं किसी ने कहा है कि 'कर्मवीर' की किस तरह से प्रशंसा की जाती थी। भारतेन्दु अपना पत्र निकालते थे तो उसकी प्रशंसा लाहौर

में कैसे की जाती थी, वह मैं बताना चाहता हूँ। भारतेन्दुजी के निधन पर जो बहुत सारे वक्तव्य आए थे उसमें कहीं पर मैंने पढ़ा था कि लाहौर में भी ऐसे लोग थे जो भारतेन्दु के पत्र की प्रतीक्षा करते थे। यह सारी जो भावनात्मक स्थितियाँ थीं, जो हिन्दी पत्रकारिता से जुड़ी हुई थीं, वो हिन्दी जाति के निर्माण में सहायक बन रही थीं। बल्कि महत्त्वपूर्ण भूमिका अदा कर रही थीं।

तो मुझे लगता है कि हिन्दी पत्रकारिता शायद पिछले कुछ समय से अपने इस दायित्व से अगर विरक्त नहीं हुई है तो थोड़ी सी विस्मृत जरूर हुई है। यह तथ्य नजरअन्दाज कर दिया गया है। थोड़ा विस्मृत कर दिया गया है। यह प्रक्रिया अभी पूरी नहीं हुई है और मुझे लगता है कि हिन्दी पत्रकारिता को इस दायित्व को भी पूरा करना पड़ेगा। विश्व की बहुत सी विकसित भाषाएँ हैं, उनकी बात अलग है। इस देश की सारी प्रादेशिक तथाकथित भाषाओं, क्योंकि प्रादेशिक कहने से शायद अर्थवत्ता पूरी तौर पर व्यक्त नहीं होती है, तो उन सारी ही भाषाओं की स्थिति लगभग इस तरह की है। एक और तथ्य की ओर मैं आपका ध्यान खींचना चाहूँगा कि हिन्दी की बात के बारे में। जैसा मैंने कहा कि इसके निर्माण की प्रक्रिया अब भी उलझी हुई है, अधूरी है। यह नहीं भूलना चाहिए कि लगभग सारी प्रमुख भारतीय भाषाओं के क्षेत्र में हम देखें तो एक खास तरह का भाषिक उद्वेलन है। इस उद्वेलन का एक छोर हिन्दी है और दूसरा छोर हिन्दी से इतर बहुत सारी भाषाएँ हैं। मैं भाषाएँ ही कहूँगा, बोलियाँ नहीं कहूँगा। क्योंकि ये भाषा होने की पूरी आकांक्षा और संघर्ष से भरी हुई हैं। ऐसी जो बोलियाँ हैं उनके साथ शायद हिन्दी को अपने सम्बन्ध की परिभाषा फिर से करनी पड़ेगी। यह महत्त्वपूर्ण तथ्य है जिसे भुला दिया जाता है।

मैं एक छोटा सा उदाहरण देकर इस बात को स्पष्ट करना चाहूँगा। मैं जिस क्षेत्र से आता हूँ वह भोजपुरी भाषा क्षेत्र है। बिहार और उत्तर प्रदेश का वह क्षेत्र और जब मैं बनारस में छात्र था तो मुझे याद है कि सबसे ज्यादा लोकप्रिय जो वहाँ का समाचार पत्र था वह 'आज' था। और संभवतः वह 'आज' का स्वर्णयुग था। मुझे यह भी याद है कि पूरे हिन्दी लेखन का जो वार्षिक सर्वेक्षण 'आज' में छपता था उसमें भारत की पूरी एक तस्वीर साहित्य के माध्यम से कैसे उभरकर आ रही है उसका प्रारूप सामने रखा जाता था। लेखा-जोखा प्रस्तुत किया जाता था। वह परम्परा अब लगभग बन्द हो गई है। मुझे याद है कि उन दिनों 'आज' में एक स्तम्भ 'चतुरी चाचा की चिट्ठी' छपा करता था। इस स्तम्भ में देश की तत्कालीन परिस्थितियों का बेबाकी से तथा हास्य-व्यंग्यपूर्ण वर्णन होता था। मुझे अब तक याद है कि भोजपुरी क्षेत्र में एक पान की दुकान पर जब यह 'आज' अखबार आता था तो 'चतुरी चाचा की चिट्ठी' पढ़ी जाती थी और वहाँ पर 30-35 लोग इकट्ठे हो जाते थे। लगभग एक जलसे जैसा दृश्य वहाँ उपस्थित होता था और जिस तरह का जुड़ाव 'आज' अखबार के साथ उस समय के लोगों का बन चुका था, मैं नहीं मानता कि फिर कभी ऐसा अखबार के साथ बना होगा। सच तो यह है कि आज समाचार पत्रों की एक भाषा नीति होनी चाहिए। यह नितान्त

आवश्यक हो गया है। मैं पत्रकारिता को एक 'सांस्कृतिक प्रक्रिया' मानता हूँ। उससे हटकर शायद उसको नहीं देखा जा सकता। उसमें इस बात का ध्यान रखना होगा, कि किस पाठक को हम सम्बोधित कर रहे हैं? अगर मान लीजिए कि छत्तीसगढ़ से कोई पत्र निकल रहा है या बुन्देलखंडी या भोजपुरी क्षेत्र से कोई पत्र निकलता है तो भोजपुरी पाठक की अपनी कुछ अपेक्षाएँ होंगी। भाषिक अपेक्षाएँ भी होंगी। 'चतुरी चाचा की चिट्ठी' जैसा स्तम्भ हम हिन्दी की खड़ीबोली में दे सकें तो शायद जिस भाषा के उद्वेलन की बात मैं कर रहा था, वह थोड़ा कम होगा। एक सहज सम्बन्ध बन सकेगा। मैंने कहीं पर सुना है कि केवल हमारी ही स्थिति यह नहीं है। तेलुगु और कन्नड़ के बीच में भी इस प्रकार का संघर्ष शुरू हो गया है। यह सारी भाषाएँ हिन्दी जाति के निर्माण में अगर कोई बाधा उपस्थित नहीं कर रही हैं तो कम-से-कम एक ऐसा उद्वेलन जरूर पैदा कर रही हैं जो थोड़ा चिन्तित करता है। इन भाषाओं के साथ पूरे सम्बन्ध को फिर से निर्धारित करना चाहिए और इसमें शायद हिन्दी पत्रकारिता का बहुत बड़ा योगदान हो सकता है, मुझे यह लगता है।

मित्रो, जहाँ तक अर्थशास्त्र का सवाल है, पत्रकारिता का, उसके बारे में मैं बहुत दावे से कुछ भी नहीं कह सकता हूँ। लेकिन मुझे यह लगता है कि मैं एक बात की ओर विशेष रूप से आपका ध्यानाकर्षित करूँ और वह यह है कि हिन्दी जिस भाषा का निर्माण कर रही थी, अपने आज के पहले के 50 साल के दौर में तो उस दौर में हिन्दी का सम्बन्ध अपनी सहोदर भाषाओं के साथ भी बना हुआ था और बहुत ही प्रगाढ़ सम्बन्ध बना हुआ था। अभी यहाँ पर नवलकर चर्चा कर रहे थे कि यह 'समाचार' शब्द कहाँ से आ गया? हिन्दी के ऐसे असंख्य शब्द हैं जिनकी जड़ें हमारी पत्रकारिता में हैं और जिनकी तलाश की जानी चाहिए। शायद नवलकरजी का संकेत है कि बंगला से आया होगा। जरूरी नहीं है कि वह बंगला से आया हो। मैं जानता हूँ कि बहुत सारे शब्द हिन्दी पत्रकारिता ने स्वयं गढ़े हैं जो अब राष्ट्रीय उपयोग का विषय बन चुके हैं।

उदाहरण के लिए मैं कहूँ कि राष्ट्रपति हमारे अत्यन्त सम्मानित संविधान का शब्द है। राष्ट्रपति शब्द मुझे याद है कि पराड़करजी का गढ़ा हुआ है। पराड़करजी ने यह शब्द गढ़ा था कांग्रेस के अध्यक्ष के लिए। आरम्भ में जो कांग्रेस पार्टी का अध्यक्ष चुना जाता था उसको राष्ट्रपति कहते थे। इसका अर्थ विस्तार हुआ और इस तरह से आज राष्ट्रपति हमारे देश के प्रेसीडेंट के लिए प्रचलित है।

मुझे लगता है कि केवल शब्द निर्माण की दिशा में हिन्दी पत्रकारिता ने बहुत बड़ा योगदान दिया है। असंख्य ऐसे शब्द हैं जो हमारे रोजमर्रा के व्यवहार का विषय बन चुके हैं। और हमारे शब्दकोश में आ गए हैं। ये सारे शब्द बनाए गए हैं, रचे गए हैं बड़े विवेक सम्पन्न व्यक्तियों के द्वारा जिन्होंने हमारी भाषा को गति दी। मैं उदाहरण के लिए कहूँ कि फलाँ व्यक्ति की घटना-स्थल पर मृत्यु हो गई। अब फलाँ व्यक्ति की घटना-स्थल पर मृत्यु हो गई यह एक लम्बा-चौड़ा कथन है। इसको बहुत संक्षेप में बोल

चाल की भाषा में कहा जा सकता है। शायद मैं नहीं जानता कि इसको प्रभाषजी ने चलाया था या किसने चलाया। 'जनसत्ता' एक शब्द चलाता है, एक मुहावरा चलाता है 'ठौर मौत हो गई'। अब ठौर मौत यानी वहीं। और यह चलता है। 'जनसत्ता' ने इसको प्रचलित किया है। मेरा खयाल है कि बोलचाल की भाषा की ओर ध्यान देने की जरूरत है। पत्रकारिता को अनुवादपन से भी बचना होगा। यह अनुवादपन सबसे अहितकर साबित हुआ है। संसद में होनेवाले अंग्रेज़ी वक्तव्यों का जो अनुवाद छापा जाता है हिन्दी पत्रों में तो कुछ भी पल्ले नहीं पड़ता है। या फिर कुछ का कुछ अर्थ निकलता हुआ दिखाई पड़ता है। इसलिए एक बहुत जीवन्त सम्बन्ध हिन्दी भाषाभाषी क्षेत्र से, हिन्दी पत्रकारिता को कायम करना होगा। इसके लिए शायद जरूरत इस बात की है कि केवल तत्समबहुल हिन्दी की ओर न देखा जाए। संस्कृत की ओर न देखा जाए। शायद हमारी बोलियाँ अब भी इसमें हमारी मदद कर सकती हैं।

विभांशु दिव्याल (सम्पादक) : हम लोग जो हिन्दीभाषी क्षेत्र का यहाँ पर प्रतिनिधित्व कर रहे हैं, अलग-अलग व्यक्तित्व और पदनाम से हिन्दी क्षेत्र की समस्याओं से हम अच्छी तरह से परिचित हैं। जो पिछले वक्तव्य हुए हैं उनकी ध्वनि यह रही है कि बहुत कुछ होने के बावजूद ऐसा लगता है कि हिन्दी क्षेत्र की जो प्रतिरोधक क्षमता है या जो आगे बढ़ने की उसकी शक्ति है वह कहीं-न-कहीं क्षीण हो गई है। ऐसा क्यों हुआ? मुझे लगता है कि इसका जवाब श्रीलाल शुक्ल के उन शब्दों में था जहाँ उन्होंने कहा था कि अगर हम एक सामान्य व्यक्ति को केन्द्र में रखकर सोचें तो सहज ही समझ में आ जाता है कि हमें किस प्रकार की भाषा का इस्तेमाल करना है। क्योंकि जो भाषा, जो शब्द और जो भाषा व्यवहार एक सामान्य व्यक्ति की समझ में आता है, उसी के माध्यम से सामान्य व्यक्ति का कल्याण भी किया जा सकता है। तो हम लोग जिस व्यवस्था में हैं उसमें आज भी हमारे पास वही आदर्श है कि हम अपने इस देश के करोड़ों बेरोजगारों को, भूखों, बीमारों को, असहाय और लाचारों को कैसे उनका वाजिब स्थान इस समाज व्यवस्था में दिलाएँ। हिन्दीभाषी क्षेत्र में अगर यही संकल्प फिर से जिंदा हो उठता है, तो हो सकता है कि भाषा को भी दिशा मिल जाए और पत्रकारिता को भी दशा मिल जाए। जब यह संकल्प हमारी आँखों के सामने से हट जाता है तब फिर हमारे आपस के युद्ध होते हैं और वह सामूहिक संघर्ष समूचे समाज के कल्याण के लिए नहीं होते।

मैं आज एक बात और कहना चाहता हूँ। जिस समय पूरी दुनिया में बाज़ारवाद हावी हो रहा है और भारत उस बाज़ारवाद की बहुत बड़ी मंडी है। इस समय हालत यह है कि हम अपने अखबारों के लिए सही उपभोक्ता न तलाश कर पा रहे हैं और न पैदा कर पा रहे हैं। एक वक्ता ने उल्लेख किया था कि यह एक मात्र ऐसा उत्पाद है जिसकी लागत ज्यादा है और कीमत कम है। इसी फासले को पाटने के लिए सारे

अखबार विज्ञापनों के ऊपर निर्भर करते हैं। और इस हद तक निर्भर करते हैं कि किसी भी प्रकार के विज्ञापन से वो समझौता कर लेते हैं। आज स्थिति यह है कि विज्ञापन चाहे किसी का भी हो, चाहे वो शराब माफिया की ओर से जारी किया गया विज्ञापन हो या बहुराष्ट्रीय कम्पनी का विज्ञापन, तो अखबार के लिए अत्यन्त स्वागत योग्य है। यहाँ तक कि किसी भी प्रकार के छोटे और बड़े, भद्दे और अश्लील विज्ञापन का विरोध अखबार नहीं कर पाते हैं। उनका बहिष्कार भी नहीं कर पाते हैं। तो क्या ऐसा हो सकता है कि हम हिन्दीभाषी पाठकों में यह चेतना पैदा कर सकें कि वह पान या गुटका खाने के लिए जब 10-10 रुपए रोज खर्च कर सकता है, लेकिन लागत में अखबार खरीदने के लिए उसे संकोच होता है तो क्या कोई ऐसा तरीका हो सकता है कि उसकी झिझक तोड़ी जाए और अखबार के प्रति वह अपना आर्थिक योगदान उस रूप में करने के लिए तैयार हो जाए। अगर इस मानसिकता का हम निर्माण कर सकें तो हो सकता है कि हम अखबारों—खासकर भाषायी अखबारों—को बहुत बड़े संकट से उबार सकें। तब हो सकता है कि वो ज्यादा सार्थक भूमिका अपनी निभा सकें। ●

*सत्ता में संस्कृति और संस्कृति में सत्ता के प्रतिनिधित्व की 'एक्सपर्टीज' से सदैव लैस रहने वाले **अशोक वाजपेयी** अपनी उपस्थिति से विवादों को जन्म न दें, यह कैसे सम्भव है ? वे संकट जनते हैं और फिर उनका सामना करने की चुनौतियाँ भी महफिल में उछालते हैं। यह उनकी एक शाश्वत फितरत है। इस विमर्श में भी उन्होंने ऐसा ही किया और कुछ देर के लिए गोष्ठी का मिजाज़ गर्मा दिया।*

पत्रकारिता बनाम प्रेस विज्ञप्ति

अशोक वाजपेयी

मित्रो, अरुण कुमारजी के निबन्धों के बाद मुझे लगा कि इतनी गहरी निराशा छा सकती है कि डॉ. राममनोहर लोहिया का शब्द मुझे याद आया कि 'निराशा के भी कुछ कर्तव्य होने चाहिए'। यह तो सही है कि मैंने अपनी ओर से हिन्दी के छह संकट सोचे थे। यद्यपि उनका कुछ-न-कुछ बखान हो चुका है, लेकिन बहुत संक्षेप में उनका बखान सम्भवतः अनुपयोगी न होगा। पहला संकट है **राज संकट**। राज संकट यह है कि चाहे वह हिन्दी के राजभाषा के रूप में सक्षम होने की बात रही हो, उसकी वहाँ पदस्थता की बात रही हो या हिन्दी को विकसित करने की बात रही हो, कुल मिलाकर हमने इस मामले में सार्वजनिक राशि का घोर अपव्यय किया है। अभी भी हजारों लोग हिन्दी अधिकारियों के रूप में बैंकों में और न जाने कहाँ-कहाँ पर नौकरी करते हैं और हिन्दी के नाम पर अपने महाप्रबन्धक की चापलूसी के अलावा, उसकी तस्वीर छापने, उसकी पत्नी के किसी सामाजिक उत्सव में शामिल होने की रिपोर्ट छपवाने इत्यादि-इत्यादि कार्यों में व्यस्त रहते हैं। बहुत चमकीले और बढ़िया कागज पर उनके संस्थानों की यह पत्रिकाएँ छपती हैं। यह घोर अपव्यय हिन्दी के नाम पर है और हिन्दी वहीं की वहीं है जहाँ पर वह पहले थी। दूसरी तरफ हमने उसको कुल मिलाकर अनुवाद की भाषा बना दिया है। अज्ञेयजी कहते थे कि हिन्दी दो भाषाओं के बीच में पिस रही है; एक देववाणी और दूसरी प्रभु-भाषा। देववाणी यानी संस्कृत और दूसरी तरफ अंग्रेज़ी। तो राज संकट यह है कि राज्य इसको अपनी भाषा मानने को तैयार ही नहीं है और राज्यों को छोड़ दें, संघ को भी छोड़ दें, स्वयं हिन्दी के 5-6-7 राज्य हैं। वह मिल करके आज एक-सी शब्दावली पर सहमत नहीं हो सके हैं। कोई अभियन्ता कहता है, कोई यांत्रिक कहता है कोई कुछ कहता है और कोई कुछ कहता है। कहीं समाहर्ता कहा जाता है, कहीं जिलाधीश कहा जाता है, कहीं जिलाध्यक्ष कहा जाता है इत्यादि-इत्यादि। तो एक तो हमारा बड़ा भारी संकट यह है कि हम बहुत ज्यादा राज्य भरोसे भाषा के मामले में रहे हैं और इसमें पत्रकारिता की भाषा भी शामिल है। पत्रकारिता की भाषा राजभाषा से इतना अधिक प्रभावित है कि मुझे लगता है कि और कोई ऐसा क्षेत्र नहीं है जो राजभाषा के जीवन व्यवहार से ऐसा प्रभावित हुआ हो जैसे पत्रकारिता। क्योंकि ज्यादातर पत्रकार, राज्य सरकार द्वारा निकाली गई प्रेस विज्ञप्तियों इत्यादि का ही उपयोग करते हैं। इसलिए उसमें ऐसी शब्दावली की भरमार रहती

है; उदाहरणार्थ 'राष्ट्रपति रूमानिया प्रस्थित' बजाय यह लिखने के कि राष्ट्रपति रूमानिया गए। यह अटपटी-गैर मुहावरेदार भाषा, जिसका हिन्दी जाति से कोई सम्बन्ध नहीं है, न सिर्फ राज्य ने विकसित की है, बल्कि मुझे यह कहते हुए खेद है कि पत्रकारिता ने भी विकसित की है। इधर-उधर के, थोड़े-बहुत उदाहरण छोड़ दें जहाँ कुछ और कोशिश की गई हैं। मसलन 'नई दुनिया' और 'जनसत्ता' इत्यादि में। अन्यथा ज्यादातर स्थानों पर एक-सा आलम है। ज्यादातर अखबारों में राजभाषा पर उपजीवी भाषा ही पत्रकारिता की भाषा बनी।

दूसरा संकट है 'समाज संकट'। हिन्दी का समाज संकट यह है कि सम्भवतः कोई और भाषाभाषी समाज अपनी भाषा से इतना प्रेम नहीं करता जितना हिन्दीभाषी करता है। बल्कि मैं तो यहाँ तक भी कहने को तैयार हूँ कि आप 100 वर्ष का हिन्दी इतिहास देखें। इसने इतिवृत्तात्मकता से शुरू करके उत्तराधुनिकता तक की दौड़ तक जो एक सदी इस भाषा ने तय की है और ऐसा साहित्य इस भाषा में लिखा गया है जो संसार की किसी भी भाषा में लिखे गए साहित्य के समकक्ष रखा जा सकता है। आपको देखकर अचरज होगा कि यह सारा हुआ है हिन्दी समाज की स्वयं अपनी भाषा से बढ़ती दूरी, उसके प्रति अवज्ञा, उसकी उपेक्षा, उसके प्रति उदासीनता के बावजूद। मैं चूँकि अतिशयोक्ति के लिए ही कुख्यात हूँ इसलिए अतिशयोक्ति करके कहता हूँ कि हिन्दी का ऐसा साहित्य है जिसे हिन्दी समाज दरअसल 'डिजर्व' भी नहीं करता, अगर उसकी अपनी भाषा और साहित्य के प्रति लगाव को ध्यान में रखा जाए।

तीसरा संकट है 'संस्कृति संकट'। मैं इसके दो उदाहरण देना चाहता हूँ; जयपुर में जयपुर नहीं है, ग्वालियर में ग्वालियर नहीं बचा, अतरौली में अतरौली नहीं है, बनारस बस जानेवाला है। यह सब संगीत के घरानों के नाम थे। यह सब हिन्दीभाषी क्षेत्र में थे। इनमें से एक भी अब हिन्दीभाषी क्षेत्र में नहीं बचा। पिछले 50 वर्षों का हिन्दी रंगमंच उसमें जो दो बड़े नाम हैं, सौभाग्य से वे मध्य प्रदेश के हैं। हबीब तनवीर और सत्यदेव दुबे के। उनको अगर छोड़ दें तो ज्यादातर गैर हिन्दी भाषा-भाषाइयों का हिन्दी रंगमंच है। कोई बड़ा रंगकर्मी पिछले 30 साल से भारत के स्तर का पैदा नहीं हुआ है। हुसैन और रजा को भूल जाइए, थोड़ी देर के लिए क्योंकि वह 40 साल पहले की बात है। पिछले 40 वर्षों में अगर आप 20 श्रेष्ठ चित्रकारों की सूची बनाएँ तो उसमें से एक भी किसी हिन्दीभाषी क्षेत्र का नहीं है। यह बातें और क्षेत्रों में भी कही जा सकती हैं। इतनी सांस्कृतिक आत्महीनता किसी और क्षेत्र में नहीं है जितनी कि हिन्दी में है। हिन्दी में अपना शास्त्रीय संगीत, अपना शास्त्रीय नृत्य अपना बहुत कुछ था। मगर धीरे-धीरे इन सबकी चमक भी धुँधलाती जा रही है। कारण उक्त क्षेत्र के लोगों में अपनी अमूल्य धरोहरों को लेकर कोई चेतना नहीं है।

हमने प्रौद्योगिकी को पालतू बनाया

चौथा है 'बाज़ार संकट'। इसका बहुत जिक्र पहले ही हो चुका है इसलिए मैं इसका नाम

ले करके ही आगे बढ़ जाता हूँ। पाँचवाँ संकट है, **'ज्ञान संकट'** ज्ञान संकट यह है कि अभी मैं लखनऊ होकर अयोध्या गया था तो पता किया कि लखनऊ विश्वविद्यालय साल में शायद 22 दिन चलता है। सारे हिन्दी क्षेत्र के विश्वविद्यालयों की हालत यही है, हो सकता है, मध्य प्रदेश की स्थिति थोड़ी बेहतर हो। लेकिन कुल मिलाकर स्थिति इतनी खराब है कि परीक्षाएँ नहीं होती हैं। होती भी हैं तो वक्त पर नहीं होती हैं। वहाँ से लोग धीरे-धीरे भाग रहे हैं और यह सब आप जानते हैं कि हिन्दुस्तान का कोई बड़ा अर्थशास्त्री, कोई बड़ा मनोवैज्ञानिक, कोई बड़ा समाजशास्त्री हिन्दी भाषा में लिखनेवाला नहीं है। इतने बड़े-बड़े साहित्यकार हैं, लेकिन इनमें से कोई भी ऐसा नहीं है जो कि हिन्दी भाषा में लिखे। छठवाँ संकट है **'विज्ञान संकट'**। अभी परसों एक आयोजन में एक पत्रकार मित्र यह कह रहे थे कि ज्यादातर हिन्दी के जो चिन्तक और मनीषी हैं वे सब 'विज्ञान विरोधी' हैं। मुझे याद आया कि हमारे एक बड़े भारी सम्भवतः हिन्दी के तो सबसे बड़े, लेकिन सम्भवतः भारतीय भाषाओं के भी सबसे बड़े आलोचक रामचन्द्र शुक्ल ने इतने वर्षों पहले विश्व प्रपंच नाम की विज्ञान पुस्तक का अनुवाद करना जरूरी समझा था। लेकिन धीरे-धीरे प्रौद्योगिकी से हमारा सम्बन्ध छूटता गया है। मैं आपको उदाहरण देना चाहता हूँ कि तमिलनाडु सरकार ने 2-3 साल पहले 20 लाख डालर इस काम के लिए निर्धारित किए हैं कि तमिल में सूचना प्रौद्योगिकी सम्बन्धी जो भी काम किया जाना है वह सब फौरन ही शुरू करना चाहिए। हम इतने सारे हिन्दीभाषी राज्य हैं। किसी को इसकी रत्ती-भर चिन्ता नहीं है कि इतनी बड़ी जो टेक्नॉलॉजी आ रही है। इसका हमारी भाषा से कोई सम्बन्ध होना चाहिए। प्रौद्योगिकी को पालतू बनाने में हमारी जो महारत है उसका एक ही उदाहरण काफी होगा और वह 20वीं सदी का ही है। सिनेमा नाम का जब आविष्कार सामने आया था तो हम एक अविकसित, अब से कहीं ज्यादा ग़रीब, अब से कहीं ज्यादा अशिक्षित, अब से कहीं ज्यादा गुलाम इत्यादि देश थे। उसके बावजूद हमने इतनी जल्दी और इतनी आसानी से सिनेमा नाम के सर्वथा विदेशी माध्यम को पालतू बना दिया। कुछ इस हद तक पालतू बना दिया कि ज्यादातर सिनेमा तो रामलीला का संस्करण हैं। कुल मिलाकर जैसे रामलीला में सब ठीक-ठीक होता है वैसे ही एक तरह का हमने सिनेमा बनाया। अगर आज से 60-70 साल पहले ऐसा कर सकते थे तो अब ऐसी क्या दिक्कत है जो हम कर नहीं सकते। इस सूचना प्रौद्योगिकी को लेकर। लेकिन करने के लिए तो इच्छाशक्ति चाहिए।

दरअसल सारी लड़ाई सारी भारतीय भाषाओं और अंग्रेज़ी के बीच है। इस लड़ाई में इसके अलावा अब कोई चारा नहीं; बाज़ार के कुछ अच्छे पक्ष भी होंगे जिसमें से एक यह बताया जाता है कि बाज़ार को भाषा की जरूरत होगी।

हिन्दी और भारतीय भाषाओं का जब तक एक मिला-जुला आन्दोलन नहीं होता तब तक किसी भी ठोस प्रगति की उम्मीद व्यर्थ है। और आन्दोलन से मेरा मतलब यह नहीं है कि सिर्फ जुलूस निकाल लिये और प्रस्ताव पास किए, यद्यपि सम्भवतः उसका भी महत्त्व होता होगा। हरिवंशजी ने कहा और डॉ. अरुण कुमारजी ने कहा, मगर

उनकी और हमारी जानकारी कितनी कम है। आप बाज़ार का सामना बौद्धिक पिलपिलेपन और भावुकतावाद से नहीं कर सकते, भले ही वो कितनी ही मुहावरेदार हिन्दी में वक्तव्य क्यों न हुआ हो। आपको अगर इस बाज़ारवाद से लड़ना है, अव्वल तो उसको समझना होगा और उसको समझने के लिए दिमाग चाहिए, बुद्धि चाहिए और वो बौद्धिक प्रखरता और वह बौद्धिक जटिलता हिन्दी के मानस से गायब हो रही है। उसके पुनर्वास की जरूरत है। अभी हरिवंशजी ने तमाम आँकड़े और डाटा पेश किए। यह सारी सूचनाएँ आखिर हरिवंशजी को कहाँ से मिल गईं? यह सूचनाएँ सब प्रकाशित हैं। वे किसी गोपनीय तहखाने से यह सूचनाएँ नहीं लाए हैं। क्या हिन्दी के अखबार बाज़ारवाद का हिन्दी क्षेत्र में स्थायी प्रतिपक्ष बनने को तैयार हैं और यदि वो स्थायी प्रतिपक्ष आप बनने को तैयार हैं तो सिर्फ निन्दा करने से काम नहीं चलेगा। इस तरह के सतत विश्लेषण की जरूरत होगी। इस तरह की तथ्यात्मक जानकारी देने की जरूरत होगी और नीरस ढंग से देने की जरूरत नहीं होगी, कुछ सरस ढंग से देने की जरूरत होगी। उनको आप 'इकनॉमिक सर्वे' इत्यादि की भाषा में कृपा करके न दीजिए क्योंकि फिर भी वह एक राजभाषा का ही संस्करण हो जाएगा।

आम आदमी को केन्द्र में लाने की बात तो अच्छी है, लेकिन उसके लिए बहुत विराट बौद्धिक उद्यम चाहिए। वो विश्वविद्यालयों में होना चाहिए। वह सरकार के अधिकरणों में होना चाहिए। हिन्दी विश्वविद्यालयों के ज्ञान के उत्पादन की क्या स्थिति है, इसका कोई आकलन क्या हिन्दी के अखबार करते हैं? क्या हिन्दी के अखबार कभी यह करते हैं कि हिन्दी के विश्वविद्यालयों में इतनी हड़ताल क्यों हो रही है, यह नहीं होना चाहिए, लिखें इस पर अपनी सम्पादकीय टिप्पणी। हिन्दी के अखबार इसका ठीक उलटा करते हैं। वे अगर हड़ताल न हो रही हो तो करवा दें, क्योंकि वह खबर बनती है, हड़ताल न होना खबर नहीं है, ज्ञान न होना खबर है। ज्ञान होना खबर नहीं है। कोई आदमी अच्छी किताब लिख रहा है वह खबर नहीं है। तो यह जो एक आप अपनी बौद्धिक भूमिका से विरत हैं, उस बौद्धिक भूमिका को फिर से निभाने के लिए जो तैयारी चाहिए वह तैयारी अगर पत्रकारिता विश्वविद्यालय में कर सके तो यह एक सार्थक कदम होगा। वैसे अपने आतिथेय (मेजबान) के ऊपर ऐसा सन्देह नहीं करना चाहिए। लेकिन फिर भी हिन्दी विश्वविद्यालयों के ज्ञान उत्पादन का जायजा लेकर इसकी लगातार समीक्षा और निन्दा होनी चाहिए, अगर लोग अपना काम नहीं कर रहे हैं। एक जमाने में यहाँ पर एक ग्रन्थ अकादमी होती थी, अभी भी होती होगी, उसमें तमाम किताबें मुदर्रिशों से लिखवाई गई थीं। बहुत सारे अनुवाद कराए गए थे। वे किताबें आज तक उन मुदर्रिशों ने अपनी क्लास में इस्तेमाल नहीं कीं, खुद अनुवाद किया, उसका पैसा खाया, खाया मतलब उगाहा तो इसके लिए न बाज़ारवाद की जरूरत हैं, न सरकार की जरूरत है।

हिन्दी को हृदय ने नहीं, बुद्धि ने ठगा

हिन्दी को उसके हृदय ने नहीं उसकी बुद्धि ने धोखा दिया है। हिन्दी को सबसे बड़ा

धोखा हिन्दी के मध्य वर्ग ने दिया है। इतने बड़े-बड़े लेखक यहाँ पर बैठे हुए हैं। संसार के किसी भी भाषा के श्रेष्ठ लेखकों के समकक्ष हैं, लेकिन आपमें से यहाँ पर जो पत्रकार बैठे हैं उनमें से अधिकांश ने वर्षों पहले आखिरी पुस्तक छुई होगी। जैसे नौकरशाहों ने 35 साल पहले छुई होगी, या और लोगों ने कुछ और वर्ष पूर्व। पुस्तकों की दुनिया से हमारा कोई सम्बन्ध नहीं। संस्कृति की दुनिया से हमारा कोई सम्बन्ध नहीं, ज्ञान की दुनिया से हमारा कोई सम्बन्ध नहीं। हमारा सम्बन्ध खेलकूद से होगा और यह हास्यास्पद दयनीय, राजनीतिक खिलाड़ियों की नौटंकी से और अधिक-से-अधिक अधनंगी औरतों से होगा। इससे क्या आप भाषा को बचा ले जाएँगे ? इससे क्या आप भाषा को बाज़ारवाद का प्रतिरोध करने के लिए तैयार कर सकते हैं ? हिन्दी के ज्यादातर अखबारों को यह पता नहीं है। यह तो हम लोगों की थोड़ी दुष्कीर्ति हो गई है, क्योंकि हम ही 8-10 लोग बोलनेवाले बचे हैं जो हर जगह बुलाए जाते हैं। बोल-बोलकर हम लोग दूसरों को उबा रहे हैं और खुद भी ऊब रहे हैं। सैकड़ों लेखक हैं, सैकड़ों पुस्तकें हैं, जिनके बारे में हमें पता नहीं है और अखबारवाले खबर तक नहीं देते हैं कि सृजनात्मकता के जो थोड़े बहुत क्षेत्र बचे हैं उनकी क्या गति है? एक हमारे मित्र हैं दार्शनिक। वह दर्शन की एक पत्रिका निकालते हैं। उसके दो सौ ग्राहक तक नहीं हैं। जसदेव शल्य एक पत्रिका निकालते हैं 'उन्मूलन'। उसके 200 ग्राहक नहीं हैं। तो हिन्दी को उसकी बुद्धि ने धोखा दिया है, उसके हृदय ने धोखा नहीं दिया है, उसके जन ने धोखा नहीं दिया है।

हिन्दी में प्रौद्योगिकी का एक अत्यन्त आक्रामक कार्यक्रम तैयार करना चाहिए जिसमें हिन्दी के बहुत सारे अधिकरणों को, अखबारवालों को शामिल होना चाहिए जो आज खेलकूद में शामिल हो जाते हैं और टूर्नामेंट कराते हैं। आजकल अखबारवाले भी बहुत चीजें स्पांसर करते हैं। खुदा के लिए भीमसेन जोशी का गाना स्पांसर न करिये, लेकिन हिन्दी में प्रौद्योगिकी को एक बहुत आक्रामक ढंग से प्रस्तुत कीजिए। यह दीनता हिन्दी की कि 'हम खड़े हैं' आपके सामने हाथ जोड़े हम पर कृपा करिए। यह कब बन्द होगी? 40 से 60 करोड़ लोगों की भाषा घिघियाती है लेकिन क्यों? किसके सामने? इन दो कौड़ी के नेताओं के सामने? कुछ नहीं करना होता है हिन्दी की रोजी-रोटी खानेवाले को, कुछ नहीं करना होता है। नेता अगर हिन्दी की जनता के एक प्रतिशत हैं तो वो 40 लाख हैं। 40 लाख लोग अपनी रोजी-रोटी इस पर कमा रहे हैं। वो हिन्दी में लिखते हैं, हिन्दी में पत्रकारिता करते हैं, हिन्दी में पढ़ाते हैं। क्या वे हिन्दी को उसका सही स्थान दिलाने के लिए प्रयत्न नहीं कर सकते। भले ही वे अपनी कायरता में आत्मतुष्ट रहें। सिर्फ इतना ही तो करें कि एक नई पुस्तक खरीदें। जिस विषय की चाहे खरीदें, फलित ज्योतिष की खरीदें, कर्नल जासूस के कारनामे खरीदें, भगवत गीता खरीदें, जो खरीदना चाहे खरीदें। खुदा के लिए पुस्तक पर वापस तो जाइए। संसार में कोई भाषा बिना पुस्तकों के नहीं बचती, अखबारों से भाषा नहीं बचती।

रामशरण जोशी : मैं यहाँ पर यह सवाल उठाना चाहता हूँ कि आपने हिन्दी में

चिन्तन पैदा होने नहीं दिया। यह वास्तविकता है। आप लोगों ने कितने एम.एन. श्रीनिवासन दिए हैं ? आपने कितने सायकोलॉजिस्ट पैदा किए? कितने सोशियोलॉजिस्ट पैदा होने दिए? इसके लिए आप लोग जिम्मेदार हैं, पत्रकार लोग जिम्मेदार नहीं हैं। आप क्यों छपते हैं? मैं यहाँ कहने के लिए आया हूँ और कहकर के रहूँगा। मैं कह रहा हूँ कि आपको अगर इतनी चिढ़ है पत्रकारिता से तो 'कभी-कभार' में क्यों छपते हैं आप? आप यहाँ पर संकल्प लीजिए कि मैं जब तक जीवित रहूँगा किसी भी अखबार में छपना नहीं चाहूँगा। यह क्या बात हो रही है? आप यह कैसे कह सकते हैं कि हम अखबारवाले किताबें नहीं खरीद सकते? आप कैसे यह कह सकते हैं कि हम आपको नहीं पढ़ते? आप यह कैसे कह सकते हैं कि हम श्रीलाल शुक्ल को नहीं पढ़ते? आज का पत्रकार पढ़ता है और बावजूद इसके कि एक अखबार के सामने ढेरों समस्याएँ होती हैं; उसमें सतीकांड भी छपता है, उसके अन्दर शेयर होल्डर का कांड भी छपता है, उसमें अपराध भी छपते हैं, उसमें अशोक वाजपेयी भी छपते हैं। इसलिए जब भी आप पत्रकार और समाचार पत्र के बारे में बोलें तो उसके सम्पूर्ण परिप्रेक्ष्य को ध्यान में रखकर ही बोलें। नहीं तो हमें भी साहित्य को उसी तरह कटघरे में खड़ा करना पड़ेगा और पूछना पड़ेगा कि आपने 50 साल में कौन सा टॉल्सटॉय पैदा कर दिया? आपने ऐसा नहीं किया है। आप अपने गिरेबान में भी झाँक करके देखें, इसके बाद फिर आप अखबारवालों के बारे में बात करें।

अशोक वाजपेयी : मित्रो, मेरे इस वक्तव्य से अगर ये ध्वनि निकल रही है कि सिर्फ पत्रकारिता पर कोई आघात करने के लिए यह कह रहा हूँ और यह कि मैं कोई दूर बैठे व्यक्ति को जो दुनिया नजर आती है वैसे कह रहा हूँ तो हो सकता है कि मेरी अभिव्यक्ति में कोई कमजोरी रही हो। मैं इन सब चीजों के लिए अपने को उत्तरदायी मानकर कह रहा हूँ। भाषा में चिन्तन करने का काम, भाषा में इतिहासकार, मनोचिकित्सक, दार्शनिक इत्यादि पैदा हो, इस काम को भला लेखक कैसे रोकेंगे? अव्वल तो यह लेखकों का काम नहीं है। कोई यह थोड़ी उम्मीद करता है अंग्रेज़ी में कि अंग्रेज़ी लेखक, समर्थन दें किसी अर्थशास्त्री को। ऐसा तो कुछ होता नहीं है। अपने-अपने अनुशासन में लोग अपना-अपना काम करने को स्वतंत्र हैं। प्रश्न यह है कि हिन्दी के क्षेत्र में यह स्थिति बनी है कि हम ज्ञान के, विचार के क्षेत्र में दरिद्र हैं। इस विपर्यास की ओर मैं आपका ध्यान आकर्षित करने की कोशिश कर रहा था। कल मैंने जिद के साथ श्रीलालजी को कहा था कि आपको 15 दिन में एक लेख लिखकर भेजना है तो इन्होंने कहा था कि साहित्य रचने का अगर कोई काम करना है तो मैं कोई अच्छा काम करूँगा बजाय अखबार में लिखने के। फिर सुबह इन्होंने कहा कि मैं आपकी बात पर विचार कर रहा हूँ। क्योंकि यह भी दायित्व है, अगर आप हिन्दी के साहित्यकार हैं तो हिन्दी पत्रकारिता और साहित्य को जोड़ें, जिसको एक मंच पर वर्षों से लोगों ने देखा है और जो बहुत दूर का रिश्ता नहीं मानते हैं। एक उत्तरदायित्व इनके ऊपर भी आता है कि अगर हिन्दी

पत्रकारिता को उसके वास्तविक रूप में गम्भीरता के साथ बचाकर रखना है तो उसमें थोड़ा बहुत लिखित योगदान साहित्यकार करेंगे और अगर हम लोग चाहते हैं तो हिन्दी में लेखकों की कमी महसूस नहीं होगी।

भाषा में विस्तार के साथ बढ़ा शब्द संकोच

हिन्दी की एक विचित्र स्थिति यह है कि भाषा में विस्तार के साथ शब्द संकोच भी हुआ है। यह बात साहित्य की बनिस्बत पत्रकारिता के लिए ज्यादा लागू होती है। हिन्दी में ढाई से तीन लाख शब्द शब्दकोश में हैं। लेकिन कितने शब्दों का उपयोग हो रहा है? यह नहीं कि कोई शब्दकोश साहित्य बनाता है या शब्दकोश से पत्रकारिता बनती है। लेकिन अखबारों का भाषा के प्रति कामचलाऊपन पैदा हो गया है। जो शब्द हमको नहीं आता उस शब्द को खोजने की चेष्टा भी धीरे-धीरे खत्म हो रही है। इस शब्द संकोच से भी पत्रकारिता का अहित हो रहा है। क्योंकि शब्द संकोच भी एक तरह से बौद्धिक संकोच की अभिव्यक्ति है।

एक बात और अन्तिम बात कि क्यों ऐसा है कि हमारा सम्बन्ध, हिन्दी का सम्बन्ध, उसकी अपनी बोलियों से वैसा नहीं रहा जैसा इस शताब्दी के शुरू होने के पहले था। बल्कि हिन्दी साहित्य की सारी परम्पराएँ जो हैं उसमें खड़ी बोली का बहुत कम योगदान है। हिन्दी की परम्परा के सबसे मूर्धन्य कालजयी लोग तो सब बोलियों से आते हैं। लेकिन, इन बोलियों का सम्बन्ध पिछले 40-50 वर्षों से असहज हो गया है। इस असहज सम्बन्ध को ठीक करने की जरूरत है। और वो भी भोजपुरी, बुन्देलखंडी, बघेलखंडी इत्यादि-इत्यादि का सम्बन्ध ठीक करने की जरूरत है। एक जमाने में हमने एक प्रयोग किया था। बहुत दिन नहीं चला। शायद तब यह था कि यहाँ के सूचना प्रकाशन संचालनालय में जो अलग-अलग क्षेत्रीय कार्यालय हैं, उनको यह कहा गया था कि आप दो सौ या पाँच सौ शब्द ऐसे चुनिए, जो वहाँ की बोलियों के हों। जैसे, फुगावा शब्द जो है मालवी में सबसे पहले मैंने फुगावा शब्द 'नई दुनिया' (इन्दौर) में पढ़ा। इन्फ्लेशन के लिए फुगावा शब्द का इस्तेमाल होता था। ऐसा ही, एक अन्य शब्द मालवी में प्रयोग होता है, मावठा गिरा। जब ठंड की बारिश होती है तब 'मावठा गिरा', ऐसा मालवा में कहा जाता है। तब नई दुनिया में छपता था। मावठा गिरा तो पहले हम समझे 'न जाने क्या गिरा', फिर यह पता लगा कि किसे मावठा कहते हैं। इसी तरह की लोक बोलियों के बहुत सारे शब्द हमारी पत्रकारिता में अनिवार्यतः प्रवेश करना चाहते हैं। उनको प्रवेश मिलना चाहिए।

एक तरफ तो कौल साहब की जो रिपोर्ट है, उसमें यह कहा गया है कि हमारी खबर अधिक-से-अधिक स्थानीय हो रही है, लेकिन दूसरी ओर स्थानीयता का जो पुट, स्थानीयता की जो गन्ध, इन अखबारों की अनिवार्यता होनी चाहिए थी, सम्भवतः उतनी नहीं है। केदारजी सुबह उदाहरण दे रहे थे उस चिट्ठी का, जो 'आज' में छपती थी। यहाँ के, म.प्र. के कुछ अखबारों का मुझे पता है जो एक पृष्ठ ही सम्भवतः या उससे

कम स्तम्भ बोली में छापते हैं। बोली को आप स्थान दें यह एक अलग बात है। लेकिन, खुद हमारी जो भाषा है, उसमें पत्रकारिता की, कोई मानक भाषा हिन्दी में नहीं बनना चाहिए। *मेरी दृष्टि में पत्रकारिता की कोई मानक भाषा सम्भवतः हो भी नहीं सकती। जैसे साहित्य की भी कोई मानक भाषा नहीं हो सकती। मानक भाषा तो सिर्फ राजकाज की हो सकती है कि एक शब्द का वही अर्थ निकले इत्यादि। लेकिन साहित्य और पत्रकारिता के क्षेत्र सृजनात्मकता के ऐसे क्षेत्र हैं, जहाँ मानक भाषा नहीं होगी।* जहाँ कई भाषाओं का समावेश होगा। कई तरह की अनबूझों का, कई तरह के स्थानीय बिम्बों का, स्मृतियों का समावेश होगा। तब हम अधिक वहाँ के होंगे, जहाँ के हम होना चाहते हैं। हिन्दी क्षेत्र में यह लड़ाई सबसे निर्णायक ढंग से लड़ी जानेवाली है। क्योंकि स्थान की इतनी विविधता भी, इसी अंचल में है। हाँ, बोलियों की इतनी विविधता किसी और भारतीय भाषा को सुलभ नहीं है और वैश्वीकरण का प्रतिरोध करने की जो आर्थिक और दूसरी क्षमताएँ हैं, वो भी सबसे निर्बल, सम्भवतः इसी क्षेत्र में हैं। जैसाकि आज के वर्णनों से पता चला। अब अगर उपाय या विकल्प सिर्फ यही हो कि एक नया आर्थिक ढाँचा हम लाएँ, तो उस ढाँचे को लाने में बहुत कठिनाई होगी। लेकिन हम अपनी सृजनात्मकता के जो दूसरे क्षेत्र हैं, उनको किसी तरह से समपुंजित कर सकें, उनको एकजुट कर सकें और यह लड़ाई लड़ सकें, तो शायद छोटे-छोटे विकल्प बनेंगे। ये विकल्प समझ के होंगे, प्रतिरोध और संघर्ष के होंगे। वो विकल्प आत्म समर्पण का विकल्प होगा, जिसके लिए हम अभी लगभग अभिशप्त से लगते हैं। जरूरी लेकिन यह है कि इतनी अधिक हमारी विविधता है, इतने अधिक अधिकरण हैं, उनको एकजुट कर पाना भी कठिन है। लगभग असम्भव-सा लगता है। पर निराशा का यह भी तो एक कर्तव्य है कि वह असम्भव को सम्भव कराने की बात किसी-न-किसी तरह से सोचें।

बाज़ारवाद से मुठभेड़ ज़रूरी

प्रभाष जोशी

हम ऐसा मानते हैं कि इस प्रोफेशन (पत्रकारिता) में अच्छी भाषा के लोग आते हैं, सामाजिक सरोकार की वजह से लोग पत्रकारिता में आते हैं, लेकिन अब ऐसा है कि जिन लोगों को कोई रोजगार नहीं मिलता वह इसमें आते हैं और मैं इसके बीसियों उदाहरण दे सकता हूँ। इससे भी पत्रकारिता के मूल्यों का ह्रास हो रहा है। दूसरी बात जो उठाई गई जिसको लेकर तनातनी भी हुई वो विश्वविद्यालय और उसके छात्रों को लेकर हुई। मैं सोचता हूँ कि वह जो कॉलेज जिससे मास कम्युनिकेशन पढ़कर लोग निकलते हैं, उनका क्या होता है? इसके बारे में कल जो कहा गया तो 25-30 साल पहले इंडियन एक्सप्रेस में भी और संस्थानों में भी इनकी भर्ती करते समय हम यह देखते थे कि जो लोग सर्टिफिकेट लेकर आते हैं उनसे अपना काम नहीं चलेगा। तब वह सर्टिफिकेट अलग रख दिया जाता था और स्वयं उस अभ्यर्थी का टेस्ट लिया जाता था। 4-5 अच्छे-समझदार विद्वानों को बैठाकर इंटरव्यूह करवा लेते थे और उसके बाद रिपोर्टिंग में भी और दूसरी डेस्कों पर भी, सभी में 5-5, 10-12 प्रशिक्षणार्थी रखे जाते थे। जो लोग साल-भर वहाँ बैठ करके काम करते थे और अगर उनका काम ठीक पाया जाता था तो उनको बाद में नौकरी पर लगाया जाता था। यह इसलिए होता था कि जो कॉलेज हुआ करते थे उसमें जो भी कुछ होता हो, तब जो अखबार हुआ करते थे वो लगभग स्कूल हुआ करते थे और एक नया छात्र आने के बाद लगातार सीखता था। अभी भी यहाँ पर बहुत से लोग ऐसे हैं जिन्होंने यह सब किया है। अब दिक़्क़त यह है कि जब से हमने यह सोचा है कि हम तो 'प्रोडेक्ट' हैं और 'जूतों की तरह बिकना है तब से जो नए छात्र इसमें आते हैं', उनकी अखबार में ट्रेनिंग होती हो यह आज देखने में नही आ रहा है। पहले टाइम्स आफ इंडिया में स्कूल होता था। हमारे हरिवंशजी उसी की उपज हैं। एम.जे. अकबर भी उसी की उपज हैं, उदयन शर्मा भी और भी कई लोग हैं। लेकिन अब हुआ यह है कि अखबारों में स्कूल चलना बन्द हो गए हैं— तो वह छात्र कहाँ सीखेगा? कहाँ वो एक्चुवल क्राफ्ट पढ़ेगा? क्योंकि सम्पादक और दूसरे कई लोगों के पास उनको ट्रेनिंग देने की इच्छा और समय दोनों ही नहीं है। इस कारण से वह 3 माह की ट्रेनिंग या कुछ भी कर ले; इससे कुछ होता नहीं है। इसलिए अगर हमें सच में अपनी नई पीढ़ी की पत्रकारिता ठीक करना है तो प्रत्येक अखबारों

को यह भी सोचना पड़ेगा कि वह अपने यहाँ आए हुए छात्रों को इस प्रकार से तैयार करें। अगर वो तैयार नहीं करते हैं तो उसमें कुछ होता नहीं है। हमने भी अपने यहाँ पर इस दिशा में काफी काम करके देखा है। इसलिए यह कहना कि विश्वविद्यालयों और संस्थानों से फायदा नहीं होगा, सही नहीं है। दूसरे विद्यालयों या संस्थानों से दूसरे विषय पढ़कर जो निकलते हैं, उनका भी क्या होता है ? सारा देश और हम सब अच्छी तरह इसे जानते हैं। एक तो यह मुद्‌दा है। दूसरा मैं यह भी निवेदन करना चाहता हूँ कि विमर्श और संवाद की एक अलग भाषा और अलग बातचीत हो, उसमें अगर थोड़ा बहुत यह ध्यान में रखा जाए कि हम उन दायरों को न लाँघे तो वह बहुत ज्यादा अच्छा रहेगा। हम जिस बाज़ारवाद की बात कर रहे हैं, उसकी समझ पूरी कर लेना जरूरी है। किसी एक अखबार का या किसी मातृभाषा का सवाल नहीं है, यह उस बाज़ार का सवाल है जो कि आर्थिक, साम्राज्यवाद के एजेंट की तरह या उसके हथियार की तरह आता हो जिससे निपटना बहुत जरूरी है। कल अरुण कुमारजी ने बताया कि जो बाज़ार है वह कोई न्याय का औजार नहीं है और दुनिया में कहीं भी न्याय करने का औजार नहीं है और बाज़ार कहीं भी दुनिया में मूल्यों को आगे नहीं बढ़ाता है। वह सिर्फ गुड्स की जो वैल्यू है उसको आगे बढ़ाता है। ऐसे बाज़ार को आप अगर अपनी नियति सौंप रहे हैं, अपना नियंत्रण सौंप रहे हैं तो उसको ठोक-बजाकर देखना, उससे दो-चार होना जरूरी है।

अपनी आत्मालोचना करें

रमेश चन्द्र शाह

'बाज़ार का नया अवतार : हिन्दी और राष्ट्रीय एकता', इस विषय की अवधारणा और उसकी शब्दावली सचमुच अपने आप में चौंकाने वाली है। हिन्दी स्वयं अपने आप में हिन्दुस्तान की आत्मग्लानि का उपचार करने के लिए उपजी और आवश्यक राष्ट्रीय चेतना का अवतार बनी। उस मध्यकालीन भाषा का पुनर्जन्म बनकर जो कि उस जमाने में समूचे देश के 'कल्चरल क्लीयरिंग हाऊस' का काम कर रही थी। ये बात पिछली सदी के आरम्भ में लगभग स्वीकृत थी। ठीक वही जिम्मेदारी अब हिन्दी पर आ गई है, समूचे देश को एक सूत्र में बाँधने की।

इसमें अजीब यांत्रिक अभ्यास के साथ मेरा दिमाग राष्ट्र की विचित्र-सी हास्य और रुदन मिश्रित विडम्बनामूलक परिभाषा खोज लाता है। राष्ट्र कौन है? इसका उत्तर है कि राष्ट्र वही जो यूरोप की सभ्यता में रँगे हुए हैं और स्वराज की बात करते हैं। गाँधी ने यूरोप की तत्कालीन सभ्यता को 'सन सेट कल्चर' का नाम दिया है जिसमें कुछ भीतर तक प्रवेश करके उसके कठोर नकार की भूमिका अपनाते हुए उन्होंने वैकल्पिक सभ्यता का स्वप्न देखा था। जो वैकल्पिक सभ्यता की बात अभी पूर्व वक्ताओं ने कही वह सपना निश्चय ही उनके सपनों के भारत का सपना भी था। भारत तक सीमित न होकर एक मूलतः विश्व चेतक सपना था। वह विश्व चेतना थी और यूरोप और भारत दोनों को बराबरी के स्तर पर सम्बोधित करनेवाली मानव जाति को दोनों सभ्यताओं से उच्चतम योगदान के आधार पर हाँकने और ललकारनेवाली चेतना थी। मुझे अच्छी तरह से याद है कि गाँधी से प्रभावित हिन्दी के विचारक उपन्यासकार जैनेन्द्र अपने जीवन के अन्तिम दिनों में जब उनसे मुलाकात होती थी, वे एक मुहावरे का अक्सर इस्तेमाल करते थे 'आक्रामक प्रेम'। वे अक्सर कहा करते थे, आक्रामक प्रेम की आवश्यकता है। उस मुहावरे में मैं कहूँ तो यही कहना होगा कि वही राष्ट्र चेतना जो स्वभावतः आक्रामक प्रेम के मुहावरे में अभिव्यक्त होनेवाली राष्ट्र चेतना थी। ऐसी राष्ट्र चेतना की आवश्यकता है जो मातृभाषा गुजराती में, राष्ट्र भाषा हिन्दी में और सम्पर्क भाषा अंग्रेज़ी में समान अधिकार और प्रामाणिकता के साथ व्यक्त कर सके। कहाँ है वह? पहला ही सवाल जो बड़ी तल्खी के साथ सिर उठा रहा है, वह यह है कि क्या हम अपने आपको वैसी राष्ट्र चेतना का उत्तराधिकार सँभालने लायक बना सके? मुझे

कल्पना नहीं थी कि प्रस्तावित विषय पर शुरू करते हुए मैं इस अवतार के प्रसंग में उलझ जाऊँगा। असल में सन्दर्भ मुख्यतः पत्रकार कर्म का, उसके सामने मुँह बाए खड़े संकट का है। और संकट में वही याद आता है जिसकी संकटमोचक जैसी छवि हो। बात निकली थी गाँधी की। जिस आदमी ने अपने सार्वजनिक जीवन की शुरुआत अखबार निकालकर, बल्कि उससे भी पहले टाइम्स आफ इंडिया में लगातार पाठकों के लिए पत्र स्तम्भ में भरपूर चिट्ठी पर चिट्ठी लिखकर की थी। 'इंडियन ओपीनियन', 'यंग इंडिया' और 'हरिजन सेवक संघ' की जीवनदायी यात्रा जिसके काल गति की परख और उसके भरपूर प्रत्युत्तर की प्रक्रिया को झलकाती है, क्या वह आज कहीं से भी सारे कर्म के लिए प्रासंगिक या प्रेरणास्पद नहीं है ? संयोग देखिए कि पत्रकार के रूप में गाँधी के किए धरे को उसकी सम्पूर्णता में सबसे मार्मिक और सघन सन्दर्भ एवं प्रामाणिकता के साथ एक पत्रकार ने ही उकेरा था। मेरी जानकारी में वह भी हिन्दी के नहीं अंग्रेज़ी के पत्रकार अरुण शौरी ने। सच तो यह है कि राष्ट्र निर्माता कहे जानेवाले लोगों के सही और सही मूल्यांकन का ठेका सिर्फ हिन्दी का या हिन्दीवालों का नहीं है। इस तथ्य को गाँधीजी भी बखूबी जानते-मानते थे और आज जब गंगा में पूरी एक सदी पानी बह चुका है और इस बीच भारत के प्रबुद्धजनों ने, हमारे नए राष्ट्रनिर्माताओं ने भी, जिनमें हम लोग भी अपने-अपने ढंग से शामिल हैं ही, 'सच न बोले पर झूठ पर बहस चलाये रखें' की तर्ज पर राष्ट्र निर्माण का सिलसिला जारी रखा है। तो बेहतर यही होगा कि हम हिन्दीवाले थोड़ा रुककर आत्मालोचन भी करें। अपने निन्दकों की बातों पर भी ध्यान दें। तदुपरान्त अपने भय के कारणों का शमन करने का यथोचित उपक्रम करें।

मुझे मेरे एक विदेशी लेखक ने एक मजेदार बात बताई। उनका कहना था कि उन्होंने बहुत अखबार पढ़े हैं, दुनिया भर के, लेकिन पाया कि भारत का अखबार जितना दुनिया को कवर करता है उतना दुनिया के किसी देश का अखबार नहीं करता। विश्व घटनाक्रम के प्रति जैसी दिलचस्पी एवं जैसी पकड़ भारत के अखबारों में मिलती है उतनी कहीं नहीं मिलती। यह तो हुई पत्रकारिता की स्तर की बात। विचारों के स्तर पर भी दिग्गजों का कहना है कि दुनिया में कोई भी आधुनिकतम विचारक ऐसा नहीं है जो किसी-न-किसी हिन्दुस्तानी दिमाग में इस वक्त बस न रहा हो। गाँधीजी के विचारों की जैसी...खुली राह भारत में पनपी है वैसी कहीं नहीं पनपी। यह भी कहा जाता है कि पश्चिम का सबसे ज्यादा प्रतिरोध हिन्दुस्तानियों ने ही किया हो, मगर पश्चिम को सबसे अधिक सहानुभूति के साथ समझनेवाले भी हिन्दुस्तानी ही दिखे। तो जब ऐसा विश्वव्यापी चरित्र हमारा है और इस कदर विश्वव्यापी हमारे मन की बनावट है तो हमें हर खतरे का सामना करने का आत्म विश्वास होना चाहिए। क्या कारण है कि आत्म विश्वास आज सरकने लगा है, क्यों और कैसे यह हमें खुद से पूछना होगा? *मुझे लगता है कि जिस संकट के बाज़ार का नया अवतार कहकर हम परिभाषित कर रहे हैं, वह इतना आतंककारी नहीं होना चाहिए कि राष्ट्र चेतना जैसी जितनी भी हममें जाग्रत हो*

चुकी है वही मूर्च्छित हो जाए। जरूरत अपने आसपास चल रहे उन तमाम तरह के रचनात्मक उपक्रमों को पहचानने और मूल्यांकित करने की है जो कि सचमुच सृजनात्मक है और बुद्धिजीवियों में व्याप्त सिनिसिज़्म की जबर्दस्त काट भी प्रस्तुत करता है।

वैसे हमारी राजनीतिक चेतना विश्वचेतस रही है। लेकिन देश के सन्दर्भ में वह समाज को जैसा पहले महत्त्व देती रही थी, वैसा अब नहीं लग रहा है। समाज सिर्फ सनसनीखेज और हृदयविदारक घटनास्थलों के रूप में ही सिकुड़ गया है। उसकी अपनी नियति को ही समझ सकने और निर्धारित कर सकनेवाली शक्ति के रूप में जो है उसका भी राजनीतिकरण हो गया है। यानी वह अपनी राजनीति की उपयुक्त खोज कर सकनेवाले समाज के रूप में अपनी सामर्थ्य का अहसास पाठक पर नहीं जगा पाती, बल्कि एक निरीह और हर तरह के मूल्य विघटन को आमंत्रित करनेवाली चीज बन कर सामने आती है। हिन्दी पत्रकारिता का आत्मघातीरूप ही बराबर उभरकर सामने आता रहा जिससे एक 'पालिटिकल सिनिसिज़्म' भी फैला। एक उल्लेखनीय आब्जर्वेशन बताना चाहूँगा; वेद पाठों की हजारों साल पुरानी भारतीय परम्परा है, जो संसार का नौवाँ नहीं बल्कि पहला आश्चर्य है। उसको आज तक किसी भारतीय को रिकार्ड करने की नहीं सूझी। क्यों?

आखिरकार डेनमार्क से एक महिला आती है और 324 कैसेटों में जो बचे-खुचे 8 आधिकारिक, प्रामाणिक वेदपाठ कर सकनेवाले लोग हैं, पूना और दक्षिण में उनसे लगातार 15 साल यहाँ भारत में रहकर बहुत कष्ट उठाकर दिन-रात उनकी सेवा करके वेदपाठ करवाती है। इस तरह हमारा डेनमार्क की महिला के प्रयासों से स्थायी तौर पर रिकॉर्ड होता है। ये काम यहाँ पर कैसे नहीं हुआ? इस बात पर क्यों किसी ने दृष्टि नहीं डाली ? आखिर हमारे बुद्धिजीवी वर्ग भी थे। गाँधी यूँ ही नहीं कहते थे कि सन् 1944 में जब उनसे पूछा गया कि साहब अब तो आपका हिन्दुस्तान स्वतंत्रता की दहलीज पर है तो क्या अब भी आपकी ऐसी कोई आकांक्षा है जो कि फलीभूत न हुई हो? रह गई हो? तो उन्होंने कहा 'ओ माय गॉड इट बीइंग द हाफ हार्टेड इंटेलीजेंस ऑफ दिस कंट्री हेज बीन द लांगेस्ट नाइटमेएर ऑफ माय लाइफ एंड आय नो देट दिस शेडो इज गोइंग टु स्ट्रेच फर्दर एंड फर्दर बियॉण्ड माय लाइफ'। तो उस बात में कुछ सच तो है। डर मुझे लगता है कि भारत का अधिसंख्य हाफ हार्टेड और साफ्ट हार्टेड बुद्धिजीवी हर उस चीज को शक और नफरत से देखने का आदी हो गया है जो इस देश को जोड़ती है।

एक समग्र भारतीय अस्मिता की पहचान, गिरे-पड़े दिनों में भी हमारी रही है और रहनी चाहिए जो कि इस विराट सांस्कृतिक वैविध्य को माला के मनकों की तरह एक सूत्र में पिरोती रहे। यह सहज विवेक दुनिया में कहीं भी इस कदर और अवैध नहीं बना जैसा कि हमारे इस अभागे समकालीन भारतवर्ष में बना। कटु सत्य यही है कि भारत का अधिकांश शासक और बुद्धिजीवी वर्ग स्वयं खासकर हिन्दी प्रदेश का यही मानता और बरतता आया है कि हिन्दी राष्ट्रभाषा नहीं, महज राजभाषा है। जन-जन की

भाषा नहीं है, अनुवाद की भाषा है। कभी-कभी तो हिन्दी का लेखक भी ऐसे आत्मधिक्कार और आत्महीनता में लिपटा दिखता है मानों अपने होने को लेकर ही दुनिया जहान के सामने क्षमायाचना कर रहा हो। मानों उसी के कारण उर्दू और सारी लोकभाषाएँ सूख रही हैं, वही सारी साम्प्रदायिकता और जातिवाद इत्यादि के लिए जिम्मेदार हो ! आज सारा प्रबुद्ध भारत इस बदहाल 'काउबेल्ट' को निसंकोच लतिया रहा है तो उसके पीछे कहीं स्वयं हिन्दी के लोगों की बदहवास आत्महीनता ही है। और किसी भारतीय भाषा का संस्कृतनिष्ठ होना सन्दिग्ध नहीं है। सिर्फ हिन्दी का संस्कृतनिष्ठ होना अस्वाभाविक लगता है। हिन्दी का हाजमा इतना तगड़ा है कि अपने शासकों, आक्रान्ताओं की भाषा को भी पचा ले। इस पर भी लोगों को एतराज है। हिन्दी, हिन्दी क्षेत्र की समस्त प्रबुद्ध बोलियों का जलागम क्षेत्र बन सकती है, बन भी रही है। यह भी लोगों को खटकता है और वे इस सम्भावनाओं को तरह-तरह के अलगाववादी आन्दोलनों से पाट देना चाहते हैं। कारण यह है कि हिन्दी किसी की मातृभाषा नहीं है, राष्ट्र भाषा है जोकि महज राजभाषा है और राजभाषा का कैसे कोई स्वप्न हो सकता है? राजभाषा को तो राजनीति की शर्तों पर ही चलना चाहिए और वह भी केवल तोड़नेवाली राजनीति की शर्तों पर क्योंकि जोड़नेवाली राजनीति को तो संस्कृति से भी कोई-न-कोई सरोकार रखना ही होगा। अति सर्वत्र वर्जयेत। हम कहते हैं, जरूर लेकिन अपने सार्वजनिक जीवन में पग-पग पर अति करते रहते हैं। अवहेलना की अति से अलंकरण की अति, अहंकार की अति से विनम्रता की अति, क्योंकि यह तो कोई देखने-सुनने, दर्ज करनेवाला नहीं था। फिर वह भी अतिवादी ही होता है। ऐसे में पब्लिक ओपीनियन कैसे बनेगा? लोक रुचि का निर्माण कौन करेगा? लोकलाज के भी लगातार क्षरण से हमें कौन बचाएगा? जाहिर है पत्रकारिता को अब अपनी भूमिका नए सिरे से पहचाननी और परिभाषित करनी होगी।

टेक्नॉलॉजी को मित्र बनाने की जरूरत

सुधीश पचौरी

आपने एक न्यूज पढ़ी होगी 'अमेरिकन ऑन लाइन इंटरनेट' की, केबल टी.वी. और टेलीविजन की। शायद 30 फीसदी केबल टी.वी. नेटवर्क अमेरिका में ए.ओ.एल. के पास हैं और टाइम वार्नर दूसरी बड़ी कम्पनी है। उसने मर्जर (समामेलन) किया। उससे पहले एक छोटी सी घटना हुई बिलग्रेड की। यह एक बहुत बड़ी इंटरनेट सर्बर लाइन है, प्लेटफार्म है। उसने समीर भाटिया से बड़ा क्रय किया। भाटिया वो व्यक्ति हैं जो आज से करीब दो दशक पूर्व देश के आई.आई.टी. संस्थान से कंप्यूटर में डिग्री लेकर गया और उसने सिलिकॉन वैली में जाकर हॉटलाइन विकसित की। इसकी विशेषता सिर्फ यह थी कि कुछ वेबसाइट आप बिना कुछ खर्च किए देख सकते हैं। जब भी आप किसी वेबसाइट पर जाएँगे तो आपको उसका भुगतान (सामान्यतः) करना पड़ता है। पर भाटिया ने ऐसा साफ्टवेयर बनाया जिनसे बहुत सी वेबसाइटों पर निःशुल्क घूमा जा सके। तो जब इसे (साफ्टवेयर) खरीदने बिलग्रेड के एजेंट भाटिया के पास आए तो उसको 49 करोड़ डालर का प्रस्ताव मिला। यह अमेरिका में एक 35-40 साल के नौजवान के लिए बड़ी रकम है। लेकिन उसने मना कर दिया। उसने अपनी आत्मकथा में लिखा है कि मैंने मना किया, मगर कई रात मुझे नींद नहीं आई। मुझे लगा कि मैंने अवसर गवाँ दिया। परन्तु एक हफ्ते बाद उसी व्यक्ति का जब दोबारा प्रस्ताव आया तो वह 400 करोड़ डॉलर का था, तब उसने उसे बेच दिया। इस हॉटलाइन में क्रेकिंग (अनधिकृत प्रवेश) हुआ और बिलग्रेड की कम्पनी के दाम आठ प्रतिशत नीचे आ गए। उधर ए.ओ.एल. और टाइम वार्नर ने मर्जर किया। 300 बिलियन डॉलर की ये दोनों कम्पनियाँ हो गईं। दुनिया का 70 फीसदी अंग्रेज़ी उद्योग इनके हाथ में है। ये एक घटना हुई। अगले दिन एक घटना भारत में भी हुई। हमारी परम राष्ट्रवादी अटल सरकार की कैबिनेट का एक फैसला हम सबने पढ़ा कि भारत बाहरी सैटेलाइट को यहाँ बुलाने के लिए 74 प्रतिशत (कुल प्रसारण का) हिस्सा देने को तैयार है। कारण पब्लिक सेक्टर की कमजोरियों का था। मगर असल बात शायद और है।

ए.ओ.एल. और टाइम वार्नर के इकट्ठे होने से विश्व सैटेलाइट के स्तर पर या इंटरनेट में जो 'एकाधिकारिता' बन रही है, उसका मुकाबला करने के लिए भारत

सरकार ने 74 फीसदी शेयर पर भी हामी भर दी। प्रश्न यह उठता है कि हम इस सरकार को राष्ट्रवादी कहें या राष्ट्रद्रोही? कल मैंने एक बात कही कि हमारा इस टेक्नॉलॉजी के साथ आपसी व्यवहार कैसा हो ? आप आज किसी भी संस्थान में देखें। सबके अपने निहित स्वार्थ नजर आएँगे। मसलन मेरा स्वार्थ इसमें है कि मेरी पाठ्य पुस्तकें कभी न बदलें, मैं उसी-उसी पाठ को बार-बार पढ़ाता रहूँ। मेरा छात्र मुझसे डिमांडिंग न हो आदि। जबकि ग्लोबलाइज़ेशन में लगातार चीजें बदल रही हैं, जितनी देर में एक साफ्टवेयर आता है, उतनी देर में वह पुराना पड़कर नया आ जाता है। जाहिर है हमारे जैसे स्थिर मन को, जो मस्ती में चला है, मसलन नौकरी में स्थायित्व है, पेंशन की गारंटी है, यह ग्लोबलाइज़ेशन का दौर विचलित कर रहा है। यह स्ट्रक्चर अमेरिका में भी हिल रहा है और यूरोप में भी। लेकिन उन्होंने इस टेक्नॉलॉजी को अपना मित्र बना लिया है। अतः उन्हें कोई समस्या नहीं है।

वेलफेयर स्टेट में मगरमच्छ ही बढ़े

हमारे यहाँ क्या है कि जो भी बात शुरू करो मालूम पड़ा गोता मार गए वेदों में और 10-15 साल वहीं लगा दिए। निकलकर ही नहीं आना चाहता है बन्दा और सामना करना चाहता है ग्लोबलाइज़ेशन का। हम जरा दूसरे आँकड़े देखें। लिक्सस नाम का एक नौजवान माइक्रोसाफ्ट में काम करता था। स्वीडन का है या जाने कहाँ का है। उसने एक नया सॉफ्टवेयर विकसित किया जो विंडोज जैसा ही अच्छा है। उसने उसे दुनिया भर को उपलब्ध करा दिया कि आप चाहें तो डेढ़ लाख का 'विंडोज-2000' मत खरीदिए, उसका साफ्टवेयर ले लीजिए और फ्री लीजिए। अपने कंप्यूटर में लगाइए, पूरा उपभोग कीजिए। चूँकि यह निःशुल्क है अतः हमारा समूचा युवा वर्ग जो अलग-अलग जगहों पर कंप्यूटर से जुड़ा है, इस साफ्टवेयर का प्रचुर इस्तेमाल कर रहा है। अभी हम बात कर रहे थे कि हिन्दी को अंग्रेज़ी खा जाएगी। मैं आँकड़े पर बात करूँगा कि ऐसा नहीं है। बाज़ार का एक यह भी नियम है कि जो उपभोक्ता है, उसे आप तंग मत कीजिए। अगर आप उसको बाज़ार उपलब्ध नहीं कराते, उससे कहते हैं कि पहले तू एक पैर पर खड़ा रह, फिर तू गुरु की सेवा कर फिर तू चन्दन-तिलक लगा, फिर तू गुरु दक्षिणा दे। तब जाकर मैं तेरा यह करूँगा—वह करूँगा। तो वह कहेगा नहीं भाई! मुझे नहीं आना इस बाज़ार में।...अक्सर प्रश्न पूछा जाता है कि हमारे यहाँ इतनी गरीब जनता है, इतनी अशिक्षा है, क्या होगा? और इसका एक सरल उत्तर भी दिया जाता है कि जो ताकतवर है, वह जीएगा और जो ताकतवर नहीं है वह मर जाएगा। पूँजीवाद की खासियत यही है कि उसने इस सिद्धान्त को सरल बनाया है। वेलफेयर स्टेट (कल्याणकारी राज्य) भी उसी की थ्योरी है। कोई समाजवाद नहीं है, वेलफेयर स्टेट। वेलफेयर स्टेट में मगरमच्छ ही पले बढ़े हैं, जनता नहीं पली-बढ़ी। वह बराबरी पर नहीं आई। वेलफेयर की समूची अवधारणा सोवियत संघ के दबाव में अमेरिका ने विकसित की। भई, जनता नहीं होगी तो पूँजीवाद कहाँ होगा? इसके एक और पक्ष की बात हम करें। जर्नलिज़्म इन न्यूज

पेपर एंड प्रिंट मीडिया। अभी तो सिर्फ प्रिंट मीडिया बता दें। पिछले 5-6 साल से टेलीविजन लगातार बम्बार्ड करता है कि पोलियो की दवा लेना क्यों जरूरी है ? बच्चों को इसी दिन पल्स पोलियो की खुराक दिलाइए...। और पूरे मुल्क में इससे करोड़ों बच्चे पोलियो की दवा लेकर इस बीमारी से मुक्त हो जाते हैं तो हमें इस टेक्नॉलॉजी की भूमिका भी देखना चाहिए।

हमारी आलोचना इस बात पर होनी चाहिए कि टेक्नॉलॉजी है, लेकिन उसका उपयोग कायदे से नहीं हो रहा है, न कि टेक्नॉलॉजी मात्र से हमारी शिकायत है। जो बातचीत चल रही थी उसमें लगा कि जैसे हम अखबार के ही खिलाफ हैं। मैं समझता हूँ कि हमें थोड़ा टेक्नॉलॉजी से दोस्ताना करना चाहिए। उसके बिना आप टेक्नोलॉजी से भी निपट नहीं सकते। टेक्नोलॉजी का स्वामी मनुष्य है। ये स्वामित्व भी आप तब तक नहीं प्राप्त कर सकते जब तक कि आप उससे सौहार्द न रखें। कम्प्यूटर खरीदनेवाले से कम्प्यूटरवाला यह कहता है कि भैया पहले मैंने इसमें कुछ खेल डाल दिए हैं। 15-20 दिन जरा उससे खेलना। माहिर हो जाओगे तो अपने आप पता चलेगा और तुम सीखते जाओगे। तो जाहिर है कि ये जो घृणा है ये हमेशा एक डिस्कोर्स में प्रवेश नहीं करने देती। मैं एक और बात कहना चाहूँगा कि कैसे बदल रहा है समयचक्र। इंटरनेट ने विकसित देशों में अखबारों से छीनकर विज्ञापन ले लिये हैं। अभी एक अमेरिकन जर्नलिस्ट एसोसिएशन के कोई प्रेसिडेंट भारत में आए थे तो उन्होंने कहा कि करीब 10 या 11 फीसदी विज्ञापन इंटरनेट ने अखबार से छीनकर ले लिये हैं। तो उन्होंने यह किया कि अखबारों की रूप सज्जा और इंटरनेट पर जो अखबार हैं ऑन लाइन अखबार उनकी रूप सज्जा में एक खास किस्म का तालमेल बना दिया। ताकि अगर उनका अखबार इनकम कम ला रहा है तो इंटरनेट पर जाकर कुछ विज्ञापन बटोर सके। यानी जिन समाजों में समूचा अखबार लोग कम निकालते हैं टेक्नॉलॉजी ज्यादा निकालती है, उनको भी यह मार सहनी पड़ी। लेकिन उन्होंने यह नहीं कहा कि हम खत्म हो जाएँगे। जो कुछ है छपे। छपता है, उसका सन्दर्भ चाहिए। और इंटरनेट के साइबर स्पेस में, संदर्भ को फिट करना एक मुश्किल काम है।

अभी एक नई किताब आई है 'बिजनेस एट दी स्पीड आफ दी थॉट'। तो इसमें कहा गया है कि 90 फीसदी दफ्तर पेपरलेस हो गए हैं। उससे हमारे निर्णय तेज हो गए हैं। एक आतंकवादी ने ऐक्शन किया। आपको आश्चर्य होगा और इस बात की सूचना आ चुकी है। इंडियन एक्सप्रेस में छपी थी कि जिस वक्त प्लेन हाइजेक हुआ उसके 8 या 10 घंटे बाद भारत सरकार को आपात प्रबन्धन कमेटी के तमाम मेम्बरानों के फोन नम्बर मिल पाए। आधी कमेटी मिली, आधी कमेटी के नम्बर ही थे। कोई सेक्रेटरी मद्रास में है, कोई कहीं पड़ा है, कोई रिटायर हो गया है। उनके नम्बर नहीं थे। उनके पास एक सरकार है, स्वयंभू सरकार है, कभी भी आपदा आ सकती है। वह स्थायी समिति है। और उस कमेटी के मेम्बर कहीं भी हों, आपके पास सूचना टेलीफोन पर होनी चाहिए। तकनीकी मित्र का मतलब टेक्नॉलॉजी से लगातार वास्ता

रखने वाली बात है, न कि घृणा। अगर घृणा है तो ये सारे के सारे मध्ययुगीन लोग सत्ता में बैठे हुए हैं। ये मन्दिर-मस्जिद बनाते रहते हैं। ये इनका काम है। यानी इनका कोई 'फ्यूचरिस्टिक' काम नहीं है। *अतीत में रहता है सारा आदमी कि हम कौन थे क्या हो गए हैं? मानो हमारे पुरखे बहुत महान थे। पाँच हजार साल पहले हम दुनिया को जीत चुके थे। अब जीतने को क्या बचा है? जाहिर है फिर आतंकवादी जीतेगा और कौन जीतेगा?* 8 घंटे तक क्राइसिस मैनेजमेंट कमेटी के एक्सपर्ट के टेलीफोन सरकार के पास नहीं थे, क्योंकि हम बुनियादी तौर पर यह सोचते हैं, क्या मतलब है इन सारी चीजों का? हमें तो मन्दिर-मन्दिर बनाना है। पूरी सरकार इन्हीं बातों में लगी होती है। तो बिन्दु मेरा यह है कि 'टेक्नॉलॉजी फ्रेंडली' होना मतलब टेक्नॉलॉजी का गुलाम होना नहीं है, बल्कि टेक्नॉलॉजी के स्वामी होने की शुरुआत करना है। सारी चर्चा में हमें इस बात का खयाल रखना चाहिए कि हमारी जो 'डिस्कोर्सिज़्म' में गहरी यथास्थितिवादी जो भाव छिपे हुए हैं और उसके कारण मूवमेंट के साथ जो घृणा छिपी हुई है कि नहीं आगे नहीं जाना है, इससे नुकसान होता है, हम टेक्नॉलॉजी को 'टेकल' नहीं कर पाएँगे।

अब मैं आखिरी बात कहकर बात खत्म करता हूँ। आर. कृष्णन नाम के एक विद्वान हैं। उन्होंने 'एज ऑफ इन्फर्मेशन' पर एक आर्टिकल हिन्दुस्तान टाइम्स में लिखा है। 27 जनवरी 2000 को यह छपा था। बड़ा हैंडी है। इसलिए मैं इसे ले आया हूँ। उनका कहना यह है कि हिन्दुस्तान में दो लाख 'नालेज वर्कर्स' हैं। यानी जो नॉलेज का निर्माण कर सकते हैं। नॉलेज का संचरण कर सकते हैं। नॉलेज का अर्थ लीजिए सूचना यानी दर्शन के अर्थों में ज्ञान के अर्थों में कहिएगा और 2008 तक हमें चाहिए होंगे 22 लाख और हमारे टोटल आई.आई.टी., टोटल कम्प्यूटर इंस्टीट्यूशंस, टोटल इंजीनियरिंग कॉलेज इतनी कैपेसिटी नहीं रखते हैं। लेकिन यह उसका प्रोजेक्शन है कि यदि हमें दुनिया में सिलीकॉन वैली में जो हमारे भारतीय नागरिक वहाँ थे और जो अब ग्रीनकार्ड धारी हो गए हैं, यानी जो विदेशों में बसे भारतीय हैं, एन.आर.आईज़ हैं, उन्होंने सॉफ्टवेयर के मार्केट के करीब 23 फीसदी हिस्से पर कब्जा कर रखा है। इस 23 फीसदी की वजह से जो डॉलर आता है उस डॉलर से कम-से-कम हम यह जानते हैं कि हमारा जो बजट है, वह 'सस्टेन' रहता है। अगर ये रिजर्व खत्म हो जाए तो 43 रुपए के बराबर भी एक डॉलर नहीं रहेगा। 43 रुपए अगर है तो इसमें उन लोगों की बड़ी भूमिका है जो डॉलर कमाने निकल पड़े हैं। तो जो डॉलर बन रहा है। इस नैतिक प्रश्न पर मत जाइए कि रुपया अच्छा है या डॉलर अच्छा है। और रुपए को डॉलर ने पीट दिया। यह बहुत निरर्थक प्रश्न है। तो करीब 23 फीसदी साफ्टवेयर पर इंडियन माइंड का जो नालेज वर्कर है उसका कब्जा है और अगली चुनौती चीन से मिलनेवाली है। यह भी उसमें लिखा है कि हमारे नालेज वर्कर क्यों सफल हैं? उसके दो कारण है; आर. कृष्णन साहब ने बताया कि इसका एक कारण यह है कि उनका गणित अच्छा है और दूसरा उनकी अंग्रेज़ी अच्छी है। उन्होंने एक और बात बताई कि चीन क्यों अभी तक सफल नहीं हुआ। गणित तो उनका ठीक है, लेकिन अंग्रेज़ी कच्ची है। अब मित्रो, इसमें

मेरा भी हिन्दीवाद थोड़ा जोर मारता है कि वह अंग्रेज़ी की बात कर रहे हैं। लेकिन मैं फिर कहूँगा कि भाषाएँ इस तरह से नष्ट नहीं होतीं। क्योंकि मैंने एक कारण बताया कि जो टेक्नॉलॉजी है, जो कंज्यूमरिज्म है, जो फ्री मार्केट है, उसका एक न्यूनतम नियम यह है कि कठिनाई कम करते जाइए और अगर कठिनाई का अनुपात कम होता जाएगा तो कंज्यूमर मार्केट उतना ही 'साउंड' होता जाएगा। विकसित होता जाएगा।

अब हमारे सामने इसमें नैतिक प्रश्न यह होगा कि जो 23 फीसदी हमने इ-कामर्स पर, साफ्टवेयर पर टोटल कब्जा कर रखा है, हम उससे जो डालर कमा रहे हैं, हम उससे चुन लें और आज हम उसे मना करें कि नहीं भाई हम इसे तैयार नहीं करते हैं, तो राष्ट्र का धन बना रहे हैं वे। लेकिन, हमारा डिस्कोर्स कह रहा है कि नहीं भाई हम तो सन्त हैं, हमें नहीं चाहिए, हमें क्या मतलब है इन चीजों से ? नहीं, मैं समझता हूँ कि हमारे विमर्श में कहीं समस्या आ रही है। हमारे हारे हुए प्रगतिशील विमर्श और प्रगतिशील दिमागों में कमी है। उन्हें अतीत अच्छा लगता है। जैसे आर.एस.एस. वालों को तमाम अतीत अच्छा लगता है। उनका एक वाक्य भविष्यवादी नहीं होता। क्यों नहीं होता? क्या मेरे और आपके बच्चों का कोई भविष्य नहीं है? उनसे तो (बच्चों से) जरा पूछिए कि टेक्नॉलॉजी के बारे में वे क्या कहते हैं? कम्प्यूटर के बारे में वे क्या कहते हैं? और निश्चित रूप से वो आपको उत्साहित करेंगे। क्योंकि उनके लिए वो रवाँ-दवाँ हैं। उनके लिए वो वातावरण है। तो ऐसी हालत में मेरा प्रस्ताव यह है कि टेक्नॉलॉजी के साथ हमारा संवाद हो। इंडस्ट्री हमारी है, मनुष्य की है। वह इन्द्रियों का विस्तार है, उसका उपयोग करके हम उस पर स्वामित्व हासिल कर सकते हैं। अगर उससे दुश्मनाई रखते हैं, तो जाहिर है कि वो हमें पूछनेवाले नहीं हैं।

हम बोतल के जिन को पालतू नहीं बना सकते

देवदत्त

सुधीशजी की बात सुनकर मुझे थोड़ा आवेश आ गया है। एक बात निश्चित है वो यह है कि 19वीं सदी से लेकर 1990 तक की तकनीकी प्रगति का जो सर्वे और उसका विश्लेषण हुआ है, उस विश्लेषण का सिर्फ एक निष्कर्ष है; वह निष्कर्ष यह है कि आधुनिक पश्चिमी टेक्नॉलॉजी में वेल्यूज़, ग्लोबलाइज़ेशन निहित हैं। इसलिए जिसे इसको अपनाना है इस चेतावनी को भी सुन लेना चाहिए कि जो आप ले रहे हैं वह सिर्फ एक औजार नहीं है, 'मूल्य तटस्थ' नहीं है। आप गिना लीजिए टेक्नॉलॉजी के जो बहुत परोपकार हैं, बहुत उसके जो लाभ हैं, गिना लीजिए कि आप कितनी जल्दी पोलियो हटा सकते हैं ? बहुत सही बात है, उपयोगिता की बात है। मगर यह कहना कि 'टेक्नॉलॉजी न्यूट्रल' है, उसके उपयोग हमको ठीक कर लेने चाहिए और उसको पालतू बना लेना चाहिए, यह भ्रम है। जिस टेक्नॉलॉजी को आप ले रहे हैं वह 'बोतल का जिन' है। उसको आप पालतू नहीं बना सकते। वह आपको पालतू बनाएगा। यह जो सोच है कि 'टेक्नॉलॉजी फ्रेंडली' हो जाइए और बगैर इस चेतावनी के यह बहुत ही गैर जिम्मेदाराना वक्तव्य है कि जब तक कि आप इसके साथ यह नहीं कहते कि टेक्नॉलॉजी को अपदस्थ करने के लिए—ये सावधानियाँ—ये काउंटर मिसाइलें रखने की जरूरत है।

टेक्नॉलॉजी वेल्यू न्यूट्रल नहीं है। यह पहली बात है। इससे दो किस्म की बातें निकलती हैं। प्रौद्योगिकी एक रूप है, जो प्रकृति को कंट्रोल करती है। उसके कानूनों को समझती है और फिर उन्हीं कानूनों को प्रकृति के खिलाफ इस्तेमाल करके उस पर वर्चस्व बनाती है। यह टेक्नॉलॉजी का बुनियादी एप्रोच है। हम तुमसे जानेंगे, हम तुम पर नियंत्रण करेंगे और पिछले सौ-डेढ़ सौ, दो सौ सालों का, जब से यह मॉडर्न टेक्नॉलॉजी निकली है, उसकी बुनियादी जो रणनीति है वह यही है। पिछले 10-15 वर्षों में यह बात समझ में आ गई है कि प्रकृति को आप जो मर्जी है, कर लीजिए। आप समझ लीजिए कि आपने कंट्रोल कर लिया है। प्रकृति कहीं-न-कहीं आपके साथ बदला लेगी। यह प्रकृति का रूप है। नेचर को समझना होगा। आप 'वॉक आउट' नहीं कर सकते। आपने नेचर को जेब में डाल लिया है। वो आपरेट करती है। वक्त देखती है, मौका जानती है कि कब मैं इसको टँगड़ी मारूँगी। यह नेचर को डिफाइन करने की,

कंट्रोल करने की जो अवधारणा है, उन्हें यह बात समझ लेनी चाहिए कि नेचर का अपना एक तरीका है, जिसे टेक्नॉलॉजी परिभाषित नहीं कर सकती। अगली बात यह है कि टेक्नॉलॉजी, वेस्टर्न टेक्नॉलॉजी, दर्शन के लेवल पर एक विश्व दर्शन से निकलती है। एक 'विश्व दृष्टि' है, जिसमें से आपका 'वर्ल्ड व्यू' प्रकृति की तरफ होता है और उस वर्ल्ड व्यू से जो आपका प्रकृति के प्रति व्यू होता है, उससे टेक्नॉलॉजी का स्वभाव बनता है। जब आप कहते हैं कि आदमी और प्रकृति का एक विरोधात्मक सम्बन्ध है। उससे जो एक किस्म की टेक्नॉलॉजी निकलती है, वह 'डिफेंसिव टेक्नॉलॉजी' है। क्योंकि नेचर को आपने माना है और वह मनुष्य बनाम प्रकृति से निकली। टेक्नॉलॉजी का सबसे बढ़िया नमूना एलोपैथिक है। आपका सिर दुखता है, एस्प्रिन ले लीजिए। बिलकुल नेचर के साथ आपने लड़ लिया। आपको दर्द होता है, पेनकिलर ले लिया। नेचर को आप 'डिफाय' करते हैं। जहाँ टेक्नॉलॉजी का यह सोच हो कि नेचर को कंट्रोल और नेचर को डिफाय कर लिया है, तो एलोपैथिक सिस्टम निकल आता है। इसलिए आप प्रौद्योगिकी को एक खास सन्दर्भ में देखते हैं और उसकी प्रशस्ति करते हैं।

अगर टेक्नॉलॉजी न होती तो पूँजीवाद अपने वेलफेयर सिस्टम को न बदल सकता तो उसके पीछे 'टेक्नॉलॉजिकल इनोवेशंस' हैं जो कि इस प्रकार की अभिव्यक्ति की संस्कृति का प्रतिपादन करती हैं। 'कंज़्यूमरिज्म' 'न्यूडिजिज़्म', 'सेक्स', 'फ्री सेक्स', सौन्दर्य बोध जितना सबकुछ है यह अभिव्यक्ति-संस्कृति के कई रूप हैं। आपको यह फैसला करना है कि आप अभिव्यक्ति की संस्कृति को मानना चाहते हैं कि मर्यादा की संस्कृति को ? कल्चर ऑफ स्ट्रेंथ एंड कल्चर ऑफ एक्सप्रेशन, ये दो धाराएँ हैं। मैं किसी को ठीक नहीं कहता। मैं किसी को गलत नहीं कहता। हिन्दुस्तान की जो सांस्कृतिक जड़ें हैं वो 'कल्चर ऑफ ए स्ट्रेंथ' है, कल्चर आफ एक्सप्रेशन में नहीं है। हिन्दुस्तान के मानस ने यह माना है कि अगर एक झरना गिर रहा है तो उसके बहाव के पीछे मशीन नहीं लगाई जाती कि वह और तेजी से गिरने लगे। यह स्वभाव है मनुष्य का, यह प्रकृति है मनुष्य की। सोसाइटी का काम है उसके पीछे 'ब्रेकर्स' लगाने का तो आप नीचे ब्रेकर्स लगाना चाहते हैं कि ऊपर डायनामों लगाना चाहते हैं? अगर आप 'झरने' के ऊपर डायनामों लगा देंगे तो पानी की धार और तेज हो जाएगी और उसके जो नतीजे होंगे, वो हमें ही भुगतने हैं। इसलिए मेरा मानना है कि टेक्नॉलॉजी को, प्रौद्योगिकी को एक उस्तरे की तरह इस्तेमाल कीजिए क्योंकि उस्तरे को डाकू भी इस्तेमाल करता है और डॉक्टर भी।

विश्वासघाती व्यवहार

विजयदत्त श्रीधर

माखनलाल चतुर्वेदीजी ने 1927 के भरतपुर सम्पादक के सम्मेलन में समाचार पत्रों के बारे में एक बात कही थी। उन्हें पता नहीं होगा कि इतनी तरक्की हो जाएगी मुल्क में पत्रकारिता की, मीडिया की और प्रौद्योगिकी की। तो उनसे एक अपराध 1927 में यह हो गया कि उन्होंने यह कहा कि "समाचार पत्र संसार की एक बड़ी ताकत है तो उसके सिर जोखिम भी कम नहीं है। पर्वत के जो शिखर हिम से चमकते हैं और राष्ट्रीय रक्षा की महान दीवारें बनते हैं उन्हें ऊँचा होना पड़ता है। जगत में समाचार पत्र यदि बड़प्पन पाए हुए हैं तो उनकी जिम्मेदारी भी भारी है, बिना ज़िम्मेदारी के बड़प्पन का मूल्य ही क्या है? वह बड़प्पन तो मिट्टी के मोल का हो जाता है जो अपनी जिम्मेदारी को नहीं समझता है।" यह जो अखबारनवीसों को और अखबार से जुड़े और मीडिया से जुड़े हुए लोगों को जो सम्मान मिलता है उस सम्मान की कुछ कीमत चुकानी पड़ती है। बड़प्पन के रूप में बड़ा हो जाना बहुत आसान है। बड़प्पन प्राप्त करना मुश्किल है और यदि बाज़ारवाद की सारी अवधारणा जान लें तो मुझे लगता है कि जो साक्षरता का पुरस्कार मिला कि बड़ा भारी काम कर डाला, यह रतन खतरी (मटका बादशाह) को मिलना चाहिए था, जिसके कारण अनपढ़ से अनपढ़ लोग भी वह शब्द सीख गए थे। जो कभी 10-10 साल में प्राइमरी स्कूल पास नहीं कर पाए। वो 'ओपन' और 'क्लोज' न जाने क्या-क्या अंक और रोमन सीख गए थे। तो फिर उसे पुरस्कार देना चाहिए था। यदि हमारी अवधारणा यह है कि हमें पत्रकारिता या समाचार माध्यमों के रूप में कुछ भी विज्ञापन के बतौर, चाहे वह लॉटरी का ही क्यों न हो, स्वीकार करना है तो फिर हमें बड़प्पन हाँकने का हक नहीं। एक बात और है संविधान में कहीं यह नहीं लिखा है कि यह (पत्रकारिता) चौथा खम्भा है। अभिव्यक्ति की स्वतंत्रता जैसी गोल-मोल बात लिखी है, उसमें समाचार पत्रों के लिए समाचार के लिए। संविधान में कोई प्रावधान नहीं है। हम अपने मन में जो आए, अपने मुँह मियाँ मिट्ठू बन लें, या तो हम आत्म धिक्कार कर रहे हैं या आत्म प्रवंचना के शिकार हैं। हम सही-सही बात कहीं नहीं कर पा रहे हैं। हम आज देखें जो हमारी प्रारम्भिक गलतियाँ हैं उनमें से एक अपराध जो इस देश के राष्ट्र निर्माताओं से हुआ वो हुआ हिन्दी के सवाल को टालने का। यह सोचा गया है कि हिन्दी को राजभाषा बनाया जाए और 15

साल टाल दिया जाए। यह किसी दक्षिण भारत के व्यक्ति ने नहीं कहा था, इस बारे में राजगोपालाचार्य और किशोरीदास वाजपेयी के बीच में पत्र व्यवहार हुआ था। यह हिन्दी वालों के दिमाग की उपज थी क्योंकि हमारी मूल वृत्ति है कि जिनके हाथ में व्यवस्था और समाज के नियामक होने के जो सूत्र सारे थे, वह शासक और शासित, राजा और प्रजा के बीच में जो मानसिकता होती है। वह भेदभाव की ही मानसिकता बने। अंग्रेज़ी को सिर्फ इसलिए रखा गया है कि शासक अपना वर्चस्व भाषायी खाई के जरिए बनाए रखना चाहते हैं। यह ज्ञान की बात नहीं है। ज्ञान चाहिए तो अकेली अंग्रेज़ी ही नहीं दुनिया-भर में बहुत सारी भाषाएँ हैं, ज्ञान के लिए क्षेत्र खुले हुए हैं। लेकिन जिस तरह से शासन में, प्रशासन में, न्याय प्रक्रिया में, रोजमर्रा की जिन्दगी में, खासतौर पर हिन्दीवाले जिस तरह से हमारे प्रशासक और हमारे लोकशाह और नौकरशाह दोनों जिस तरह से हिन्दी-अंग्रेज़ी में भेदभाव कर रहे हैं यह सिर्फ उसी तरह का है जैसे एक नौकर स्वामी के साथ विश्वासघात करे।

हिन्दी में भिखमंगापन

हिन्दी और अंग्रेज़ी का सवाल कोई भारतीय भाषा और अंग्रेज़ी के बीच लड़ाई का सवाल नहीं है। इनकी समग्रता यदि हम देखें तो हमारी सबकी दुश्मनी अंग्रेज़ी से यह है कि उस अंग्रेज़ियत के कारण जो हमारे वातावरण में एक अर्थव्यवस्था प्रदूषित हो रही है उसके प्रति हम लोगों की नाराजगी है और वह नाराजगी समवेत होना चाहिए। लेकिन हिन्दी की स्थिति इसमें मैं अधिक दयनीय मानता हूँ। मुझे माफ करेंगे—रामशरण जोशी जी, लेकिन अशोक वाजपेयीजी ने एक मुद्दा बहुत सही उठाया था। किताब खरीद के पढ़नेवाला वर्ग निरन्तर घटता जा रहा है। आज किसी बस या ट्रेन में अखबार या पत्रिका लेकर बैठ जाइए तो अमूमन जो खरीदता है, वह नहीं पढ़ पाता है। इतने भिखमंगे पैदा हो गए हैं। हिन्दी में सबसे ज्यादा दयनीय स्थिति है। एक हजार का तो आपका एक संस्करण छपता है। इसलिए छपता है क्योंकि हिन्दी हमारी सांस्कृतिक पहचान, हमारे जीवन का जो अस्तित्व होता है उसकी कोई अनिवार्य शर्त नहीं है। यह संकट कन्नड़ में नहीं हैं। यह संकट गुजराती में नहीं है। यह संकट तमिल, तेलुगु, मलयालम में नहीं है। यह संकट हिन्दी में है। यह संकट बहुत हद तक उर्दू में है। आप इस बात को समझिए, इसको बुरा मत मानिए। आप देख लीजिए, मैं यहीं रामशरणजी को चुनौती देता हूँ कि आप देख लीजिए जो विश्वविद्यालयों में प्राध्यापक हैं, इनको भी प्रकाशक जो मुफ्त में किताब भेज देता है, मुफ्त में मिल जाती हैं तो पढ़ लेते हैं। खरीदकर नहीं पढ़ते। क्योंकि मैंने भी किताबें छापी हैं, मैं पत्रिका छापता हूँ। मुझे पता है कि खरीदने और मुफ्त में माँगनेवाले लोग कौन हैं? यह वृत्तियाँ हैं। इसको स्वीकार करना पड़ेगा और हम अपने हाथ से अपना विनाश कर रहे हैं। इसको कहीं-न-कहीं हमें सन्तुलित करना पड़ेगा।

मैं सिर्फ पत्रकारिता के बारे में एक बात जरूर करना चाहता हूँ कि हमने एक तरफ

से यह मान लिया कि हम बहुत आदर्श हैं, जो हम अपने विद्यार्थियों को पढ़ाते हैं, जैसे वे कोई महायज्ञ करने को उतर रहे हैं; हम उन्हें यह नहीं बताना चाहते, जैसे डॉक्टर डॉक्टरी करता है, वकील वकालत करता है, अध्यापक अध्यापन करता है, वैसे ही यह एक विशेषीकृत व्यवसाय बन गया है। यह स्वीकार करने में तकलीफ नहीं होनी चाहिए और इसीलिए मैं यह चाहूँगा, कि जिस तरह आर. एन. आई., प्रेस कौंसिल ऑफ इंडिया अखबारों के 'कोड ऑफ कंडक्ट' पर नियंत्रण करती है, उनका 'क्वालिफिकेशन' सेट करती है, पत्रकारिता के लिए भी यदि ऐसी मानक संस्था बनाई जाए तो बेहतर होगा। यदि आपको आर.एन.आई. से परहेज नहीं है, यदि आपको प्रेस कौंसिल से परहेज नहीं है तो इन सबको किसी अच्छी व्यवस्था में बदलना चाहिए, जिसमें सरकार का दखल न हो।

इस तरह की कोई व्यवस्था इसमें बननी चाहिए, जिससे कि यह व्यवसाय एक अच्छे प्रोफेशन के तौर पर चल सके, चलाया जा सके और इसमें एक हुनर, एक कौशल और उसकी जो प्रतिबद्धता होती है, उनका सबका समावेश हो जाए। स्वतंत्रता और स्वच्छन्दता के बीच में जो एक रेखा मिट गई है उसकी सीमा कहीं कायम होनी चाहिए। इस तरफ मैं आप लोगों का ध्यान आकर्षित करना चाहता हूँ। एक और बात, वह यह कि पत्रकारिता में अहंकारी वृत्ति बेहद बढ़ गई है। यह जो प्रवृत्तियाँ हैं, यह जो अहंकार है, यह भी कहीं-कहीं हममें हैं। हमें ऐसा लगता है कि हम लोगों ने एक आँचलिक पत्रकारिता की कार्यशाला की थी तो एक बहुत वरिष्ठ सम्पादक थे। उन्होंने हुँकार भरी कि हम पत्रकारों की कलम में इतनी ताकत है कि चाहें तो भगवान को पत्थर बना दें और पत्थर को भगवान बना दें। तो उनके बाद एक जनप्रतिनिधि बोले कि हमारी तो पत्रकारिता से सिर्फ इतनी गुजारिश है कि वो पत्थर को पत्थर रहने दे और भगवान को भगवान रहने दे। बनाने और बिगाड़ने के मुगालते में अपना चेहरा और चरित्र न बिगाड़े। इस तरफ हमारा ध्यान जाना चाहिए। एक और महत्त्वपूर्ण बात यह है कि आपकी कहीं कोई जवाबदेही है कि नहीं। उस जवाबदेही का निर्धारण भी होना चाहिए। जब हम अपने सम्मान की बात करते हैं तो कहीं-न-कहीं दूसरे के सम्मान के बारे में भी बात की जानी चाहिए। एक महत्त्वपूर्ण मुद्‌दा और छूटता है कि हम लोग जो बात कर रहे हैं एक तरफ अखबार में बहुत बड़ी पूँजी लगती है तो उसका एक स्वामी वर्ग होता है जो अखबार का, मशीन का, भवन का मालिक होता है। एक सम्पादक हो गया, एक संवाददाता या काम करनेवाले दूसरे लोग हैं और एजेंसी से लेकर जो पूरा तंत्र विकसित होता है, उनके बीच में किसी समन्वित दृष्टिकोण की जरूरत पड़ेगी। यह जो संगोष्ठी हो रही है इसमें पत्रकारों का प्रतिनिधित्व हुआ, साहित्यकारों का प्रतिनिधित्व हुआ, इस तरह की शृंखला में हमारे पाठकों का प्रतिनिधित्व होना चाहिए। उनकी तरफ से भी तो बात आए कि वे क्या महसूस करते हैं? हम अपनी-अपनी बात उनके सिर पर उतारना चाहते हैं। एक वे प्रतिनिधि एवं दूसरे जो लोग समाचार पत्रों के संचालक हैं जिनकी पूँजी लगती है उन्हें भी इसमें शामिल किया जाए। उनकी भी राय ली जाए। क्योंकि एक दूसरे से रंजिशाना व्यवहार करके हम कोई समाधान पर नहीं पहुँच पाएँगे। एक समन्वित दृष्टिकोण की जरूरत होगी।

बाज़ारवाद कोई लाद नहीं सकता

उमेश त्रिवेदी

हिन्दी पत्रकारिता और बाज़ारवाद और उसके साथ तकनीकी विकास, प्रौद्योगिकी का जो चित्रण हमारे सामने हुआ उसके बीच में विश्व के आर्थिक विकास और उसके निहित स्वार्थों की जो आवाज बुलन्द हुई उससे मुझे कोई एतराज नहीं है। बाज़ारवाद को न तो कोई लाद सकता है और न कोई ला सकता है। उसी प्रकार तकनीकी विकास को वैज्ञानिक और तकनीकी विशेषज्ञ कायम तो कर सकते हैं, लेकिन हमारे समाज में उसको लागू कर पाएँ यह तब तक सम्भव नहीं है जब तक कि वह समाज और उसके उपभोक्ता, स्वयं इस बात के लिए तैयार न हों। बहुत बड़ी-बड़ी बातें यहाँ हुईं कि 'टेक्नॉलॉजी डेव्हलपमेंट' के यह फायदे हैं, यह नुकसान हैं। मैं केवल एक सवाल यह उठाना चाहूँगा कि भारत में जो बाज़ारवाद आ रहा है या जो टेक्नॉलॉजी आ रही है वह क्या समय सापेक्ष है? क्या भारत की करोड़ों जनता इस बात के लिए मानसिक रूप से तैयार है ? क्या वह बौद्धिक रूप से तैयार है कि वो उसे अपना सके और अपने जीवन में उतार सके? यह अपने तरीके से, अपनी गति से, अपने समय से समाज में अपना असर पैदा करेंगे और जिस समाज की बात यहाँ पर हो रही थी उसमें वो असर बना चुके हैं। हमारे देश की जो सांस्कृतिक विरासत है, जो सामाजिक परम्पराएँ हैं, जो हमारा रहन-सहन है, जो हमारी जीवनशैली है और उसके बाद जो हमारी मजबूरियाँ हैं, अबूझमाड़ में हमारा जो नंग-धड़ंग आदिवासी है, उन सबका जब हम पूरा चित्र सामने रखते हैं तो ऐसा लगता है कि बाज़ारवाद कितने दिनों में और कब हमारे यहाँ जगह बना पाएगा या नहीं? वैसे ही मल्टीनेशनल कम्पनियों ने भागना शुरू कर दिया है। बड़ी उम्मीदों से ये कम्पनियाँ आई थीं कि हम यहाँ पावर प्रोजेक्ट लगा देंगे, ऐसा कर लेंगे, वैसा कर लेंगे। लेकिन, धीरे-धीरे उनके कदम पीछे खिसकने लगे। उसका एक मात्र कारण यह है कि बाज़ारवाद की अपनी अवधारणाओं में उन्होंने हिन्दुस्तान के मध्यम वर्ग को तो देख लिया है, लेकिन अधिकांश वह वर्ग जो उससे नीचे जी रहा है उनकी नजर उन पर नहीं पहुँची। *यदि बाज़ारवाद की अवधारणा यहाँ फलीभूत होती है तो विषमताओं की जो खाई है वह इतनी गहरी हो जाएगी, इतनी बढ़ जाएगी कि इस देश में एक-दो तो क्या कई हिन्दुस्तान बन जाएँगे, कई समाज बन जाएँगे, कई सम्प्रदाय बन जाएँगे और इतना असन्तुलन पैदा हो जाएगा कि न तो यह*

टेक्नॉलॉजी उनको वहन कर पाएगी और न यह बाज़ारवाद के प्रणेता, जो इसको आगे बढ़ा रहे हैं। तो समय की सापेक्षता के साथ विकास अपने आप होता है मनुष्य का। यह प्रकृति का नियम है। प्राकृतिक तरीके से जो व्यक्ति आज पैदा हुआ है उसे आप तत्काल 17 साल का नहीं बना सकते। उसकी बुद्धि के विकास की एक प्रक्रिया होती है, उसका एक चलन होता है, उसकी एक गति होती है। गति से आगे बढ़कर यदि जब भी कोशिश होती है तो वहाँ कुछ-न-कुछ असन्तुलन और अप्राकृतिक नजर आता है और उस मुद्दे पर हमें भी सोचना चाहिए। एकदम सारी चीजें आ गईं, बाज़ारवाद आ गया। पिछले 10 सालों में मल्टीनेशनल आ गए, सारी अर्थ नीति बदल गई, तकनीकी प्रगति हो गई। शायद आपको याद कर मजा आए कि आज से 15 या 20 साल पहले जब रेफ्रिज़रेटर बहुत सारे आ गए थे, हमारे कई मंत्री उन फ्रिज़ों में कपड़े रखते थे। तो तकनीकी प्रगति की जो मानसिक तैयारी है, उसको हम किस परिप्रेक्ष्य में देखते हैं ? सिर्फ चन्द चुनिन्दा लोगों के परिप्रेक्ष्य में देखते हैं या समग्र भारत के परिप्रेक्ष्य में? तो हमें अपना दृष्टिकोण, अपनी गति और अपनी जो रचनात्मकता है, अपनी जो बौद्धिकता है उसको अलग नजरिए से पेश करना पड़ेगा, सोचना पड़ेगा और उसकी तैयारी करनी पड़ेगी। क्योंकि जो बाज़ारवाद है, उसमें उपभोक्तावाद, बाज़ारवाद की पहली शर्त है और उपभोक्ता उसका अन्तिम लक्ष्य है, तो इन दोनों को पाने के सारे जायज-नाजायज तरीके अपनाए जा रहे हैं।

मैं नई टेक्नॉलॉजी का विरोधी नहीं हूँ। मैं केवल यह स्थापित करना चाहता हूँ कि उसके पहले हमारी जो तैयारियाँ होनी चाहिए, शैक्षणिक, सामाजिक, सांस्कृतिक तौर पर, क्या हमने वह तैयारियाँ कर ली हैं कि हम बाहर से बुला-बुलाकर लोगों को अपने घर में बैठाने लगें ! और बाहर हमारे हजारों लोग अधनंगे और खुले में खड़े हैं जो यदि धूप, बारिश और मौसम की हर मार वे बर्दाश्त कर रहे हैं। क्या कभी हमने उस दृष्टिकोण से भी सोचा? बाज़ारवाद और तकनीकी प्रगति के पहले यदि हमने सब चीजों और समाज के समूचे परिदृश्यों का आकलन नहीं किया तो हमारे लिए काफी मुश्किलें खड़ी हो जाएँगी और किसी भी किस्म का विकास, तकनीकी और प्रगति का आयात, वस्तुओं का आयात हमारे लिए कोई मायने नहीं रखेगा। तो यह सारे मुद्दे देखने पड़ेंगे। यहाँ मैं यह कहना चाहूँगा कि शिखरों पर बैठकर जब हम समस्याओं का आकलन करते हैं तो उसके आयाम, उसकी दृष्टि और उसके जो डायमेंशंस होते हैं वह भी अलग-अलग नजर आते हैं।

पत्रकारिता की बात काफी लम्बे समय से चल रही थी। मैंने इसे तीन हिस्सों में बाँटा है; एक शिखर दिल्ली है, उसके बाद एक शिखर भोपाल है और तीसरा शिखर सागर, टीकमगढ़ या छोटा सा कस्बा हो सकता है। तो इन शिखरों पर बैठकर जब हम इस समस्या को देखें और समझें तो इसके संकट का कोई समग्र निदान ढूँढ़ना एकदम मुश्किल है। बाज़ारवाद या टेक्नॉलॉजी से हिन्दी पत्रकारिता को या आँचलिक पत्रकारिता को या भारतीय पत्रकारिता को जो खतरे सामने नजर आ रहे हैं वह भोपाल में बैठकर

महसूस नहीं होते हैं। जैसे यह कहा गया कि बाज़ारवाद के कारण हिन्दी अखबार सिकुड़ रहे हैं, सिमट रहे हैं, क्षेत्रीय दायरों में ढलते जा रहे हैं। दिल्ली से यह ख़तरा महसूस हो सकता है, लेकिन भोपाल में बैठकर हम अखबार निकालते हैं तो यह हमारे लिए अनिवार्यता है कि हम अपने अखबारों को क्षेत्रों में बाँटें। क्योंकि यदि हम उनकी मानसिकता, उनकी जरूरतें, उनकी सूचनाओं की भूख को पूरा नहीं कर सकते तो वहाँ हमारा अखबार खरीदनेवाला कौन है? तो जो पत्रकार या जो संवाददाता छोटे-छोटे अंचलों में बैठे हैं उनकी मजबूरी है, उन पर इतने सामाजिक और बौद्धिक दबाव हैं कि वह वही सूचना भेजें, उनका जो कवरेज़ हो वह इस प्रकार का हो कि वह उस क्षेत्र की भूख को शान्त करे। उन लोगों की जो महत्त्वाकांक्षाएँ हैं, उनको शान्त करें। तो तीसरे शिखर पर बैठकर जब हम किसी चीज के सिमटने, सिकुड़ने की बात करते हैं तो उसकी समग्रता, उसका एक आधार तय करना चाहिए कि हम इस आधार पर बैठकर यह सारी बातें सोचेंगे, इसका निष्कर्ष निकालेंगे, इसके निदान ढूँढ़ेंगे। अलग-अलग शिखरों पर बैठकर बहुत सारी बातें करके, कोई समन्वित तरीका ढूँढ़ना काफी मुश्किल होगा, क्योंकि यह सारे मामले लोगों के आर्थिक हितों से, उनके अस्तित्व से, उनकी प्रतिष्ठा से, उनके प्रोफेशन से जुड़े हैं।

[सुधीश-देवदत्त द्वन्द्व]

सुधीश पचौरी : मैं देवदत्तजी का उत्तर देना चाहता हूँ।

देवदत्त : यहाँ पर प्रतिवाद नहीं होगा।

सुधीश पचौरी : प्रतिवाद कैसे नहीं होगा ? यह सेमीनार है, कोई घर नहीं है आपका। आपने बोला है तो सुनिए भी। मैं उत्तर दे रहा हूँ। सुनें...

प्रभाष जोशी : मेरा सभी महानुभावों से निवेदन है कि वे स्वर थोड़ा धीमा रखें और देवदत्तजी ने जो वक्तव्य दिया था, सुधीश भाई ने बहुत ध्यान से सुना था। यही अपेक्षा मैं देवदत्तजी से भी कर रहा हूँ कि सुधीश भाई जो कह रहे हैं, उनकी बात वो सुनें।

सुधीश पचौरी : मैं जब बोल रहा था तो पूरी जिम्मेदारी से बोल रहा था। एक बात भी गैर जिम्मेदारी से मैंने नहीं बोली और जो मेरे बलाघात थे मैं उनसे अधिक बलाघात से बोल सकता था। लेकिन मेरे पास समय नहीं था। बड़ा विषय था। यदि किसी को उससे दिक्कत हुई है तो वह मेरा उद्देश्य था, मैं चाहता था कि दिक़्कत हो और हमारे कम-से-कम एक मित्र को दिक़्कत हुई। उसकी मुझे खुशी है, क्योंकि डिस्कोर्स और डिबेट इसी से जनरेट होती है। इसमें पावर डिस्कोर्स भी शामिल है। टेक्नॉलॉजी वैल्यू न्यूट्रल है ऐसा मैंने नहीं कहा। मैं तो उसकी तटस्थता को ही 'क्रीटिकलाइज़' कर रहा था कि उसमें वैल्यू है। वो वैल्यू बनाती है। इस देश को उसकी जरूरत है और यह टेक्नॉलॉजी विहीन देश नहीं है। पुराने जमाने से यहाँ तकनीक का

इस्तेमाल होता आ रहा है; अनन्त तकनीकें हैं हमारी और दुनिया की और दुनिया की तमाम तकनीकों का हमने इस्तेमाल किया है। यह संन्यासियों का देश नहीं है, श्रमिकों और किसानों का देश है, जो रोजाना तकनीक का इस्तेमाल करते हैं। तीसरी बात कि पश्चिम में तकनीकी प्रगति को लेकर बहुत चर्चा हुई थी कि संस्कृति नष्ट हो जाएगी और भारत में भी उनका संस्करण तत्त्ववादी मौजूद है ऐसी भी एक भाषा मुझे यहाँ मिली।

मनोज कुमार की एक फिल्म मुझे याद आ रही है 'पूरब और पश्चिम'। मनोज कुमार बाहर गए हुए हैं, इंग्लैंड, वहाँ पर मदनपुरी हैं। एक कैसीनो के मालिक। उस कैसीनो में प्राण साहब अक्सर आते रहते हैं। प्राण साहब जो हैं जो एन.आर.आई हैं और वो कहते हैं कि भारत ने कुछ नहीं दिया। यह जीरो है, तो मनोज कुमार बन्द गले कोट में है। उनका नाम भी भारत है। कैसीनो में एक गोल टेबल पर वे बैठे हैं, जो घूम रही है। तो मदनपुरी प्राण से मनोज कुमार यानी भारत को मिलवाता है और कहता है कि यह भारत है। तो सिगरेट के छल्ले उड़ाते हुए प्राण कहते हैं कि भारत जीरो है, भारत ने क्या दिया है? अचानक मनोज कुमारजी टेबल पर जो बैठे हुए हैं, वह ताल निकालते हैं, कहते हैं कि *'जब जीरो दिया मेरे भारत ने, दुनिया को तब गिनती आई, तारों की भाषा भारत ने, दुनिया को पहले समझाई, देता न अगर दशमलव को तो चाँद पर जाना मुश्किल था, धरती और चाँद की दूरी का अन्दाज लगाना मुश्किल था।'* इत्यादि-इत्यादि। उसमें जो पूर्व पश्चिम का डिस्कोर्स है न, वह उसमें इंटेक्ट है। लेकिन होता क्या है कि जो मदनपुरी की अंग्रेज़ हो गई लड़की है दिल उसी पर आता है भारत का। वह स्कर्ट पहनती है तो उसे वह साड़ी पहना देता है। विवाह उसी से करता है, प्रेम उसी से करता है। मुझे लगा एक खास किस्म का जो हारे हुए हिन्दुत्व का एक अकड़वाला डिस्कोर्स है, अक्सर वह टेक्नॉलॉजी को लेकर के खूँ-खाँ करता है, जबकि हिन्दू मन लक्ष्मी का पूजन करते हैं, तकनीक को सेलीब्रेट करते हैं। आप कैसी बात कर रहे हैं? जो लक्ष्मी का ऐसा सेलीब्रेट करें जैसा हिन्दू करता है खुले रूप में, तो किस बाज़ारवाद के खिलाफ आप जा रहे हैं? हर आदमी तिजोरी पर लिखता है, मकान पर लिखता है। लाभ होता रहे, लक्ष्मीजी की कृपा बनी रहे, यह हिन्दू स्ट्रक्चर है। लेकिन इसी स्ट्रक्चर का शोषण करने के लिए हिन्दुत्ववाद ने क्या किया? अक्सर मैं जब भी बोलता हूँ तो एक-न-एक तत्त्ववादी फड़फड़ा उठता है और मैं उसका स्वागत करता हूँ

(तालियों और छींटाकशियों के समवेत शोर के थमने पर अर्थशास्त्री प्रो. अरुण कुमार ने कुछ समय तक 'नेचर ऑफ स्टेट' (राज्य की प्रकृति) विषय पर प्रकाश डाला और कुछ वक्ताओं की जिज्ञासाओं तथा शंकाओं का समाधान किया।)

मैं मुगालते में नहीं हूँ

अजय उपाध्याय

सुधीश पचौरीजी ने कहा कि 'आर्थिक सुधार' आने चाहिए। हमें सबसे पहले यह समझना चाहिए कि 1991 में जो इकॉनॉमिक रिफार्म शुरू हुए हैं उसमें क्या-क्या निहित है? उसमें पहले क्या था जो बाद में हुआ। जैसे लाइसेंस कोटा राज, 1991 में जब इकॉनॉमिक रिफार्म शुरू हुआ तो स्ट्रक्चर रिफार्म उसका पार्ट था। उसके साथ उसमें और भी बहुत कुछ चीजें थीं। कुछ अच्छी, कुछ खराब। जहाँ तक बिजली क्षेत्र में रिफार्म का सवाल है, मेरे खयाल से यह पहला मौका दुनिया में होगा कि बिजली खरीदने के पहले राज्य सरकार गारंटी दे रही है कि 88 प्रतिशत पीएलएफ में 16 प्रतिशत रेट ऑफ रिटर्न देंगे। इसका मतलब कोई भी व्यक्ति बता दे कि इसका क्या मतलब होता है तो मैं यहाँ से बाहर चला जाता हूँ। हमको खुद नहीं पता है कि हम कर क्या रहे हैं? यह पीएलएफ क्या बला है? यह बिजलीघरों से बिजली उत्पादन का सही पैमाना है भी या नहीं। यदि महाराष्ट्र सरकार का औसत पीएलएफ प्रतिशत 88 है और एनरॉन का प्रथम चरण का प्रतिशत 90 जा रहा है तो इसमें क्या पेंच है? महाराष्ट्र सरकार रात को अपने बिजलीघर बन्द करके, एनरॉन के बिजलीघर को क्यों चालू रखती है, हमें इन चीजों की बुनियादी जानकारी होनी चाहिए। स्ट्रक्चर रिफार्म्स वर्ल्ड बैंक की देन है और वर्ल्ड बैंक और आईएमएफ दो अलग-अलग संस्थाएँ हैं। वर्ल्ड बैंक का दिल्ली में स्थायी कार्यालय है और मुद्राकोष का दफ्तर तभी खुलता है जब भारत सरकार उससे ऋण लेती है और चार साल के बाद जब ऋण की अदायगी हो जाती है तो वे वापस चले जाते हैं। हिन्दुस्तान 1945 के बाद से ही वर्ल्ड बैंक और आईएमएफ का सदस्य रहा है। तो बात इसकी है कि हमें वर्ल्ड बैंक और मुद्राकोष को अपनी तरफ मोड़ना है। उसकी जरूरत है। ग्लोबलाइज़ेशन जरूरी है लेकिन अपने नाक, कान, आँख खोलकर, आँख मूँदकर नहीं।

हिन्दी पत्रकारिता और चुनौती को लेकर भी काफी बातें यहाँ पर हुई हैं और अभी हमारे साथी त्रिवेदीजी कुछ कह रहे थे कि दिल्ली शिखर पर है और दिल्ली के पत्रकार डरें, और रीज़नल अखवार न डरें। 4 साल के बाद शायद आप यह बातें नहीं कहेंगे। सारे क्षेत्रीय अखबारों का जो कंज्यूमर गुड्स का विज्ञापन, टेलीविजन को चला जाएगा। क्षेत्रीय अखबारों को सबसे बड़ा ख़तरा नेशनल मीडिया से नहीं है। अमेरिका और बाकी

देशों में यह पहले ही हो चुका है कि 'फास्ट मूविंग कंज्यूमर्स गुड्स' और बाकी कंज्यूमर्स ड्यूरेबिल, इनके विज्ञापन अखबारों से हटकर के टीवी को चले गए। हिन्दुस्तान में अभी नया-नया दौर है। मल्टीनेशल भी दो तरह के हैं : एक जापानी और कोरियन और दूसरे ब्रिटिश और अमेरिकन। जापानी तो छोड़ दीजिए, लेकिन कोरियन ऐसा कोई भी टॉप एक्ज़िक्यूटिव नहीं है जो हिन्दी नहीं पढ़ता है। वह दिल्ली आता है, वह हिन्दी पढ़ता है और एलजी के विज्ञापन आपको हिन्दी के अखबारों में मिलेंगे। लेकिन, थॉमसन के विज्ञापन आपको हिन्दी के अखबारों में कम पढ़ने को मिलेंगे। जबकि आपको 'आइवा' के विज्ञापन देखने को मिलेंगे। यह रिफार्म का प्रारम्भिक दौर है। अखबारों ने इसकी बड़ी पौध काटी है रिफार्म के शुरुआती दौर में। मैं इस मुगालते में नहीं हूँ कि अखबारों को नुकसान हुआ है। आज की तारीख में रिफार्म के पहले जिस विज्ञापन कम्पनी की पूँजी 80 करोड़ की थी आज वह 800 करोड़ की कम्पनी है। और वो विज्ञापन देती है, अखबारों को भी टीवी को भी, किसी और को विज्ञापन नहीं दे रही है। तो अखबार फल फूल रहे हैं रिफार्म से। लेकिन यह सिलसिला कब तक चलेगा और कब अचानक रुक जाएगा, यह देखने की बात है। तीसरी बात आपकी एन.आर.आई. वाली बात थी। मैं केवल इतना कहना चाहूँगा कि भारत का विदेशी विनमय फंड अगर 45 बिलियन डॉलर का है तो डिपॉजिट 8 बिलियन डॉलर का है और भारत सरकार लगातार उसे निरूत्साहित कर रही है। क्योंकि हर वक्त जब भी भारत के ऊपर आफत आई है, विदेशी मुद्रा संकट की तो विदेशों में बसे इन एन.आर.आई. लोगों ने सबसे पहले पैसा निकाला है जिसके चलते भारत की साख क्षमता घट जाती है।

हम नहीं बच सकते

अरुण पांडेय

बाज़ार का नया अवतार और भारतीय पत्रकारिता पर बहस चल रही है और कल से मैं सारे मुद्दों को सुन रहा हूँ। लेकिन मैं दो बातों की ओर जरूर आगाह करना चाहूँगा कि आखिर इसमें पत्रकारिता की भूमिका क्या हो? पचौरीजी ने बहुत अच्छी बात कही कि जो टेक्नॉलॉजी आ रही है उसका फायदा हमें उठाना चाहिए। उस टेक्नॉलॉजी को, बाज़ारवाद को हम रोक नहीं सकते हैं। लेकिन सबसे बड़ी दिक़्कत यह है जब यह विज्ञापन आता है कि 'फेंक दो यह कढ़ाई' तो उन ग्रामीणों को, उन लाखों नागरिकों को जो पीड़ा होती है, उनकी भावनाओं के साथ जो खिलवाड़ होता है, इस विज्ञापन के कारण या गोदरेज जब विज्ञापित करता है कि 'गोरापन देनेवाला भारत का पहला साबुन' तो यह जो धोखाधड़ी ग्राहकों के साथ हो रही है या उपभोक्तावाद के माध्यम से जो ग्राहकों के साथ या आम जनता के साथ धोखाधड़ी हो रही है, उसको रोकने का माध्यम हिन्दी पत्रकारिता जरूर बन सकती है।

मेरा निवेदन है कि हिन्दी पत्रकारिता यह तो कर सकती है कि उपभोक्तावाद तो आएगा, भूमंडलीकरण आएगा, लेकिन इनसे जनता को कैसे आगाह किया जाए? इसकी जिम्मेदारी हिन्दी पत्रकारिता ले। क्योंकि इससे सबसे ज्यादा प्रभावित हिन्दीभाषी समाज हो रहा है। दूसरी पत्रकारिता की चर्चा यहाँ पर नहीं हुई। मैं गुजराती पत्रकारिता से थोड़ा बहुत परिचित हूँ। वहाँ पर इसका प्रभाव अधिक नहीं है। लेकिन यहाँ सबसे ज्यादा प्रभाव है। इसके साथ साथ जो टेक्नॉलॉजी की बात पचौरीजी ने कही थी कि टेक्नॉलॉजी में जो भारतीय भाषा और हिन्दी का प्रवेश हो चुका है, उसकी सूचना भी हमारे हिन्दीभाषी समाज को नहीं है।

बहुत कम लोगों को यह पता है कि ई-मेल हम हिन्दी में भेज सकते हैं। आज इंटरनेट पर 80 करोड़ वेबसाइड बन गई हैं। लेकिन हिन्दी की 80 वेबसाइड नहीं है। हमारा लखनऊ में बैठा व्यापारी उदयपुर में बैठे व्यापारी के साथ क्यों नहीं इंटरनेट पर व्यवहार करता है? उसको व्यापार नहीं मिल रहा है, जबकि इंटरनेट पर भी हिन्दी की सुविधा आ गई है। इन सारी सुविधाओं की जानकारी हिन्दी समाचार पत्रों के माध्यम से या हिन्दी पत्रकारिता के माध्यम से आम आदमी को मिलना चाहिए। यही मेरा निवेदन था। क्योंकि जो उपभोक्तावाद आ रहा है, बाज़ारवाद आ रहा है, भूमंडलीकरण आ रहा है इससे हम कतई नहीं बच सकते हैं और यह जो भूमंडलीकरण का उपभोक्तावाद है यह 5 साल में 5 गुना से अधिक और बढ़ेगा।

हमारा प्रस्थान बिंदु

डॉ. नामवर सिंह

आप सबकी ओर से तथा अपनी ओर से मैं श्रद्धेय माखनलाल चतुर्वेदी जो कि दादा के नाम से जाने जाते थे उनकी पुण्यतिथि के अवसर पर श्रद्धा के सुमन अर्पित करता हूँ। उनके बारे में आप सभी लोगों को अलग से बताने की जरूरत नहीं है। वे कवि और पत्रकार दोनों थे, मैंने उनके दर्शन केवल एक बार किए थे। उनका भाषण सुना था, उससे पहले 'साहित्य देवता' नाम की उनकी पुस्तक पढ़ी थी और भाषण सुनने के बाद मुझे वे साक्षात् देवता के अवतार रूप में दिखाई दिए थे।

आज का दिन बापू की पुण्यतिथि के साथ भी जुड़ा हुआ है। मैं केवल एक वाक्य कहता हूँ कि टेक्नॉलॉजी पर पूरी बहस के दौरान हिन्द स्वराज का नाम अगर ले लिया गया होता तो मैं समझता हूँ कि आज का दिन सिर्फ उपयुक्त नहीं था बल्कि उस बहस का एक ठेठ भारतीय आधार होता, शायद वह प्रस्थान बिन्दु हो.ाा। माखनलाल चतुर्वेदी दादा के रूप में और गाँधीजी बापू के रूप में आज हम लोगों के लिए विशेष रूप से स्मरणीय हैं। क्योंकि गाँधीजी मैं समझता हूँ कि स्वयं बड़े पत्रकार थे। जिस प्रकार माखनलाल चतुर्वेदी हिन्दी के पत्रकार थे, गाँधीजी ने गुजराती और अंग्रेज़ी माध्यम से सही एक बहुत बड़े पत्रकार की भूमिका निभाई थी। एक जिम्मेदार पत्रकार की भूमिका निभाई थी और वह भूमिका शायद आज हमारे संवाद के लिए उतनी ही सार्थक है, स्मरणीय है।

●●●